KB220701

코마병동 13년, 하나님과의 대화

그것은 찬란한 고난 이었다

최금옥 권사

 비전 멘토링 코리아

표지의 포도는 코마 13년 상태로 살았던 저자의 남편이
**버린 씨에서 싹이난 포도를 옮겨 심어 가꾼 나무에서 맺은
포도**를 일차적으로 상징한다.

버림 받은 것처럼 보이는 이들을 옮겨 심으시고 가꾸셔서
열매가 되게 하시는 **주님의 사랑**을 궁극적으로 상징한다.

감사와 헌정

· 우리의 고난을 찬란케 해 주신 사랑하는 주님께

· 13년, 그 어려운 시간을 나와 함께
주님을 독대 했던 고마운 남편께

· 그리고 이 땅에 이유를 알 수 없이 당하는 고난 가운데
주님 손 잡고 정금같이 나오실 이들에게

_____ 께

_____ 드림

년   월   일   요일

남가주 동신 교회 담임 백 정우 목사

저는 최금옥 권사님을 잘 알고 있습니다.
가장 익숙한 모습은 권사님의 뒷 모습입니다.

　늦은 밤, 사역을 마치고 본당을 지날 때 자주 본 웅크리고 기도
하시는 그 뒷 모습입니다. 그러면 저 역시 어두운 교회 복도에서
조용히 권사님을 향해 두 손을 올려 기도 하곤 했습니다. 그렇게
기도의 동역자로, 또 좁은 길을 함께 걸어가는 동무로 같은 시대
같은 교회를 섬기고 있습니다. 저는 권사님께서 우리 교회의 권사
님이신 것이 너무 좋습니다.

우리 권사님의 삶에는 진한 예수님의 향기가 있습니다. 분명 예수님께서 늘 계시기 때문일 것입니다. 그런 권사님이 같은 시대에 같은 교회에 계셔서 얼마나 좋은지 모릅니다.

우리 권사님께는 믿음의 역사가 있습니다. 이 믿음이 능력으로 역사할 수 있기까지 절망과 아픔 그리고 눈물이 많습니다. 하지만 우리 권사님은 그 모두를 참 아름다운 믿음의 꽃으로 피우신 분이십니다.

또한 우리 권사님께는 사랑의 수고가 있습니다. 권사님 곁에는 항상 사람들이 몰려듭니다. 왜냐면 권사님께는 어린 시절 어머니께서 손수 만들어 주셨던 식혜 마냥 달콤하고 깊은 위로와 사랑이 있기 때문입니다.

무엇보다 우리 권사님께는 주 예수 그리스도로 말미암는 소망의 인내가 있습니다. 지난 13년의 세월은 그것을 증거합니다.

그리고 우리 권사님께는 그런 상황 속에서도 하나님을 찬양하고 높이는 새 노래가 있습니다. 이 책이 그것을 증거 하고 있습니다.

그 좋은 분께서 더 좋아하시는 예수님과의 동행과 대화의 기록은 여러분께 새로운 삶으로 초대할 것입니다. 고난이 어떻게 능력이 되었는지 승리의 이야기가 필요한 모든 분들에게 권합니다.

한기홍목사 (은혜한인교회 담임, 미주복음방송 이사장)

　　신앙생활을 하면서 우리의 생각과 하나님의 생각이 달라 당황하며 갈등을 느낄 때가 있습니다.

　　주님께서도 겟세마네 동산에서 할 수 있으면 이 잔을 지나가게 하소서 기도하셨습니다. 십자가를 지시는 것은 육신적으로는 너무도 큰 고통이셨기에 땀방울이 핏방울이 되도록 기도하시면서 결국 아버지 하나님의 뜻인 줄 아시기에 '내 원대로 마옵시고 아버지 원대로' 순종하셔서 십자가를 지셨습니다.

　　그런데 그것은 소망가운데 찬란한 고난이었습니다.
영광스러운 부활이 준비된 찬란한 고난이었습니다.

최금옥 권사님은 찬란한 고난을 경험한 신실한 하나님의 딸이십니다. 사랑하는 남편 고 최복규집사님은 큰 은혜를 받고 신학을 공부하며 북한 선교에 비전을 가지고 평신도 선교사되기를 꿈꾸셨던 분입니다. 예기치 않은 사고는 13년동안 심각한 코마상태로 이어져 계획했던 것과는 전혀 다른 삶으로 인도했습니다.

　　최금옥 권사님은 남편이 코마로 병상에 있던 13년간 가장 긴박하고 고통스러웠던 시간에 주님의 임재를 경험하며 아주 진솔하게 그간 주님께서 위로해주시고 은혜주신 삶을 중심으로 자신의 고난 속에서 성령님의 구체적인 인도하심과 역사하신 일들을 간증 책으로 드러내셨습니다.

　　찬란한 고난 속에서 주님을 더욱 깊이 만났던 욥처럼 고난 속에서 좌절하지 않고 오히려 거룩한 신부로 준비되어 지는 놀라운 모습이 너무 귀하시기에 이 책을 추천합니다.

　　특별히 요즘 코로나 팬데믹으로 인하여 이제까지 경험해보지 못했던 어려움을 겪으면서 이해할 수 없는 찬란한 고난 가운데 힘든 시기를 보내는 분들에게 이 책이 주님의 깊으신 뜻을 이해하며 은혜를 체험하는데 많은 도움이 되도록 기도합니다.

이영선 목사 (미주복음방송사장)

　저자 최금옥 권사님 그리고 부군 고 최복규 집사님과의 인연은 20여 년 전 남가주 동신교회에서 새롭게 구성된 세리토스구역의 구역원으로 함께 섬기는 것으로부터 시작되었습니다. 두 분은 평신도의 본이 되는 분이셨습니다. 사역 중에 어려운 일이 있을 때 마다 기꺼이 언제든지 달려와 도움을 주셨던 헌신적 사랑과 규모 있는 삶을 사신 분들이셨습니다.

　목사가 되고 저의 첫 심방지는 부군 최 집사님께서 갑작스레 코마 상태로 입원하셨던 병원이었습니다.

그리고 그렇게 권사님의 13년 코마 병상 수발이 시작되었고, 간간이 보내주시는 카톡 메시지를 통하여 놀라운 하나님의 동행과 그 현장의 생생한 간증들을 접할 수 있었습니다. 그것은 너무나 놀라운 것들이었습니다. 언젠가 승리의 노래를 성도들과 나눌 수 있기를 위하여 함께 기도했습니다.

　　참으로 온 교회 성도들과 지인들이 한 마음으로 간절히 기도한 것을 잘 알고 있습니다. 부군께서는 미국에서 막 코로나가 확산되기 전 2020년 3월에 13년 좁은 몸을 벗어나 영광스러운 천국에 부르심을 받으셨습니다.

　　이번에 발간되는 간증집 〈그것은 찬란한 고난이었다〉는 단순한 간병일지가 아닙니다. 권사님께서 13년간 의식없이 누워있던 남편 옆에서 어떻게 깨어 주님과 영으로 대화 하고, 순종하며 은혜를 체험했는지, 그리고 고난을 찬란하게 했는지에 대한 놀라운 삶의 고백입니다.

　　그래서 저는 권사님을 뵐 때 마다 그 놀라운 삶을 책으로 내어 고난 속에 있는 성도들에게 위로와 승리의 방법을 나누어 주십사 권했습니다.

　　이제 마침내 권사님의 놀라운 간증을 믿음의 가족들과 함께 나눕니다. 지난 13년 간 사랑과 헌신이 담긴 귀한 고백을 은혜로 받으시고 하나님께 찬양과 영광을 돌리시기 바랍니다.

서평

샬롬 김 박사 (비전 멘토링 인터내셔널 대표)

2007년 6월 18일 코마 입원, 2020년 3월 6일 장례식. 그 13년.

코마 병동 13년, 하나님과의 대화: 그것은 찬란한 고난이었다

이 책이 말하는 중요한 것은 주님의 관점으로 인생을 보는 것입니다. 그럴 때 전혀 다른 인생이 펼쳐진다는 것입니다.

이 책은 13년 코마 병동이 어떻게 육체적 속박과 무능력을 영적인 자유와 권능으로 승화시켰는지, 또 살아있으나 죽은 사람들을 위한 사역을 어떻게 준비시켜 주었는지 기록합니다. 의식을 잃은 남편과는 일방적 대화를 했지만 오히려 주님과는 영적으로 쌍방 대화를 하면서 성숙하고, 고난을 찬란하게 만든 기록입니다.

세상은 13년 코마가 누구의 죄를 인한 것인가 질문할 것입니다. 답은 마르다가 아닌 마리아의 축복을 주시기 위한 특별한 부르심이었다는 것을 이책은 수많은 기적을 통해 말해 줍니다.

첫째, 주님께서는 코마 전에 말씀으로 미리 알게 하셨습니다.

둘째, 저자의 남편에 대한 의사들의 판단은 뇌 상처의 심각도로 인한 '포기'였으나 그 뇌는 예배에 반응을 할 수 있었고, 13년 동안 생존하며 그 자체로 의료 기적을 이루었습니다.

셋째, 코마 환자들에게는 흔한 치아 이상이나 피부염증 없이 13년간 혈색이 좋았는데 이것은 기적이었습니다.

넷째, 어느 부부가 그렇게 13년간 온전하게 예배, 기도, 찬양, 말씀 통독을 같이 하며 정금같이 드려지는 기적을 체험했을까요?

다섯째, 코로나 격리 시작 직전에 부르심을 받은 것은 주님의 계획 가운데 있음을 증명하는 기적이라고 간호사들이 증거합니다.

여섯째, 저자는 13년간 남편을 아침부터 밤까지 돌보느라 어떤 돈 버는 일을 안 했지만 양식이 떨어지지 않았고, 의복이 헤어지지 않고, 오히려 남을 도울 수 있었습니다. 그리고 자녀들은 스텐포드와 하버드, U-Penn대학을 졸업하고 모두 리더가 되었습니다.

일곱째, 저자는 하나님의 음성을 듣고, 그것을 성경에서 확인하며, 삶에 순간 순간 순종으로 적용하면서 그의 삶의 의미를 찾고, 기적이 되었습니다.

이 책은 저자가 쓰고 싶어서 쓴 것이 아니라 주님께서 쓰라 하셔서 쓰셨습니다. 그렇다면 독자들에게 주님께서 하시고 싶은 말씀이 있으신 것입니다. 저자의 책은 코마와 코로나 혹은 알지 못하는 이유로 고난 속에 있는 이들에게 승리의 비전 멘토와 같은 역할을 할 것입니다. 그리고 한 가지를 도전하고 있습니다.

이 책의 완성은 먼저 독자들이 책을 읽고 주님의 놀라운 뜻 가운데 고난을 승리하시며, 그 후에 독자들이 각자의 새 노래와 새 책을 주님께 돌릴 때가 될 것입니다. 그런 사역을 사실 저자와 그렇게 하실 독자들을 응원 합니다.

머리글

지금 내 삶의 거의 끝자락에 와서 뒤를 돌아보니 모든 것이 찬란한 고난, 한량없는 하나님의 은혜였음을 깨닫게 된다. 그 길의 시작은 매우 단순하고 평탄해 보였지만, 남편에게 찾아온 한 순간의 사고는 그를 13년 간의 깊은 잠으로 빠지게 했고, 나는 하루도 빠지지 않고 그의 곁에서 깨어 기도했다. 그렇게 시작된 협착하고 험난한 길에는 상상하지 못했던 수많은 이야기들이 빼곡하다. 나는 그 길을 지난 후에야 그 이야기들은 우리 부부를 통해서 세상에 들려주기를 원하시는 예수님의 아름다운 새 노래 (시편 40편 3절) 인 것을 알게 되었다. 그렇다! 주님은 그 깊은 웅덩이와 수렁 속에서 고통받는 우리와 함께 계셨으며 우리로 하여금 새 노래를 준비케 하셨다. 이제 나를 반석 위에 세우신 여호와 하나님께 영광의 노래를 불러 드리기를 원한다.

돌아보면 하루도 쉽지 않은 날이 없었지만 언젠가 남편이 코마상태에서 활짝 웃으며 부활하듯 깨어날 것을 믿고 최선을 다했다. 그런데 하나님의 생각은 내 생각과 달랐다. 남편은 끝내 깨어 나지 못하고 내 품이 아니라 하나님의 품으로 갔다. 남편의 깊은 잠 코마 13년, 그 옆에서 깨어 기도한 나, 그것이 모두 허사였는가!

나는 모든 것이 끝났다고 생각하고 상실의 아픔을 추스르며 다시 어설픈 일상으로 돌아가려 했다. 그런데 내 마음 중심에 있는 하나님을 향한 굳건한 믿음은 사라지지 않았다. 하여 나는 계속 기도의 자리를 지키며 하나님 앞에 머물렀다. 그러던 어느 날 주님께서 나와 하신 언약을 상기시켜 주시며 말씀하셨다.

아직 끝나지 않았다.

그러면서 그 동안 있었던 일들의 이야기를 글로 쓰라고 하셨다. 바로 이사야 61장 3절의 말씀을 이루시겠다고 하셨다.

그 영광을 나타낼 자라 일컬음을 받게 하려 하심이라.

돌아보니 남편의 코마 13년은 나를 깨우고 나에게 새로운 직분과 새로운 노래를 주신 놀라운 축복의 시간이었던 것을 깨닫게 하셨다. 하여 나는 다시 부족하지만 나의 전부가 되시는 성령님의 도우심을 의지하고 순종의 자리에 앉게 되었다.

그 동안 우리가 어려움을 겪을 때 가족처럼 아파해 주고 사랑과 기도로 우리를 세워준 남가주 동신교회 교우님들과 백정우 담임목사님께 진심으로 감사의 말씀을 드린다. 그리고 남편의 헌신에 도움을 주시고 추천서를 써 주신 은혜 한인교회 한기홍 목사님과, 어려운 시간 동안 뿐 아니라 이번에 추천서를 써 주시며 책 출판에 큰 힘이 되어 주신 이영선 미주복음방송사장님께 깊은 감사를 드린다. 또한 추천서와 더불어 사역에 영감과 도전을 주신 비전 멘토링 인터내셔널의 대표 샬롬 김 박사님께도 진심으로 감사의 마음을 전하고 싶다.

어려울 때 엄마의 사랑을 다 주지 못했음에도 믿음과 용기를 잃지 않고 자랑스럽게 자라 준 두 딸 은영과 지영과 함께 기쁨을 나눈다.

이 모든 일을 합력하여 선을 이루게 하신 하나님 아버지께 모든 영광을 올려 드린다.

2020년 로스엔젤레스에서

목차

추천사 4 – 9 | 서평 10 | 머리글 12

PART 1 빛으로 찾아오신 주님!

프롤로그   18

1. 성 금요일에 오신 손님   22

2. 하늘의 꿈을 꾸던 남자   28

3. 뜨레스 디아스에서 만난 주님 !   37

4. 언약의 하나님은 위대한 연출가!   44

5. 아브라함과 나   48

6. 욥의 인내를 넘어 그리스도의 인내로   56

7. 그 패역한 왕이 나의 롤 모델이라구요?   62

8. 어? 성경의 족보가 재미있네!   72

9. 억지로 십자가를 진 사람들   81

10. 내가 너를 축복하리라!   93

PART 2 고난가운데 함께 하신 주님!

11. 병동 하나님의 대사　　　　　　　　　　106
12. '여호와 라파' 치료자 하나님을 기다리며　　122
13. 예레미야 33장 3절을 통과하며　　　　　　130
14. 주님이 저보고 선교사래요!　　　　　　　143
15. 한영 성경을 동시 낭독으로 통독하며　　　154
16. 고린도전서 13장을 완성했어요!　　　　　165
17. 축제의 날, Mexican Independence's Day!　172
18. 주님은 내 자동차의 정비사　　　　　　　183
19. 축복의 통로로 사용하소서!　　　　　　　193

PART 3 모든 영광을 주님께 돌리며

20. 목사님, 목사님, 우리 목사님!　　　　　　208
21. 고 손인식 목사님 추모 게시판에 올린 글　220
22. 먼저 떠난 동생 복규에게　　　　　　　　223
23. 나의 어린 시절과 그 이후　　　　　　　　229
24. 저 보고 Legendary Mom 이래요!　　　　236
25. 하나님의 만나는 현재 진행형이다!　　　　253
26. 제게는 이미 십자가가 있습니다!!　　　　258
27. 홈리스 로버트를 축복하며　　　　　　　265

에필로그　　　　　　　　　　　　　　　　272

프롤로그

Prologue

프롤로그

Prologue

꧁❦꧂

    그 당시 나는 새벽마다 주님께 엎드려 기도하면서 주님과 깊은 교제를 나누는 일이 너무 즐거워 기도자리로 갈 때 덩실덩실 춤을 추며 갔었다. 그날도 새벽에 한참을 기도하고 있는데 기도 속에서 어떤 장면이 보였다. 장면 속에서 초인종이 울렸고 내가 달려가서 문을 열었다.

    "어머나, 세상에!"

    그곳에 예수님께서 흰 옷을 입고 서 계셨고 내가 문을 열자 성큼 집 안으로 들어오셨다. 그리고 아쉽게도 그 장면은 끝났다. 이 모두가 기도 속에서 일어난 일이었지만 나는 너무 기뻐서 이렇게 기도했다.

    "주님께서 저희 집에 오셔서 너무 감사합니다.
    이제부터 주님이 저희 집의 주인이 되어 주시고
    우리를 떠나지 마옵소서."

예수님을 기도 속에서 본 그 날 집에 손님이 오셨다. 새벽 기도 때 주님께서 집에 들어 오셨기에 그분이 주님께서 보내시는 분인가 보다 생각했다. 그런데 오신 그분은 계속해서 우시면서 내게 오시더니, 내 어깨를 붙들고 더 큰 소리로 우시다가 손을 들어 위를 휘저으시면서 말씀 하셨다.

"이 집안이 네 눈물로 가득 찼구나 !
네 눈물로 이 집안이 가득 찼구나!"

그러자 그 감정이 내게 전이되어 나도 엉엉 소리내서 울고 있었다. 왜 갑자기 그런 슬픔이 밀려 오는지 나도 알 수 없었다.

잠시 후 그분이 진정하시고 자리에 앉으셨다. 잠시 침묵하시더니 주님께서 나에게 말씀을 주신다고 하셨다.

"스바냐 3장 20절입니다."

이분은 왜 그렇게 슬프게 우셨고, 왜 이런 말씀을 나에게 주셨을까? 도무지 이해가 되지 않았던 그 말씀은 다음과 같다.

내가 그 때에 너희를 이끌고 그 때에 너희를 모을지라.
내가 너희 목전에서 너희 사로잡힘을 돌이킬 때에
너희로 천하 만민 중에서 명성과 칭찬을 얻게 하리라.
나 여호와의 말이니라. | 스바냐 3: 20

이것이 13년 대 장정의 시작이 될 줄이야.

PART 1

⋮

빛으로
찾아오신 주님!

1. 성 금요일에 오신 손님

　　남편이 사고 나기 거의 2달 전에 우리 집에 귀한 손님이 오셨다. 그날은 2007년 4월 6일, 성 금요일이었다. 그 며칠 전에 남편은 한국에서 귀한 손님이 오시는데 그분을 모시고 오시는 두 분과 함께 할 저녁 식사를 준비해 달라고 했다. 나는 무슨 음식으로 준비해야 할지 몰라 어떤 손님이냐고 물었다. 남편은 그 손님은 여자분이고 목사님의 사모님이며 이름있는 대학교의 교수님 이시라고 했다. 같이 오시는 부부는 남편의 신앙 멘토와도 같은 분들이라 나도 잘 알고 있던 분들이셨다. 하여 나는 그 전날부터 정성껏 준비하였다.

　　그날 새벽 기도 중에 주님께서 초인종을 누르시고 집에 들어오시는 것을 보았기에 그 손님이 주님께서 보내시는 분인가 보다 생각했다. 온종일 들뜬 마음으로 간단한 몇 가지 음식이었지만 정성을 다해 준비하였다. 남편도 하던 일을 서둘러 마치고 일찍 집에 돌아왔다. 그리고 단정한 모습으로 옷을 갈아입고 약속한 시간도 되기 전에 자주 밖을 내다보며 오실 손님을 기다렸다.

약속 시간이 되니 안면이 있으신 남편의 멘토 분들과 그 교수님께서 오셨다. 그분은 30대 후반의 인상이 좋으신 분이셨다. 나는 자리에 앉으신 그분들께 이미 오시기 전에 정성껏 식탁에 차린 음식을 권했다. 하지만 그분은 예의상 식사를 하는 둥 마는 둥 하시더니 서둘러 예배를 드리자고 하셨다.

그분은 오시기 전에 기도를 많이 하셨는지 목이 잠겨 있었다. 묵도를 하신 후 찬송가 324장 "예수 나를 오라 하네"을 여러 차례 부르는 중에 그분이 성령의 감동하심을 받으시는 모습이 눈에 들어왔다.

기도를 하시더니 갑자기 큰 소리를 내시면서 우시기 시작했다. 그분은 계속해서 우시면서 내게 오시더니 내 어깨를 붙들고 더 큰 소리로 우시다가 손을 들어 위를 휘저으시면서 나를 붙들고 더 통곡하며 슬피 우셨다.

"이 집안이 네 눈물로 가득 찼구나!
 네 눈물로 이 집안이 가득 찼구나!"

그러자 그 감정이 내게 전이되어 나도 엉엉 소리 내서 울고 있었다. 왜 갑자기 그런 슬픔이 밀려오는지 나도 알 수 없었다. 그러더니 잠시 후 그분은 진정하시고 자리에 앉으셨다. 그리고 잠시 침묵하시더니 주님이 나에게 말씀을 주신다고 하셨다. 내가 바른 자세로 고치고 그분을 바라보자 말씀하셨다.

"스바냐 3장 20절" 입니다."

나는 얼른 옆에 있던 성경을 펴서 찾아보았는데 납득도 되지 않고 내게 맞지도 않는 말씀 같았다. 오히려 바로 그 위에 있는 17절의 말씀에 내 눈길이 머물렀다. 그 말씀은 누구나가 좋아하는 유명한 말씀이기에 나도 알고 있는 말씀이었다.

> 너의 하나님 여호와가 너의 가운데에 계시니
> 그는 구원을 베푸실 전능자이시라.
> 그가 너로 말미암아 기쁨을 이기지 못하시며 너를 잠잠히 사랑하시며
> 너로 말미암아 즐거이 부르며 기뻐하시리라 하리라. | 스바냐 3:17

나는 그때 내 주제는 생각 않고 주님이 주신 말씀은 17절인데 그분이 실수로 20절이라고 말씀하셨다고 단정하였다. 왜냐하면 대부분 목회자들이 심방 오시면 그 가정에 축복의 말씀을 주시고 선포된 그 말씀을 가지고 기도하시는 것이 내 상식이었기 때문이었다. 그래서 자신 있게 되물었다.

"혹시 주님이 주신 말씀이 17절이 아닌가요?"

그런데 그분은 정색을 하시며 힘있게 다시 말씀하셨다.

"스바냐 3장 20절입니다."

그리고 그분은 모인 우리를 위해 한 사람씩 기도해 주시고 잠시 후에 볼일이 있으시다며 일찍 자리에서 일어나셨다. 그분들이 가신 후에도 나는 그 주신 말씀을 다시 읽어 보았지만, 전혀 납득할 수가 없었다.

왜 이런 말씀을 나에게 주셨을까? 도무지 이해가 되지 않았던 그 말씀은 다음과 같다.

내가 그 때에 너희를 이끌고 그 때에 너희를 모을지라.
내가 너희 목전에서 너희 사로잡힘을 돌이킬 때에
너희로 천하 만민 중에서 명성과 칭찬을 얻게 하리라.
나 여호와의 말이니라. | 스바냐 3:20

　　　　　　　　　　　෴

　그 후 내 기억 속에서 멀어졌던 그 말씀이 고난의 한 가운데를 지나면서 깨달아졌다. 그것은 하나님께서 유다왕국 백성들에게 진노하셔서 그들을 바벨론이라는 고난의 풀무불 가운데에 던져 넣으셨지만, 결코 그들을 떠나지 않으시고 그 신실하심으로 돌보셨던 것 같이, 우리의 고난도 주님께서 섬세하게 인도하고 계시다는 것이었다.

　남편의 사고 6개월 전부터 주님은 내게 성경을 통독하여 거의 3번을 마치게 하셨다. 그리고 그해 교회에서 나를 포함하여 몇 분의 평신도 큐티 인도자를 세워 4 복음서를 집중적으로 묵상할 때, 소그룹 인도자로 섬기게 하셨었다. 그러기에 주님은 내가 늘 말씀 가운데에 있었음을 아셨다. 그리고 우리의 고난을 그냥 사람들이 겪는 그런 사건으로 두지 않으시고 성경을 각본으로 한 작품으로 완성하기 위해 친히 연출자가 되셨던 것이다.

　그날부터 주님은 창세기부터 요한 계시록까지 우리의 고난과 관련된 말씀과 사건들을 우리에게 적용하시며 세상에 하나밖에 없는 독특한 이야기를 써 가셨다. 성경에 창세기의 아브라함에게 주신 횃불 언약을 나에게도 주시는 것을 시작으로 신구약 66권 중에서 거의 30권이 넘는 책에 있는 해당 구절들을 골고루 인용하시며 주권적으로 일하셨다. 그중에 주님은 바벨론 포로 사건을 우리 고난의 정점으로 삼으시고 그 고난을 통과하는 모습을 통하여 주님의 살아계심을 드러내기를 원하셨다.

나는 그때쯤에야 비로소 그 사모님이 주셨던 스바냐 3장 20절의 말씀이 너무나 확실히 깨달아지고 이해가 되었다. 그 말씀은 그들이 바벨론 포로로 끌려가기 오래 전에 주님이 선지자 스바냐를 통해서 유다 백성들에게 주신 말씀이었지만 그때 그들은 믿지도 않았고 결코 깨닫지도 못했었다. 내가 영적으로 둔해서 스바냐서의 말씀을 받았을 때 잘못된 말씀이라고 밀어낸 것이 오래전에 유다 백성들의 영적 상태와 같았었기 때문임을 미처 알지 못했다. 이 모든 일에 주님의 특별한 의도가 있음을 깨달은 것은 스바냐서와 연결된 또 다른 말씀을 받은 후였다.

나는 남편의 병상을 지키는 동안에도 말씀을 놓지 않았는데 놀라운 것은 내가 말씀을 읽는 동안에 주님은 우리와 해당되는 구절 말씀이 나오면 "바로 이거다!" 라고 분명하게 알려 주셨다는 것이다. 정말 엄청난 은혜가 아닐 수 없었다. 나는 그때마다 주신 말씀들을 따로 적어 두었는데 나중에 그 말씀들을 연결해 보니 하나의 놀라운 이야기를 이루고 있었다.

누구나 다 그런지 모르겠지만 내게 있어 특별히 예레미야서는 내용도 쉽지 않지만, 그 선지자가 당하는 고난과 눈물 때문에 심정적으로도 읽기가 어려운 책이었다. 어느 날 거의 마지막 부분까지 읽어 내려가는 중에 두 구절을 남겨놓고 주님은 다시 한번 우리가 바벨론 포로와 같은 처지임을 확실히 알게 하셨다. 그때 나는 성경을 한국어와 영어로 동시에 낭독하며 통독하고 있었는데 "바로 이거다!" 라고 말씀하셨던 부분이 있었다. 그것은 예레미야서 52장 33절로 다음과 같다.

> 그 죄수의 의복을 갈아 입혔고
> 그의 평생 동안 항상 왕의 앞에서 먹게 하였으며 | 예레미야 52:33

So Jehoiachin put aside his prison clothes and
for the rest of his life ate regularly at the king's table.

그 말씀을 받았을 때, 스바냐서의 말씀과 연결됨을 다시한번 확실히 알게 되었다. 그래도 주신 말씀이 회복을 의미하기에 나는 그 말씀을 남편에게 적용하며 이루어지기를 소망하였다. 그 소망은 내가 끝까지 최선을 다해 남편의 병상을 지키는 버팀목이 되기도 했다.

그리고 그날 그분이 성령의 감동으로 여러 차례 부르시던 찬송은 후에 나에게도 특별한 찬송이 되었다. 그래서 남편과 함께 매일 드리던 예배에서 늘 먼저 부르곤 했다. 제목이 "예수 나를 오라 하네"인데 이 찬송은 소명과 헌신에 관한 찬송으로 분류되어 있기도 했지만 1절의 영어 가사는 한글 가사에서 언급되지 않은 십자가가 표현되어 있기에 더 큰 은혜가 되었다. 1절의 한글과 영어 가사는 이렇다.

예수 나를 오라하네 예수 나를 오라하네
어디든지 주를 따라 주와 같이 같이 가려네

I can hear my Saviour calling,
I can hear my Saviour calling,
I can hear my Saviour calling,
Take Thy cross and follow, follow me

성 금요일에 우리 집에 오셨던 손님이 통곡하며 예언하셨던 말씀대로 이후 우리집은 나의 눈물로 가득 찼다. 나는 그 엄청난 남편의 사고에도 다른 사람들 앞에서는 결코 눈물을 보이지 않았으나 주님 앞에서는 통곡할 수밖에 없었다.

2. 하늘의 꿈을 꾸던 남자

2007년 6월 18일 월요일 오후, 식사를 준비하기는 조금 이른 시간에 남편에게 저녁을 준비해 달라는 전화가 왔다. 나는 서둘러 남편이 좋아하는 잡채를 준비했고, 곧 남편이 들어왔다. 무더운 날씨 탓에 조금 지쳐 보였으나 남편은 차려준 식사를 맛있게 먹고 어딘가에 전화를 했다. 그리고 혼잣말로 "에잇, 마리아, 마리아!" 하면서 집을 나섰다.

내키지 않는 일이었지만 단골 고객이기에 어쩔 수 없이 나선 것임을 알 수 있었다. 2층인 그 집의 지붕 위에 있는 에어컨을 수리하는 일로 아마 높은 곳에 올라가는 일이 남편의 마음에 걸렸던 모양이다.

결국, 그날 일이 나고 말았다. 일을 하다가 2층에서 발을 헛디딘 것이다. 야고보 사도가 인간의 생명이 "잠깐 보이다가 없어지는 안개"(야고보서 4:14)라고 말한 것과 같이 한 순간에 남편의 삶의 수레바퀴는 멈추고 말았다.

남편의 상태는 심각했다. 사고 초기에 병원 관계자들은 우리에게 가족을 위해서 남편을 포기하는 것이 현명한 일이라고 조언했다. 하지만 나는 속으로 "어떻게 나 자신이나 마찬가지인 사람을 포기할까?" 반문하며 그들의 말을 일축했다. 그리고 사고 다음 날 문제의 그 고객 마리아에게 전화해서 남편의 상태를 알려 주었다. 그들을 향해서 원망의 마음도 없지 않았지만 모든 것을 은혜로 덮기 위해서 사고 때에 바로 구급차를 불러준 것에 대한 감사의 말을 전했다.

2004년 6월 지영의
졸업식장에서 남편과 함께

　　미국 이민 오기 전에 남편은 서울시 공무원 생활을 하다가 그만두고 작은 건축회사를 설립해서 잠시 운영했었다. 하지만 여러 가지로 장고 끝에 결국 미국 이민의 길을 택하게 되었다. 남다른 손재주가 있었던 남편은 먼저 이민 와 있던 친척이 하던 냉동 일에 관심을 가지고 남들이 어렵다는 면허증을 따고 냉동기계 수리점도 열었다. 20여 년 동안 즐겁게 그 일을 하며 두 아이들 공부시키고 노후를 준비하면서 성실하게 살아왔었다.

　　사고 나기 3일 전 금요일이 작은 아이 대학원 졸업식이어서 바쁜 와중이지만 남편도 시간을 내서 참석해 딸아이를 축복하고 졸업을 축하해 주었다. 그리고 그 주일 밤에는 나와 함께 은혜교회 부흥회에 참석하여 큰 은혜를 받았다. 그리고 그 다음 날 그런 엄청난 사고를 당하게 되었던 것이다.

❧

남편이 예수님을 온전하게 영접한 것은 사고 2년 전이었다. 그 전까지는 다소 형식적인 신앙생활을 했었다. 그런데 은혜 한인교회에 다니셨던 남편의 단골 고객의 인도로 금요 성령 집회에 참석하면서 남편은 은혜를 체험하였고 급격하게 변했다. 그리고 그분의 강력한 권유로 그 교회 프로그램 중의 하나인 뜨레스 디아스에 3일간 참석하면서 놀라운 일이 남편에게 일어났다. 특별히 그곳에서 말씀을 전하셨던 김광신 목사님께 큰 은혜를 받았는지 "하는 일 다 접고 김 목사님 가방이나 들고 다녔으면 좋겠다." 라고 말해 나를 놀라게 했다.

그 후 남편은 신앙적으로 많은 변화를 보이더니 어느 날은 신학을 공부해서 평신도 선교사가 되고 싶다며 내 생각을 물었다. 나는 남편이 신앙적으로 더욱 단단해 질 것 같아 반대할 이유가 없었지만 아직은 일을 해야 할 형편이었기에 염려가 되었다. 그런데 남편은 저녁에 주 2~3회 공부하는 것이라며 등록을 하고 자기는 잘 공부해서 때가 되면 자신이 태어난 황해도 해주에 가서 평신도 선교사로서 복음을 전하고 싶다고 했다. 그런 하늘의 꿈을 꾸는 자 답게 남편은 성실하게 일 년 공부를 잘 마쳤다. 그런데 얼마 후에 돌이킬 수 없는 사고를 당하게 된 것이었다.

❧

지금 생각해보면 남편은 사고 나기 얼마 전부터 무언가를 느끼고 있었던 것 같았다. 어느 날은 자기는 오십도 못살 줄 알았는데 벌써 오십 대 중반이니 많이 살았다고 해서 나를 황당하게 했다. 그래서 내가 위로하니 싫지 않은 표정을 지었다.

"당신은 어머님 닮아서 장수할 테니 염려 마세요."

또 어느 날은 TV를 보고 있는 내게 가까이 와서 그리워하는 표정
으로 내 얼굴을 한참 동안 이리저리 자세히 살펴보았다. 민망한 마음
에 내가 비키라고 하자 뜬금없이 자기가 만약 많이 아파서 꼼짝 못하
고 누워있으면 어떻게 하겠느냐고 물었다. 그래서 나는 자리에서 일어
나며 농담을 했다.

"그걸 왜 끌어 앉고 있어 내다 버리지!"

그 말을 들은 남편은 내 뒤를 따라오며 심각한 표정으로 거듭 말했다.

"그래도 날 버리지 말아줘!"

그 때 남편은 자신이 그런 모습으로 13년의 긴 시간을 누워있을
것을 직감적으로 느꼈을까... 왜 그런 말을 했는지 나로서는 아무리 생
각해도 알 수 없는 일이었다. 남편의 병상을 지키는 동안 그때 일이 생
각나면 남편에게 수도 없이 말했었다.

"어떤 경우에도 당신 곁을 떠나지 않고 돌볼 테니 걱정하지 말라."

그 후에 나는 이따금 말을 함부로 한 것을 후회했다. 그리고 말이 얼
마나 중요한지를 깨닫게 되었다.

그러므로 생명을 사랑하고 좋은 날 보기를 원하는 자는 혀를 금하여
악한 말을 그치며 그 입술로 거짓을 말하지 말고 | 베드로 전서 3:10

그들에게 이르기를 여호와의 말씀에 내 삶을 두고 맹세하노라.
너희 말이 내 귀에 들린 대로 내가 너희에게 행하리니 | 민수기 14: 28

하여 나는 남편의 병상을 지키는 동안 어떤 부정적인 말도 하지 않고 일부러 하나님 들으시라고 긍정적인 말을 많이 하며 위의 말씀을 붙들고 부단히 노력했다.

한 번은 남편이 신학교에서 봐야 하는 책이 많아지면서 더 큰 책꽂이가 필요하다고 했다. 몇 군데 둘러보더니 자신이 직접 만들겠다며 홈디포 Home Depot에서 재료를 사 왔다. 한참을 차고에서 씨름하더니 부엌에서 일하던 나를 불러 놓고 소년처럼 씩 웃으며 책꽂이를 보여주었다. 역시 손재주가 있었던 남편이었기에 근사하게 만들어 보기가 좋았다.

내가 좋다고 하자 남편은 그 무거운 것을 낑낑거리며 방으로 옮겨 자리를 잡아 놓고 만족한 표정을 지었다. 그러더니 그 다음 날, 그것을 다시 힘들게 차고로 옮겨 두 개로 나누어 조립을 하는 것이 아닌가? 그리고 의아한 표정으로 옆에 서 있던 나에게 말했다.

"내가 죽으면 너 혼자 이것을 옮겨야 하는데
너무 무거워서 둘로 나누어 조립했어."

그리고는 조립 법을 알려 주었다. 내가 "도대체 왜 그래요?"라고 신경질적으로 말하자 남편은 "나는 내가 안다"고 짧게 말하는 것이었다.

하늘의 꿈을 가지고 평신도 선교사를 소망하며 바쁜 와중에도 힘들게 공부를 하면서도 한편으로는 죽음을 생각하는 모순된 남편의 모습은 내가 이해할 수 없는 영역이었다. 나는 그저 선하신 하나님이 선한 꿈을 꾸는 남편에게 기회를 주실 것을 믿어 의심하지 않았었다. 그리고 남편의 꿈은 나의 소망이 되어 남편의 병상을 13년 동안 한결같은 믿음으로 지킬 수 있었던 동력이 되었다.

남편이 사고를 당하기 6개월 전부터 나는 새벽과 늦은 밤에 많은 시간을 주님 앞에 엎드려 기도했다. 남편의 사고 2주 정도 전의 어느 날이었다. 그날 밤도 늦게까지 기도하다 잠들어 있던 남편 곁에 조심해서 누우려 하는데 칠흑 같은 어둠 속에서 청아한 음악소리가 들렸다. 그해 부활주일 새벽에 엎드려 기도하던 중에 큰 영적 체험을 했는데 바로 그 때 들려주신 천국의 음악 소리였다.

"주님이 오셨다!"

누우려던 내가 상체를 일으키고 한 말이었다. 곧 파란색 불덩이가 방안으로 들어오더니 우리를 비추었다. 그 빛이 너무 밝아 바로 쳐다볼 수가 없을 정도였다. 나는 기쁨으로 충만해서 주님을 부르며 옆에 누워있던 남편을 보았다. 그런데 그곳은 어둠으로 덮여 남편이 죽은 듯한 모습으로 누워있었다. 내가 불빛을 향하여 이렇게 소리치며 두 손으로 그 빛을 남편 쪽으로 끌어오려 하자 잠시 후에 그 빛은 음악소리와 함께 사라졌다.

"주님 이쪽입니다! 이쪽이에요!"

결국, 남편 쪽은 어둠으로 덮여 있는 채로 주님이 떠나가신 것이다. 나는 마음이 몹시 무거워 혼자 질문했다.

'왜 남편이 누워있던 곳은 그 밝은 빛에 환하게 밝아지지를 않았을까?'

그것이 결국 죽음을 의미한 것이었을까?

남편의 사고 얼마 후 새벽에 주님께서 내게 말씀하셨다.

"아사셀이 되었다!"

그 당시 나는 별생각 없이 주님이 내게 성경에 나오는 단어를 주신 것이 싫지가 않았었다. 그런데 시간이 가면서 그 말씀이 "죽을 운명" 이라는 것 같은 생각이 들었다. 왜냐하면, 성경에서 아사셀의 운명은 광야로 보내져 결국 죽음으로 끝나기 때문이었다. 주님은 그렇게 여러 번에 걸쳐 남편의 죽음을 계시하시면서 그가 이 땅에서 13년이라는 긴 광야와 같은 고통의 시간을 보내게 하셨고 아사셀처럼 그 광야에서 숨을 거두게 하셨다.

그 일이 있고 3일 후 새벽, 깊은 기도 중에 나도 모르게 "주님, 복규 어떻게 하실 건가요?" 라고 물었다. 주님께서는 놀랍게도 "나도 모르겠다!" 하시더니 갑자기 "너 정직해라!" 라고 하시는 것이었다. 나는 즉각적으로 그것이 다음 날 읽을 간증문의 일임을 알았다.

그때 교회에서는 전교인 성경통독 프로그램을 진행하고 있었는데, 제일 먼저 읽은 세 사람에게는 토요 새벽 기도회에서 간증할 기회를 주셨었다. 23일 만에 두 번째로 성경통독을 마친 나는 다음 날 간증을 위해 간증문을 미리 작성해 두었다. 그런데 간증 효과의 극대화를 위해서 좀 과장된 내용을 써 두었던 것이다. 나는 얼른 간증문을 고쳐 쓰고 회개했다.

다시 그때를 돌이켜 보았을 때, 만약 주님이 모르겠다는 말씀 대신 '네 남편이 사고를 당해 13년 동안 누워있다가 결국 죽을 것이다'

라는 사실을 알려주셨다면 '그 또한 우리에게는 얼마나 잔인한 일이었겠는가!' 생각한다. 특히 내가 그 사실을 미리 알았더라면 나는 결코 남편을 돌보는 일에 최선을 다하며 끝까지 감당하지 못했을 것이다.

우리의 연약함을 잘 아시고 우리를 보호하시려고 모른다고 말씀하신 하나님의 그 사랑이 참으로 아니 깊다 할 수 없다. 결국, 늦은 나이에 주님을 뜨겁게 만나 하늘의 꿈을 꾸던 내 남편은 이루지 못한 그 꿈을 내게 사명으로 남겨두고 홀연히 주님 품에 안기셨다.

지난 13년을 돌아보면 내가 한 것은 죽은 자와 같이 누워있는 남편에게 하늘의 빛을 끌어오려는 행동이었다. 날마다 시간을 정해 남편 옆에 앉아 예배를 드리고 성경 말씀을 읽어 주고 하루에 3번씩 그의 머리에 손을 얹고 기도했다. 그리고 남편의 귀에 대고 끊임없이 소망의 말로 격려하고 복음방송의 말씀과 찬양으로 그를 깨우려고 노력했다.

죽고 사는 것이 혀의 권세에 달렸나니,
혀를 쓰기 좋아하는 자는 그 열매를 먹으리라. | 잠언 18장:21

모든 것이 하나님의 계획 가운데 있었다 할지라도, 위와 같은 말씀에 귀 기울이지 못했던 나의 영적 무지함이 돌이킬 수 없는 아픔이 되었다. 하여 이제는 늘 스스로 점검하며 의지적으로 하나님께서 기뻐하시는 선한 말을 하며 살아가고자 하는 때 늦은 결단을 하게 되었다.

꽃무늬

남편이 하나님께로 돌아간 얼마 후, 하나님은 내 남편의 13년의 고통의 삶을 그냥 묻어 두지 않으시겠다고 내게 말씀하셨다. 나는 속으로 "그러시려면 살려주시지." 하는 불편한 마음이 들면서도 죽은 자를 어떻게 사용하시겠다는 건지 의아했다. 그런데 마태복음을 읽다가 하나님의 뜻을 깨닫게 되었다.

나는 아브라함의 하나님이요, 이삭의 하나님이요,
야곱의 하나님이로라. 하신 것을 읽어 보지 못하였느냐.
하나님은 죽은 자의 하나님이 아니요,
살아 있는 자의 하나님이시니라. | 마태복음 22:32

여기에서 예수님은 이미 수 천 년 전에 육신으로 죽은 자들을 살아있는 자들이라고 부르신다. 비록 육신은 죽어 흙으로 돌아갔으나 그들의 영혼이 살아 있기 때문이다. 그리고 그들의 하나님 되심을 자랑스럽게 여기시며 성경을 통해서 그들과 함께 일하고 계시는 것이다.

그러므로 하나님은 영혼이 살아 있는 죽은 남편의 13년의 고통의 삶을 통해 그가 꾸었던 하늘의 꿈을 이루시겠다는 것이었다. 하여 나는 남편의 죽음에 마침표를 찍지 않고 하나님께서 우리를 통해서 이루시기를 원하시는 그 일을 위해서 달려갈 준비를 하게 되었다. 나의 반쪽, 남편과 함께 그 길을 인도하실 아브라함의 하나님, 이삭의 하나님, 야곱의 하나님, 그리고 최복규의 하나님인 우리 주님을 따라갈 것이다. 그리고 우리는 그 길 끝에서 승리의 노래를 부르게 될 것이다.

3. 뜨레스 디아스에서 만난 주님!

　　하나님은 참으로 섬세하시기에 자기의 자녀들을 돌보시는 일에 항상 마음을 다하고 계심을 느끼게 된다. 그런 하나님은 내게도 성령의 능력을 부어 주셔서 연약한 내가 감당하기에 힘든 어려운 일이 닥쳤을 때 바로 주님의 손을 붙잡는 최고의 길을 택하게 하셨다.

　　뜨레스 디아스! 내 생애에서 잊을 수 없는 주님과의 만남이 그곳에서 이루어졌다. 나는 집 가까이에 있는 은혜 한인 교회에서 그런 프로그램이 수십 년째 운영되고 있는 것도 몰랐고 관심도 없었다. 오직 내가 속한 교회에서 맡겨진 일에 순종하고 최선을 다하며 신앙생활을 했다. 그런데 남편의 신앙 멘토와도 같은 분이 남편에게 강력하게 권해서 그곳에 참석하도록 하셨다. 그 당시 남편은 냉동분야의 서비스업을 했기에 시간을 내기가 쉽지 않았다. 그래서 몇 달을 미루다가 결국 비 성수기인 겨울을 택하여 3일 동안 빅베어 산에 올라가게 되었다.

　　떠나는 날 나는 남편에게 여기 일은 걱정하지 말고 은혜 많이 받고 오라고 했다. 그러면서도 하루가 못되어 남편이 전화할 것으로 예상했지만, 남편은 3일 동안 전화 한 통도 하지 않아서 나를 놀라게 했다. 돌아올 시간이 되어 남편을 픽업하러 갔을 때 버스에서 내리는 남편의 모습은 몹시 흥분되어 있었다. 마치 어린아이와 같이 목에는 얼룩덜룩한 이상한 목걸이를 걸고 가슴에는 종이로 만든 꽃을 달고 있었다. 그리고 함께 간 분들과 헤어지기 싫어서 나를 기다리게 했다.

돌아오는 길에 도대체 거기에서 무슨 일이 있었냐고 내가 물으니 대답 대신 비밀이라며 웃기만 했다. 그것이 계기가 되었는지 얼마 후에 장차 평신도 선교사가 되어 자신이 태어난 황해도 해주에 간다며 은혜 한인교회 부설 신학교에 입학했다. 그때 뜨레스 디아스에서 성령님께서 남편을 만나 주셨던 것 같다.

남편은 그곳에서 있었던 일은 단 한마디도 말하지 않으면서도 나에게 그곳에 꼭 참석하라고 강력하게 요구했다. 내가 그곳에 갈 이유가 없다고 해도 듣지 않더니 몇 개월 후에 있는 여자 프로그램에 허락도 없이 나를 등록시켜 버렸다.

나는 평상시에 남편이 장모님 말을 잘 듣는 것을 생각해, 친정엄마한테 부탁해서 남편을 말려보려 했다. 그런데 당시 연세가 80대 후반이셨던 친정엄마가 자신이 전에 갈 기회가 있었는데 놓쳤다며 오히려 더 가고 싶어하셨다. 그 바람에 나는 할 수 없이 효도하는 차원에서 엄마를 모시고 가기로 결정하게 되었다.

꿈

나는 산에 올라가기 전에 은혜를 부어 주시도록 사모하며 기도했다. 그리고 내게 당면한 문제도 구체적으로 간구하며 그날을 기다렸다. 그리고 우리가 산에 오르기 전날 꿈을 꾸었다.

평화로운 산 중턱에 잘 닦아 놓은 집터가 보이는데
그곳이 내 집을 지을 곳이라고 꿈 속에서 누군가가 말했다.
그 가까운 곳에는 예쁜 교회가 아름다운 모습으로 위치하고 있었다.

지금 돌아보면 주님이 내가 앞으로 당할 고난을 통해서 영적으로 새로운 집을 지으라고 터를 만들어 주셨나 하는 생각이 들며 다음 말씀이 떠오른다.

모든 은혜의 하나님 곧 그리스도 안에서 너희를 부르사
자기의 영원한 영광에 들어가게 하신 이가 잠깐 고난을 당한 너희를 친히
온전하게 하시며 굳건하게 하시며 강하게 하시며 터를 견고하게 하시리라.
| 베드로전서 5:10

그 당시 나는 두 눈에 녹내장 진단을 받고 6년정도가 지나면서 상태가 많이 나빠져 시력을 잃을 수 있었다. 그렇기에 의사는 나의 상태를 많이 염려하는 상황이었다. 그런 소원들을 마음에 담고 떠나는 우리를 즐거운 표정으로 배웅하는 남편을 뒤로하고 우리는 빅베어 산에 올랐다.

그런데 그곳에 도착하면서부터 이상하게 내 마음이 울컥거리며 나도 주체할 수 없는 눈물이 계속해서 흘렀다. 그것은 영적 문둥병자인 내가 주님 앞에 섰을 때 자비와 긍휼을 구하는 본능적인 모습이었다. 프로그램을 따라 오랜 시간 통곡하고 회개하는 시간이 지난 후에야 그 눈물이 수습되었다.

그리고 나에게 놀라운 영적인 일들이 일어나기 시작했다. 강력한 성령님의 임재하심으로 상상도 못했던 환상이 열리고 방언을 말하며

주님의 음성을 듣게 되었다. 사실 처음에는 담당 목사님이 안수하셨는데도 방언이 터지지 않았다. 나는 다급한 마음에 무릎을 꿇고 기도하면서 방언할 수 있도록 주님이 친히 안수해 달라고 머리를 들이밀 듯이 하며 부르짖었다.

그러자 얼마 후에 갑자기 환상이 열리고 하늘에 흰구름 가운데 백보좌 위에 앉으신 사람의 형상인 어떤 분의 모습이 보였다. 그리고 혀가 말리는 느낌과 함께 방언이 터졌다. 그 순간 나도 모르게 물었다.

"주님, 내 눈 어떻게 하실 건가요?"

"그건 내가 알아서 한다."

내가 "네." 라고 하자 그 환상은 사라졌다. 그 후 전적인 하나님의 은혜로 거의 14년이 지나는 지금까지 나의 시력은 일상 생활하는 데 큰 어려움이 없다. 다만 의사의 한결 같은 염려는 나로 하여금 늘 긴장하게 한다.

그리고 그때 전능하신 하나님이신 예수님께서 미천한 내 발을 닦으시는 초유의 사건이 환상 중에 실제와 같이 일어났다. 마지막 날 순서 중에 하나였던 세족식 시간이었는데, 대만에서 오신 자매님께서 어깨에 수건을 걸치고 물이 담긴 대야를 들고 앞으로 오셔서 다소곳이 무릎을 꿇고 내 오른발을 조심스럽게 들어 대야에 넣었다.

그 순간 그분은 사라지고 흰옷을 입으신 예수님이 무릎을 꿇으시고 내 발을 닦고 계셨다.

내가 놀라서 눈을 크게 뜨고 다시 보아도 주님이셨다. 그 순간 나는 통곡하며 울게 되었는데 이후 눈을 떠봐도 여전히 예수님이 내 발을 닦고 계셨던 것이다. 그것은 환상이 아니고 실제 상황 같아서 오랜 시간이 지난 지금도 생생하게 남아있다.

　　　　　　　　　　　✿

　　그 동안 나는 남편을 돌보며 기도하는 일에 마음을 다해 왔다. 하여 매일 밤마다 교회에 가서 기도를 했다. 감사하게도 남가주 사랑의 교회가 남편의 병원 가까이에 있어 일주일에 몇 번은 그곳으로 기도하러 다녔다.

　　그 교회 현관에는 특별한 청동상이 있는데 바로 예수님께서 무릎을 꿇으시고 제자 베드로의 발을 씻기시는 모습의 청동상이다. 나는 그곳을 지나면서 늘 관심 있게 그 모습을 보며 가끔씩 예수님의 뼈가 튀어나올 정도로 마른 등도 쓰다듬어 드리고 귀에다 하고 싶은 말도 했다. 그리고 베드로의 표정을 관심 있게 보았다. 왜냐하면 내가 그 자리에 있어 보았기에 그가 느끼는 감정이 어떤 것일지를 짐작이 갔기 때문이다. 그는 두 눈을 크게 뜨고 민망한 얼굴로 자신의 발을 닦으시는 주님을 바라보고 있는데 그날 산에서 나는 그 모습위에 통곡까지 하고 있었던 것이다.

　　그렇다! 주님은 내가 앞으로 13년 동안 어떤 삶을 살아야 할 것인가를 그 산에서 친히 몸소 보여주셨던 것이다.

　　나의 13년의 삶이 세상 사람들의 눈에는 희생으로 보일지 모르지만 주님은 그것이 희생이 아니라 헌신이라고 말씀하셨다. 특별히 남편의 발을 닦아주는 것은 내게 즐거움이었다. 더 나아가 나는 병원에 있던 몇 분의 다른 환자들의 발을 기쁨으로 닦아줄 수 있었다.

그리고 늦은 나이에 나와 함께 그곳에 올라가신 엄마는 젊은 사람도 소화하기 힘든 스케줄을 넉넉히 감당하고 은혜 충만해서 내려오셨다. 그런 엄마는 우리에게 자신의 믿음을 본받으라고 도전하시며 신앙생활 잘 하시다가 사랑하던 사위가 어려움을 당하자 많이 힘들어 하셨다. 날마다 눈물로 이렇게 기도하시며 배수진 치셨다.

"주님! 우리 사위 일어나 집에 오기 전에는 저를 하늘나라에 데려갈 생각하지 마세요! 저 못 갑니다!"

그리고 13년후, 하나님께서 사위를 데려가셨지만 정작 본인은 101살이 되셨는데도 건강하게 잘 살고 계신다.

그 빅베어 산에서의 3일이 순식간에 지나가고 마치는 자리에서 누구보다 큰 은혜를 받은 나는 하나님께 영광을 올려 드려야 하겠기에 간증자로 나섰다. 그리고 다른 사람들 보다 두 배 이상의 긴 간증을 하게 되었다. 내가 성령님의 인도하심으로 거침없이 그곳에서 일어난 영적체험을 간증했을 때 그곳에 참석하셨던 은혜교회 한기홍 목사님께서는 "여기 부흥사 한 사람 나왔다!" 라고 하시며 칭찬해 주셨었다.

그때 나는 한기홍 목사님께서 깊은 영성을 가지신 분인 것을 잘 알았기에 그분이 하신 말씀을 성령님의 감동에서 나온 예언의 말씀으로 받고 '언젠가 내 삶을 통해서 하나님의 영광을 드러내는 간증을 할 날이 오겠구나.' 라는 소망을 가슴에 담아 두게 되었다.

산에서 내려온 후의 나의 삶은 6개월 동안 말씀과 기도에 전념함으로 영적인 근육을 키우는 시간이 되었다. 그런 훈련의 과정이 지난 후에 일어난 남편의 치명적인 사고는 주님의 손을 더욱 강하게 붙잡는 계기가 되었다. 그것은 주님이 나를 뜨레스 디아스를 통해서 지식적인 신앙에서 체험적인 신앙으로 바꿔 주셨기에 가능한 일이었다. 그리고 주님이 그곳에서 내게 큰 은혜를 부어 주신 이유를 빌립보서 1장 29절을 통해서 분명하게 깨닫게 하셨다.

> 그리스도를 위하여 너희에게 은혜를 주신 것은
> 다만 그를 믿을 뿐 아니라 그를 위하여 고난도 받게 하려 하심이니라.
> | 빌립보서 1장 29절

주님은 그 어려운 시간을 나에게 보여주시고, 들려주시고, 그리고 깨닫게 하심으로 우리를 인도하셨다. 하여 그 수많은 절체절명의 순간들을 실족하지 않고 넉넉히 감당하게 하셨다. 그 은혜를 어떻게 말로 다 표현할 수 있을까? 그러기에 오직 하나님께만 영광을 올려드린다.

4. 언약의 하나님은 위대한 연출가!

남편이 입원해 있는 양로 병원 바로 옆에는 중앙에 큰 호수가 있는 공원이 있다. 집에서 조금은 거리가 먼 이곳을 고집 했던 이유 중에 하나는 이 공원이 있었기 때문이다.

2014년은 남편과 함께 입학한 광야 학교 7학년차였다. 나는 항상 정한 시간에 공원에 나가 남편을 돌보느라 온통 긴장할 수밖에 없었던 마음을 활짝 열고 30분정도 걷곤 했다. 그러다 보면 길가에 피어 있는 들꽃들이 때를 따라 색색의 고운 옷으로 갈아입고 저마다 그 자태를 뽐낸다. 나는 그들 위를 날아 다니는 고운 빛의 나비들도, 이 꽃 저 꽃을 바쁘게 옮겨 다니는 벌들도, 하늘 위를 맴돌며 노래하는 각종 새들도 모두 사랑스럽기만 했다.

가끔씩 겁도 없이 길가에 나와 이리저리 뛰어다니며 숨바꼭질 하는 다람쥐, 토끼 등 작은 짐승들도 내가 인사해야 하는 친구들이 되었다. 이따금 커다란 거북이가 가족과 함께 물가에 나와 따뜻한 햇빛 아래서 낮잠을 즐길 때면 큰소리로 "거북아 안녕!" 하고 인사해 주었다. 그러면 거북이는 내 인사에 놀라 그 짧은 주름진 목을 한껏 빼고 두리번거리며 화답했다.

그렇게 걷다 보면 어느새 내 심령 깊은 곳부터 창조주 하나님을 향한 찬양이 절로 솟구쳤고, 피곤했던 모든 세포들이 새 힘을 얻고 아름다운 자연과 하모니를 이루었다. 그때 나는 주위를 아랑곳 않고 찬송가 40장의 후렴 부분을 큰 소리로 불렀다.

주님의 높고 위대하심을 내 영혼이 찬양하네
주님의 높고 위대하심을 내 영혼이 찬양하네

그렇게 찬양을 주님께 드리며 호수를 따라 걷다 보면 커다란 물고기들이 떼 지어 물가로 마중 나왔다. 나는 그런 그들에게 가까이 가서 어린 아이처럼 손뼉을 치며 기뻐서 깡충거렸다. 그러면 그들은 약속이나 한 듯이 나를 술래로 정하고는 자기들은 후닥닥 물 속으로 숨어버렸다. 어떤 물고기들은 물을 차고 뛰어올라 내게 인사하고는 동그란 물방개 편지를 써주곤 수줍게 숨었다. 그럴 때는 짧게 인사하고 빨리 숨어버린 물고기가 참 아쉬웠다.

어느 날 아침, 호숫가를 걷고 있는데 주님이 주신 말씀이 떠올랐다. 그 말씀은 고난 중에 내가 늘 붙잡고 묵상하던 예레미야 51장 10절의 말씀이었다.

여호와께서 우리 공의를 드러내셨으니
오라 시온에서 우리 하나님 여호와의 일을 선포하자. | 예레미야 51:10

이 말씀을 묵상하는데 내 생각이 하나님께 말씀의 확증을 받았던

'기드온의 양털'로 이어졌다. 그때 나는 하나님께서 주신 그 언약의 말씀을 확증 받고 싶은 마음이 들었다. 하여 하늘을 향하여 두손으로 확성기를 만들어 큰 소리로 담대하게 외쳤다.

"하나님, 제게 주신 하나님의 언약의 말씀이 사실이라면
제가 이곳을 걷는 동안에 물고기가 뛰어 오르는 것을 보게 하소서."

그런데 얼마 못 가서 내 마음이 불편했다. 이미 주님이 내게 주신 언약의 말씀을 불신하는 생각이 들었던 것이다 그래서 바로 회개하고 5~6분 정도를 더 걸어 갔는데 내 앞에서 멀지않은 곳에 하얀 거위 5 마리가 평화롭게 물가에 앉아있는 것이 눈에 들어왔다. 내가 그들에게 거의 가까이 갔을 때 갑자기 그들이 큰 소리로 "꽉꽉" 하기에 나는 가던 걸음을 멈추고 그들을 바라보았다. 그리고 그들에게 물었다.

"너희들 왜 그러니? 무슨 일이야?"

그 순간이었다. 그 거위들과 같은 방향의 호수 한 가운데서 커다란 물고기 한 마리가 하늘로 우아하게 뛰어올랐다. 그리고 찬란한 아침 햇빛에 은빛 자태를 번쩍이며 멋지게 춤을 추었다. 나는 '헉' 소리 외에 아무 말도 할 수 없었다. 그렇다! 창조주신 하나님께서 틀림없이 내 소리를 들으시고 그들에게 명령하셔서 이토록 아름다운 모습을 연출하신 것이 분명했다

특별히 내게 개인적으로 주셨던 출애굽기 34장 27절과 다니엘서 9장 4절의 말씀은 언약의 하나님, 언약을 지키시는 하나님을 보여주시기에 소중히 품었다.

··· 너와 언약을 세웠음이니라. | 출애굽기 34:27

··· 언약을 지키시고 그에게 인자를 베푸시는 이시여 | 다니엘 9:4

하여 나는 언젠가 하나님이 그 언약을 지키시고 우리를 통하여 그의 영광을 드러내시는 위대한 연출을 친히 이루어 주실 것을 믿고 누가복음 1장 45절을 마음에 품고 있다.

주께서 하신 말씀이 반드시 이루어지리라고 믿은
그 여자에게 복이 있도다. | 누가복음 1:45

나는 성경에서 말씀하시는 "그 여자"가 되었고, "주께서 하신 말씀이 반드시 이루어지리라고 믿는 사람," 주님 없이는 못 사는 하늘 바보가 되었다. 오늘도 나를 믿게 하시고 웃게 하시는 주님이 너무 좋다.

5. 아브라함과 나

　　하나님은 성경의 시작점인 창세기를 통해서 아브라함을 등장시키셨다. 그리고 그의 삶 속에 깊이 개입하심으로 길에 굴러 다니는 평범한 돌 같았던 그를 단련하셔서 보석과 같이 반짝이는 인물로 만드셨다. 그를 통해서 하나님의 신실하심을 나타내셨고 그의 사후에도 그를 믿음의 아이콘으로 만드셨다. 그러면서 수 천년의 세월을 지나 성경의 마지막까지 그의 믿음이 빛을 발하게 하셨다.

　　그런 하나님은 내게도 우리 앞에 있는 어둡고 긴 고난의 터널을 지나려면 '그 믿음에 불을 밝혀야만 길을 잃지 않는다.' 는 것을 분명히 하셨다.

⁕⁕⁕

　　남편이 사고 후 깊은 코마 상태에 들어가고 의학적으로는 아무것도 할 수 없게 되었다. 그런 상황 속에서 내가 할 수 있는 것은 전능하신 하나님께 기도하는 것 뿐이었다. 어느 날 새벽에 주님께 엎드려 기도하고 있는데 내 앞에 환상이 열렸다. 그리고 하늘에서 열쇠 두 개가 빠르게 내려오기에 내가 손을 내밀어 그것을 잡았다. 너무나 선명한 환상이었는데 그때 나는 그 뜻을 깨달을 수가 없었다. 하여 이런저런 생각 끝에 열쇠가 두 개니 '하나님께서 혹시 남편과 나를 천국에 들어올 수 있도록 허락하셨는가?'라는 짐작만 할 뿐 정확하게 해석을 할 수 없어 그것이 답답했다. 주님은 그런 내 마음을 아시고 바로 그 다음 날 새벽에 그 환상의 의미를 내게 알게 하셨다. 그 두 개의 Key는 바로 믿음과 인내이며 그것들 만이 우리가 당한 고난을 풀 수 있는 열쇠라는 것이었다.

그리고 그것을 나에게 주신 것은 내가 바로 이 문제에 있어서 Key Person이기 때문이라고 하셨다. 하여 나는 주님께 저에게 이 어려움을 이길 만한 든든한 믿음과 또한 인내를 주시기를 기도하며 흔히 믿음 장이라고 말하는 히브리서 11장을 활짝 열었다. 그리고 1절 말씀을 내 것으로 믿고 선포하였다.

믿음은 바라는 것들의 실상이요 보이지 않는 것들의 증거니 | 히브리서 11:1

그러자 내가 금방 믿음의 용사라도 된 것 같이 주먹이 불끈 쥐어졌다. 기분 같아서는 믿음장에 나오는 그 누구의 믿음이라도 다 닮을 수 있을 것 같았다.

계속해서 믿음 장을 읽으면서 그들 중에 어떤 사람의 믿음이 내가 닮을 수 있는 것인지를 타진해 보았다. 자신의 친형에게 죽임을 당한 진정한 참 예배자인 아벨부터 시작해서 한 분 한 분 살펴보았지만 처음 내 생각과는 달리 그들 중에 감히 내가 비비고 들어가 "나는 당신의 믿음을 담기를 원합니다"고 말할 수 있는 분은 단 한 분도 없었다. 조금은 낙심이 되었지만 포기할 수 없어 우리가 믿음의 조상이라고 부르는 아브라함을 기웃거리며 과연 내가 저분의 믿음을 본받을 수 있을까? 질문을 해 보았으나 그 역시 불가능이었다.

나는 '어찌할꼬' 하는 심정으로 6절 말씀을 뚫어지게 바라보다가 하나님 앞에서 믿음은 선택이 아니라 필수라는 것을 알게 되었다.

> 믿음이 없이는 하나님을 기쁘시게 하지 못하나니
> 하나님께 나아가는 자는 반드시 그가 계신 것과 또한 그가 지기를 찾는 자들에게
> 상 주시는 이심을 믿어야 할 지니라. | 히브리서 11:6

하지만 이내 나는 믿음장을 덮을 수밖에 없었다. 내 능력으로는 도저히 11장에 나오는 그 어떤 선진들의 믿음에도 겨눌 수 없음을 깨달았기 때문이었다.

어느 날 새벽에 주님께서 다음과 같은 말씀을 해 주셨다.

"우리가 아니면 그들로 온전함을 이루지 못하게 하려 하심이라."

처음에 나는 이 말씀을 깨닫지 못했다가 며칠 후 그 말씀이 바로 히브리서 11장의 마지막 절인 40절의 후반부라는 것을 알게 되었다.

그러면서 우리 인간을 통해서 그 말씀을 그대로 역사 하신다는 것이 아니라, 내가 활짝 열어 놓고는 무능력 속에서 그냥 주저 앉아 버린 믿음장을 하나님께서 직접 완성하시겠다는 말씀인 것을 알게 하셨다. 그리고 주님은 그 말씀을 성취하시기 위해서 놀랍게도 믿음의 최고봉인 아브라함을 나의 삶 속에 등장시켜 주셨다.

하나님은 언약의 하나님이시기에 어떤 일을 행하시기 전에 먼저 언약을 주시고 그 언약을 신실하게 이루시는 분이신 것을 우리는 잘 알고 있다. 그러기에 아브라함에게도 그를 통해서 하나님의 위대한 역사를 이루시기 전에 창세기 15장에 나오는 횃불 언약을 주셨던 것이다. 나는 이것을 히브리서 6장 17절을 통하여 확인할 수 있었다.

> 하나님은 약속을 기업으로 받는 자들에게 그 뜻이 변하지 아니함을
> 충분히 나타내시려고 그 일을 맹세로 보증하셨나니 | 히브리서6:17

아브라함이 횃불 언약을 받았을 때는 그가 부르심을 받고 믿음으로 고향을 떠나 이방 땅에 발을 딛고도 아직 이루어지지 않은 언약으로 상심했을 때였다. 그러나 그런 가운데서도 믿음을 잃지 않는 아브라함에 하나님께서는 귀한 횃불 언약으로 함께 하셨다.

어쩌면 남편의 코마 상태에서 믿음 하나를 붙잡고 인내하는 나를 불쌍히 여기셨던가 보다. 나에게 하나님께서 횃불 언약을 주실줄은 상상하지 못했지만, 그것은 아무도 상상하지 못했던 시간에 그런 장소에서, 또한 상상하지 않았던 방법으로 주어졌다.

남편의 병상 생활이 2년 정도 될 무렵 나는 운동과 휴식을 위하여 병원 옆 공원에 가곤 했다. 쓰레기들을 자주 발견하고서 나는 다음에 올 사람들을 위하여 그것들을 주워 쓰레기 통에 넣곤 했다. 그날은 그곳에 까마귀 한 마리가 죽어 땅에 떨어져 있었는데 이틀째 그곳에 있는 것을 보았기에 나는 그 새를 주워 쓰레기 통에 넣었다.

그리고 그날 오후에 잠시 쉬려고 의자에 앉아 눈을 감았는데 몇 주 전에 보여주신 환상이 떠올랐다. 낮은 공중에 타오르는 횃불이었다.

나는 처음에는 그냥 대수롭지 않게 여기며 넘어 갔는데 그날 내가 그 죽은 새를 치우고 들어왔을 때 주님께서 그 환상과 죽은 새를 연결하게 하셨다. 이틀동안 그 새가 거기에 있었지만 아무도 그 새를 치우려 하지 않았다. 마치 내 눈에만 보여야 하는 새처럼, 쪼개지 않은 새처럼 말이다.

그러면서 아브라함에게 쪼개지 않은 새를 통해서 횃불 언약을 주시고, 모리아산에서 독자 이삭을 드리므로 하나님께 믿음의 진검승부를 보여주었던 일을 기억나게 해 주셨다. 그렇다면 나의 모리아산은 어디이며 내가 내려 놓아야 할 이삭은 무엇일까?

결국, 내가 당한 환난이 나의 모리아 산이요, 내가 바친 재물은 내가 간절히 일어나기를 바라는 내 남편이라는 것을 깨닫고 아브라함의 심정으로 남편의 코마 문제를 풀어나가야 겠다는 생각을 하게 되었다. 그쯤에 오래전부터 내가 마음 속에 품고 있었던 말씀이 떠올랐다.

> 믿음이 없어 하나님의 약속을 의심하지 않고 믿음으로 견고하여져서
> 하나님께 영광을 돌리며 약속하신 그것을 또한 능히 이루실 줄을 확신하였으니
> 그러므로 그것이 그에게 의로 여겨졌느니라. | 로마서 4: 20~22

아브라함이 하나님의 기업이 되시는 복을 받았지만 그의 삶에 구체적으로 나타난 일들이 그에게만 해당되는 것이 아니었다는 것을 알게 되었다. 누구나 하나님을 기업으로 복을 받는 자들은 각자의 상황과 형편에 따라 각자의 모양으로 복이 나타날 수밖에 없는 것을 알게 되었다. 그리고 나는 이것을 갈라디아서 3:9절을 통해 확증 받았다.

그러므로 믿음으로 말미암은 자는
믿음이 있는 아브라함과 함께 복을 받느니라. | 갈라디아 3:9

이 말씀 속에 있는 "함께" 라는 단어에 무게를 두고 나도 그 함께 속에서 제외되지 않고 끝까지 버티고 견뎌보자는 각오를 했었다. 그리고 하나님께서 나의 기업이 되신다는 것을 얼마의 시간이 지난 후에 다시 확증할 수 있었다.

여호와는 나의 분깃이시니
나는 주의 말씀을 지키리라 하였나이다. | 시편 119: 57

이 말씀을 주님께서 내게 주셨다는 것을 알았을 때 나는 아브라함이 부럽지 않았다. 오히려 내 삶에 그 하나님의 복은 어떤 모습으로 역사할까 하는 기대감이 생겼다. 그러면서 아브라함이 오실 예수 그리스도를 위해서 자기의 역할을 감당했다면, 나는 다시 오실 예수 그리스도를 위해서 나의 역할을 감당하기를 원하게 되었다.

이후 시간이 지나면서 하나님께서 지속적으로 우리의 미래에 대한 소망의 말씀을 계속 주셨다. 어느 날은 내가 너무 감격해서 이렇게 고백하기도 하였었다.

"주님.
우리로 하여금 이렇게 되도록 허락하신 것 너무 잘 하셨어요.
감사합니다!"

사실 이 고백은 하나님을 향한 나의 믿음을 나타내는 말이기도 했다. 만약 남편이 일어나지 못할 것을 미리 알았다면 결코 해서는 안 되는 말이요 할 수도 없었던 말이었다.

의사들은 남편에 대한 부정적인 권고를 했지만 내게 그들의 권고는 들리지 않았다. 마지막 순간까지 하나님이 죽은 나사로에게 하셨던 것처럼 놀라운 능력을 행하실 줄로 믿고 장례준비를 전혀 하지 않은 이유가 거기에 있었다.

지난 13년 긴 여정 동안 나는 만날 수 없는 두 기차 선로와 같이 평행선을 달리는 믿음이었지만, 중요한 것은 나의 옆에서 평행을 유지하며 달리는 주님 곁에 있었다는 것이다. 그래서 흔들리지 않으시는 주님 옆에서 흔들리지 않고 믿음의 경주를 할 수 있었던 것이다.

그리고 주님은 내가 고난속에서 믿음을 가지고 감당하지만 일어나는 어려운 상황에 내 마음이 상하지 않도록 찬송의 옷을 입혀 주셔서 내 속에서 일어날 근심을 막아 주셨다(이사야 61:3). 하여 그 어려움 중에도 내입에서는 늘 찬송이 넘치므로 내 마음에 쓴 뿌리가 생기지 않게 하셨다.

그리고 주님은 남편을 데려가실 것을 미리 알게 하신 찬송을 주셨는데 남편 소천 3일 전, 새벽에 자고 있던 나를 깨우시고 내 입을 통해서 이런 찬송을 하게 하셨다.

구주와 함께 나 죽었으니 구주와 함께 나 살았도다.
영광의 그날이 이르도록 언제나 주만 바라봅니다.
언제나 주는 날 사랑하사 언제나 새 생명 주시나니
영광의 그날이 이르도록 언제나 주만 바라 봅니다.

그리고 소천 2일 전에는 동일한 시간에 이런 찬송을 같은 방법으로 주셨었다.

주 품에 품으소서 능력의 팔로 덮으소서
거친 파도 날 향해 와도 주와 함께 날아 오르리
폭풍가운데 나의 영혼 잠잠하게 주를 보리라

그리고 끝까지 주님을 소망하며 믿음을 놓지 않았던 나의 바램과 전혀 다르게 그 다음날 내 사랑하는 남편은 홀연히 주님품에 안기셨다. 정말 내 입에서 불려졌던 그 찬양처럼 주님 품에 남편을 품어 주셨고, 그의 능력의 팔로 고통가운데 있는 나를 덮어 주셨다. 13년 동안 남편이 이렇게 죽을 것이라 한 번도 생각하지 못했었던 나였기에 그 충격은 이루 말할 수 없었다. 실로 남편의 소천은 나를 집어 삼켜 버릴 것 같은 사망의 파도였다. 그러나 주님께서는 미리 찬송으로 나를 준비 시켜 주셨음으로 그 파도를 넘어 생명의 주님과 함께 날아 오르게 하셨음으로 나는   다시 영원한 피난처 되신 주님 안에서 지친 내 영혼을 쉴 수 있었다.

남편의 소천 얼마 후 새벽에 주님은 내 입을 통해서 이렇게 선포하는 찬양을 하게 하셨다.

주께서 우리를 승리케 하셨네 나의 믿음, 나의 소망 주께 있네

나는 분명히 알게 되었다. 사람의 눈으로 보기에는 아픔으로 끝나버린 것 같은 우리의 고난이 전능하신 하나님께는 믿음의 경주에서 승전가를 부를 충분한 이유가 있는 승리였음을 깨닫게 되었다. 그러기에 나는 하나님께서 내게 입혀 주신 찬송의 옷을 더욱 든든히 여미고 내게 은혜로 주신 믿음을 붙들고 계속해서 하나님의 영광을 선포하는 자의 길을 끝까지 달려 갈 것이다.

6. 욥의 인내를 넘어 그리스도의 인내로

13년의 여정에서 나를 위로한 또 다른 믿음의 영웅은 욥이었다. 이유는 하나님께서 처음에 우리가 당한 고난을 이길 열쇠가 믿음과 인내라고 하셨는데 이것을 이룬 다른 거장이 욥이셨기 때문이다.

하나님도 인정하시는 욥은 의인이었음에도 불구하고 말로 할 수 없는 큰 고난을 겪었기에 우리에게 인내를 가르칠 수 있는 적합한 분이다. 야고보 사도도 인내가 얼마나 중요한지를 우리에게 말하고 있지 않은가!

인내를 온전히 이루라 이는 너희로 온전하고 구비하여
조금도 부족함이 없게 하려 함이라. | 야고보서 1:4

야고보 사도 역시 우리에게 그 인내를 배울 선생으로 욥을 추천하고 있다

보라 인내하는 자를 우리가 복되다 하나니
너희가 욥의 인내를 들었고 주께서 주신 결말을 보았거니와
주는 가장 자비하시고 긍휼히 여기시는 이시니라. | 야고보서 5:11

욥은 인생에 최악의 고난, 고통을 겪었다. 그와 비교하기는 죄송하지만 나도 그의 고통의 무게에 버금가는 큰 고난을 당했기에 그가 어떻게 그 고난의 시간을 견뎌냈을까 궁금했었다. 그리고 욥을 통해서 내 문제를 해결할 수 있는 방법을 배우기를 원했다. 그런데 욥기를 얼마 읽던 중에 비록 욥이 당한 고난은 말로 할 수 없이 컸을지언정 그 기간은 결코 길지않았던 것을 발견하였다.

이와 같이 내가 여러 달째 고통을 받으니
고달픈 밤이 내게 작정되었구나. | 욥기 7:3

이 말씀을 하시는 것으로 보아 욥의 고난은 1년도 채 되지 않았던 것 같다. 그래서 그 상황을 좀더 묵상해 보니 우리가 아는 대로 욥과 세 친구 사이에 격렬한 논쟁이 있었고 그것을 다 보고 계셨던 하나님께서 나타나셔서 모든 것을 정리하셨다. 그리고 자기의 무지를 깨달은 욥에게 복을 내리신 일에 그리 많은 시간이 필요하지 않았을 것으로 추측되었다. 하여 나는 우리의 고난이 3년, 5년, 그리고 10년 그 이상으로 길어지면서 하나님께 떼를 썼다.

"하나님, 욥은 고난의 기간이 1년도 안 되는데 우리는 너무 길어요."

그러면서 욥은 하나님이 인정하시는 의인이요, 나와 남편은 하나님이 인정하시는 죄인인데 어찌 같을 수가 있겠는가 하는 생각도 하게 되었다. 그리고 더 중요한 것을 깨닫게 되었다. 우리의 간절함을 아시면서도 침묵하시는 하나님은 우리에게 욥의 인내를 넘어 그리스도의

인내를 배우기를 원하신다는 것이었다.

⚜

어느 날 성경을 읽는 중에 다음의 말씀이 내 마음에 강한 감동으로 들어왔다

> 주께서 너희 마음을 인도하여 하나님의 사랑과
> 그리스도의 인내에 들어가게 하시기를 원하노라. | 데살로니가 후서 3:5

그렇다면 그리스도의 인내는 과연 어떤 인내를 말씀하고 계시는가? 나는 골로새서의 말씀을 통하여 답을 얻을 수 있었다.

> 그의 영광의 힘을 따라 모든 능력으로 능하게 하시며
> 기쁨으로 모든 견딤과 오래 참음에 이르게 하시고 | 골로새서 1:11

남편의 코마 13년간 정녕 내 상황은 절대 하루도 녹록치 않았다. 그러나 그 가운데서도 하나님께서 내게 원하시는 뜻을 적극적으로 수용하고 감당할 수 있도록 나의 영적 근육이 자라가고 있었다. 성경 말씀이 나의 그런 근육을 키워주었다.

> 너희에게 인내가 필요함은 너희가 하나님의 뜻을 행한 후에
> 약속하신 것을 받기 위함이라. | 히브리서 10:36

그러면서 속으로 '설마 하나님께서 10년이 될 때에는 일으켜 주시겠지'라는 생각을 했었다. 그런데 민망하게도 주님은 나의 그런 심중을 놓치지 않고 어느 날 이런 말씀을 하셨다.

"팔랑개비처럼 출랑대지 말고 진득하게 기다려라!"

나는 거룩하신 하나님께서 그런 세상 언어를 사용하시는 것에 웃음이 터졌다. 그리고 '내 수준을 아시는 주님이 나의 수준에 맞는 언어로 말씀하셨구나' 깨닫고 감사했다. 하지만 성경의 수준은 다음과 같이 품위가 있고, 늘 소망 가운데 있음으로 사랑하지 않을 수 없었다.

게으르지 아니하고 믿음과 오래 참음으로 말미암아
약속들을 기업으로 받는 자들을 본받는 자 되게 하려는 것이니라.
| 히브리서 6:12

하나님께서는 우리가 세상을 살면서 당하는 고난을 해결하시는 데 우리의 시간표에 있는 시계바늘을 묶어 놓기를 원하신다. 그리고 오직 하나님의 시간표에 우리가 맞추기를 원하신다. 우리는 그것을 '하나님의 때'라고 쉽게 말한다. 그러나 그것을 기다리는 당사자들에게는 파수꾼이 새벽을 기다림과 같이 순간 순간이 고통의 시간이 아닐 수 없다.

우리는 이 고난이 속히 끝나는 것에 관심을 갖지만 하나님께서는 다른 뜻을 가지고 계신다. 그 고난의 시간을 통하여 하나님께서 계획하신 뜻을 이루시기를 원하시는 것이다. 언젠가 어느 분이 이렇게 말씀하시는 것을 들었다.

'하나님의 시계는 아주 천천히 간다.
그러나 그 시계는 매우 정확하다.'

그러니 고난 중에 있는 사람들은 '어찌할꼬' 하는 심정으로
"하루가 천 년" | 베드로 후서 3:8 같이 빨리 지나가기를 바라게 된다.

하나님께서는 자신을 기업으로 받은 자들이 믿음과 인내를 가지고 고난 가운데서 함몰되지 않고 열심을 다해 승리하길 원하셨다. 그래서 주어진 상황을 살아가기를 원하신다는 것을 믿음의 선진들의 삶을 본보기를 통하여 알게 하셨다. 그래서 남편이 이 땅에서 마지막 시간을 지내던 중 의사들이 나에게 호스피스를 붙여 주겠다고 했을 때 나는 거절했다. 내 남편의 생명은 하나님께 달렸으므로 나는 그분의 손에 내 남편을 올려 드릴 것이라고 말했었다. 그후 남편은 8개월을 더 살았다. 지금 돌이켜 보면 그 하루하루, 한 순간 순간이 내게는 얼마나 귀했었는지 그저 감사할 뿐이다.

주님께서는 어려운 작별의 시간이 우리 앞에 다가오고 있음을 아셨다. 남편이 천국으로 가시기 마지막 몇 개월 전 어느 날 아침, 환상 중에 내게 이런 말씀을 하셨다.

"마지막까지 잘 부탁드립니다!"

세상에 어떻게 전능하신 하나님께서 비천한 나에게 존대어를 쓰시며 부탁한다고 하셨을까? 놀라운 일이지만 그것은 우선 하나님의 성품이 사랑이신 것에 기인한다. 그리고 주님의 뜻을 따라 주어진 고난을 불평하지 않고 오랜 시간 믿음으로 잘 견뎌낸 우리에게 주시는 최고의 칭찬이었다.

이런 과정에서 내가 감사로 받고 오래 가슴에 품고 있었던 말씀이 있었다. 성경을 읽는 중에 하나님께서 "바로 이거다!"라고 알려 주신 것이었다. 남편이 세상 떠나기 며칠 전 새벽 기도 중에 주님께서 "엘리후다!"라고 하셨을 때 나는 즉각적으로 주님께서 바로 이 말씀을 하고 계신 것을 알 수 있었다.

> 그러므로 하나님이 그대를 환난에서 이끌어 내사 좁지 않고
> 넉넉한 곳으로 옮기려 하셨은 즉 무릇 그대의 상에는 기름진 것이 놓이리라
> | 욥기 36:16

　이것은 욥과의 대화에서 맨 나중에 등장한 젊은이 엘리후가 한 말씀이다. 주님은 재미있게도 내게 그의 이름만을 말씀하심으로 다시 한 번 전에 주셨던 말씀을 확증해 주셨다. 이 축복의 말씀을 함께 누릴 내 남편은 이제 이 땅에 있지 않을지라도 그가 있는 천국에서 이 말씀의 수혜자가 되어 기쁨을 누릴 것을 나는 믿는다.

　나는 지난 13년의 긴 고난의 시간을 지내며 욥이 내게 가르쳐준 인내를 그런대로 이룬 것 같다. 하지만 기쁨으로 모든 견딤과 오래 참음을 이루셨던 예수님의 인내는 결코 따라 갈 수 없었음을 고백할 수밖에 없다. 이 후로는 나의 인내의 목표를 예수님께 두고 열심으로 그분을 닮아가야 하겠다고 결단해 본다.

7. 그 패역한 왕이 나의 롤 모델이라구요?

하나님을 믿는 사람이라면 누구나 성경말씀을 귀하게 여기며 그 말씀 속에서 자신을 향한 하나님의 뜻을 발견하기를 원한다. 그러면서 성경 속에 등장하는 인물들을 본받고자 하는 바람과 그런 가치 있는 삶을 살아준 인물들을 닮고자 하는 마음이 있다.

반면에 성경에 나오는 인물들 중에 하나님의 뜻을 거역하고 책망받은 사람들을 보면서는 자신의 반면교사로 삼기보다는 나는 그래도 그런 인물보다는 낫다고 스스로 평가하고 위안 삼는 어리석음을 보인다. 그런 부류 중의 하나가 바로 나였다.

내가 남 왕국 유다의 19대 왕인 여호야긴을 만난 것은 남편의 병상을 지킨 지 9년이 지날 때였다. 그때 나는 남편 병상 옆에서 성경통독을 낭독으로 하고 있었는데 그날의 진도는 구약 예레미야서의 후반부였다.

개인적으로 예레미야서는 읽기가 쉽지 않은 책이다. 우선 예레미야서는 바로 앞에 있는 이사야서 보다 훨씬 더 길다. 그 뿐만 아니라 비참해진 유다의 상황에 대한 하나님의 징벌과 예레미야의 눈물인 그 내용은 심정적으로도 가볍게 읽을 수가 없다. 무엇보다 읽다 보면 당시 유다에 있던 죄악이 내게도 그대로 있음을 깨닫기 때문에 더 어려운 책이다.

그래서 되도록이면 빨리 읽고 지나가고 싶은 마음이었기에 마침내 마지막 장에 도착했을 때 나는 "휴" 하는 안도감마저 들었다. 그런 마음으로 마지막 장의 마지막 한 구절을 남기고 있었는데 그때 주님께서 "바로 이거다!" 라고 말씀하셨기에 나는 읽기를 멈추었다. 그리고 즉각적으로 왜 이런 말씀을 주셨는지 묻지 않을 수 없었다. 그 말씀은 예레미야 52장 33절이었다.

> 그 죄수의 의복을 갈아 입혔고
> 그의 평생 동안 항상 왕의 앞에서 먹게 하였으며 | 예레미야 52:33

누군가 죄수복을 갈아입고 나머지 평생동안 항상 왕 앞에서 먹게 했다는 말은 참으로 해피엔딩이 아닐 수 없다. 그러나 이 말은 역설적으로 그 전에 엄청난 어려움들이 있었다는 이야기가 아닌가? 이 이야기는 남왕국 유다의 제 19대 왕 여호야긴에 관한 것이다. 그리고 그 앞 31절에서는 그가 이전에 어떤 고난을 당했는지를 설명해 준다.

> 유다 왕 여호야긴이 사로잡혀 간 지 삼십칠 년
> 곧 바벨론의 에윌므로닥 왕의 즉위 원년 열두째 달 스물다섯째 날
> 그가 유다의 여호야긴 왕의 머리를 들어주었고 감옥에서 풀어주었더라.
>
> 그에게 친절하게 말하고 그의 자리를
> 그와 함께 바벨론에 있는 왕들의 자리보다 높이고 | 예레미야 52:31-32

그런데 이렇게 복을 받은 여호야긴이 누구냐 하면 어린 나이인 18세에 왕이 되었고, 짧은 3개월 통치를 하고 포로로 잡혀간 사람이다. 그런데 그는 그 어린 나이, 그 짧은 통치기간 동안에 하나님 앞에서 행악했던 사람이었다. 3개월 유다의 왕이었다가 37년간 바벨론의 죄수였던 그가 어느 날 감옥에서 풀려났을 뿐만 아니라 바벨론에 와있는 다른 왕들보다 더 높임을 받는 존귀를 회복했다.

✦

나는 주님께서 왜 내게 그 말씀을 주셨을지를 다시 묵상했다. 그러자 나에게 오래전에 있었던 한 사건이 떠올랐다. 2007년 남편이 사고를 당하기 2달전, 성 금요일에 우리집에 오신 귀한 손님께서 내게 주셨던 말씀이 있었다.

> 내가 그 때에 너희를 이끌고 그 때에 너희를 모을지라.
> 내가 너희 목전에서 너희의 사로잡힘을 돌이킬 때에
> 너희에게 천하 만민 가운데서 명성과 칭찬을 얻게 하리라
> 여호와의 말이니라. | 스바냐 3:20

당시 나는 그분이 왜 처음 심방을 온 집에 이렇게 무거운 말씀을 주셨을까 의아하게 생각했었다. 스바냐서의 주제와 같이 하나님은 계속해서 하나님께 반역하는 유다 백성을 아픈 마음으로 징계하실 것을 확정하셨다. 그리고 그들을 바벨론 포로로 보내 70년 동안 아픔을 통과하게 하신 후 다시 회복시키려는 계획을 가지고 계셨다. 이러한 하나님의 뜻이 또한 우리를 향한 하나님의 뜻이었는데 그 당시 나는 영적으로 둔해 그것을 깨닫지 못했던 것이다.

그런데 2007년 그 첫 번째 스바냐서의 말씀 이후 9년이 흐른 뒤 예레미야서의 말씀으로 그 메시지를 두 번이나 확증하시는 것을 깨닫

게 되었다. 그리고 이렇게 거듭 말씀하신 것은 고난이 그냥 온 것이 아니며 그 끝이 정해져 있고, 하나님의 때에 그 언약을 이루시겠다는 의지의 표현이라는 것이 이해되었다.

하나님께서는 남편과 내가 당하고 있는 고난을 성경적으로 바벨론 포로 상태로 설정하셨던 것 같다. 그리고 유다 백성들을 회복시키시고 그들을 통해서 영광 받으신 것처럼 우리 부부를 회복시키고 영광 받으시겠다는 계획을 가지고 계신 것으로 이해하였다. 그러니 내가 그 패역한 왕의 회복에 대하여 관심을 갖지 않을 수가 없었다. 실로 그는 하나님께서 내 고난 중에 본보기가 되기를 원하셔서 보내준 사람이었다.

상고해 보면 예레미야서 마지막 장, 마지막 구절에 나오는 여호야긴 왕은 18세 어린 나이에 왕이 되어 3개월을 통치하는 동안 하나님을 기쁘시게 하지 못했다. 성경은 이것을 다음과 같이 기록했다.

여호야긴이 그의 아버지의 모든 행위를 따라서
여호와께서 보시기에 악을 행하였더라. | 열왕기하 24:9

그럼 여기서 궁금한 것이 그의 아버지는 누구이고, 그가 어떤 악한 행위를 했는가이다. 그의 아버지는 여호야김 왕으로 다윗 다음으로 성군으로 알려진 요시야 왕의 아들이었다. 그런데 그 성군 요시야 왕의 아들이 악을 행했고, 그의 손자인 여호야긴이 악을 행한 것이다. 나는 여기서 꼬리를 무는 질문이 생겼다. 성군 요시야 왕의 아들과 손자가 어찌 그렇게 악을 행하게 되었을까?

나는 역대하 36장을 읽으면서 작은 실마리를 찾았다. 전후 문맥을 보면 여호야김이 왕이 된 것은 아버지 요시야 왕이 성전 정돈을 마치고 애굽의 느고 왕과의 전쟁에서 죽은 후이다. 그런데 그 아버지가 죽고, 그가 왕위에 즉위하기도 전에 사건이 일어났다. 아버지 요시야 왕이 죽자 유다 백성들이 형인 여호야김을 제쳐 놓고 그의 이복동생(열왕기하 23장31, 36절)인 23살짜리 여호아하스를 먼저 왕으로 세운 것이었다.

> 그 땅의 백성이 요시야의 아들 여호아하스를 세워
> 그의 아버지를 대신하여 예루살렘에서 왕으로 삼으니 | 역대하 36:1

백성들이 자신의 동생 여호아하스를 왕으로 세울 때 여호야김의 마음이 어떠했을까? 정말 견디기 어려운 고통이었을 것이다. 그런데 애굽 왕 느고가 여호아하스 왕을 3개월후 폐위 시키고 여호야김을 왕으로 삼는 반전이 일어났다.

하나님과 유다 백성의 축복이 아니라, 애굽 왕의 덕택으로 왕이 된 그는 11년간 유다를 통치하면서 하나님을 배척하고 백성들을 강탈하였다. 심지어 예레미야 선지자를 통한 하나님의 말씀이 담긴 두루마리를 칼로 베고 불태우기까지 하였던 것이다.

그렇게 하나님 앞에 씻을 수 없는 악을 행한 그를 하나님은 바벨론 느브갓네살 왕에게 붙이셨고 결국 여호야김이 처참한 최후를 마친 것을 우리는 성경을 통해서 알고 있다. 그리고 그의 아들 여호야긴에게 왕위가 넘어갔다.

나의 질문은 계속 이어졌다. 하나님께서 왜 하필이면 이 패역한 여호야긴 왕을 우리의 고난의 현장에 롤 모델로 파견해 주셨을까? 그리고 그렇게 패역했던 그가 어떻게 변했기에 하나님께서 그를 다시 존귀케 하셨을까?

그러자 내 머리에 떠오르는 것이 있었다. 그것은 여호야긴 왕과 함께 끌려간 그의 어머니 누후스다였다. 그녀는 아마도 자신의 남편인 여호야김이 유다 왕으로 11년을 다스리면서 악을 행할 때 하나님 앞에서 두려움을 갖지 않았을까?

그리고 그녀의 남편이 쇠사슬에 묶여 바벨론으로 끌려 가는 길에 처참하게 죽임을 당할 때도 두려움 속에서 시아버지 요시야 왕의 여호와를 찾지 않았을까?

더 나아가 그녀의 아들과 자신까지 바벨론에 잡혀 갔을 때 절박함으로 더욱 여호와를 찾지 않았을까?

만약 여호야긴이 긍정적인 변화를 보였다면, 나 자신도 두 아이를 둔 엄마이기에 본능적으로 거기에는 분명 그의 어머니의 역할이 있었을 것이라고 느꼈다. 또한, 여호야긴에게 선한 영향력을 줄 수 있었던 인물들로 하나님의 주권적 축복과 그것에 순종한 선지자들의 사역이 있지 않았겠는가! 그 선지자들은 바로 다니엘, 예레미야, 에스겔이었는데 특별히 내 관심을 끈 사람은 예레미야였다.

하나님은 예레미야를 통해서 바벨론으로 끌려가는 백성들을 좋은 무화과라 부르시며 그들을 돌보고 계신 것을 알게 하셨다. 그런데 그 말씀이 내게도 실제가 되는 일이 있었다. 어느 날 복음방송에서 어떤 목사님께서 설교 중에 "좋은 무화과"라는 말씀을 하실 때 주님께서 나에게 이렇게 말씀하셔서 그 때는 그냥 피식하고 웃고 말았었다.

"너도 좋은 무화과다!"

또한 하나님은 예레미야를 통해서 바벨론으로 끌려 간 유대 포로들에게 다음과 같이 편지하여 격려하셨다.

> 여호와의 말씀이니라 너희를 향한 나의 생각을 내가 아나니
> 평안이요 재앙이 아니니라. 너희에게 미래와 희망을 주는 것이니라.
>
> 너희가 내게 부르짖으며 내게 와서 기도하면
> 내가 너희들의 기도를 들을 것이요,
> 너희가 온 마음으로 나를 구하면 나를 찾을 것이요 나를 만나리라.
>
> | 예레미야 29:11-13

하나님께서는 그들이 고난 중에 낙심할 까봐 계속해서 마음을 달래시며 그들의 손을 놓지 않는 신실하심을 보여주셨다. 특별히 이 말씀은 남편의 사고 초기에 주님께서 친히 주신 말씀이었기에 내가 고난 중에도 기도의 자리를 지킬 수 있었던 소망의 말씀이 되었다.

꽃그렇게 일어난 일련의 여러 상황들의 조각을 모아보니 그림이 그려졌다. 분명 3개월의 왕좌에서 쫓겨나 37년간 했던 감옥생활은 여호야긴의 영혼을 혼돈스럽게 했을 것이다. 그러나 그는 어머니와 선지자들의 사역을 통하여 철저히 회개하며, 유다의 회복에 대한 비전 속에서 평안을 회복했을 것이다. 그래서 과거와 완전히 다른 사람으로 변

화되어 있었지 않았을까?

　　이것을 통하여 신분은 전쟁 포로였지만 당당하게 고개를 들고 결코 비굴하지 않았을 것이다. 특히 자신의 생명을 구하기 위해서 노력하지 않고 하나님께서 자신을 그 협착한 곳에 보내셨음을 받아들이고, 다니엘처럼 기도의 자리를 지키며 자신의 운명을 손에 쥔 여호와 하나님 만을 바라보았을 것이다.

　　그런 마음으로 감옥생활을 했다면 그가 있는 곳이 초막인들 궁궐인들 무슨 차이가 있었겠는가! 어쩌면 그는 감옥 속에서도 하나님의 사람으로 그곳에 있는 사람들에게 좋은 영향력을 끼치는 존귀한 사람으로 살았을 것이다. 그러니 바벨론의 느부갓네살을 이어 왕이 된 에윌므로닥 왕이 그를 석방시키고 존귀하게 대했던 것이다.

　　그런 의미에서 본다면 나의 13년의 삶도 마치 감옥과도 같았다. 그러나 부족할지라도 내가 그곳에서 예수 믿는 사람으로서 선한 영향력을 끼치며 살았기에 그들에게 존귀한 사람으로 자리 매김을 하였던 것이다.

✵

　　어느 날 성경을 읽던 중에 구약의 어떤 말씀에서 내 눈을 뗄 수가 없었다. 나는 그 말씀을 읽으면서 여호야긴 왕이 떠올랐다. 하여 그곳에 동그라미 표시를 하고 그 옆에다 '여호야긴'이라고 써 놓았다. 몇 달이 지난 후 그 말씀을 다시 보았을 때 나는 왜 이렇게 표시해 놓았지를 생각했어야 했는데, 주님께서 "바로 이거다!"라고 말씀해 주셨다. 그때 내가 써 놓은 여호야긴이라는 단어를 보며 바로 이 말씀이 그 패역한 왕이 여호와 하나님께로 돌아오는 근거가 된 말씀인 것을 알게 하셨다.

그들이 사로잡혀 간 땅에서 스스로 깨닫고
그들을 사로잡은 자들의 땅에서 돌이켜 주께 간구하기를

우리가 범죄하여 패역을 행하며 악을 행하였나이다 하며
자기들을 사로잡아 간 적국의 땅에서 온 마음과 온 뜻으로 주께 돌아와서
주께서 그들의 조상들에게 주신 땅과 주께서 택하신 성과
내가 주의 이름을 위하여 건축한 성전 있는 쪽을 향하여 기도하거든

주는 계신 곳 하늘에서 그들의 기도와 간구를 들으시고
그들의 일을 돌보시오며 주께 범죄한 주의 백성을 용서하옵소서.

| 역대하 6:37-39

이 말씀은 솔로몬 왕이 성전건축을 마치고 봉헌식을 할 때 하나님께 드린 기도문 중에 마지막 부분이다. 34절에서는 이 성전에서 하지 못할 때는 "성전 있는 쪽을 향하여 기도"할지라도 은혜를 달라고 기도했다.

그러니 여호야긴 왕이 바벨론에서 성전 쪽을 향하여 회개 기도했을 때 여호와 하나님께서는 자신의 언약으로 말미암아 약속을 지키셨을 것이다. 우리가 잘 아는 1차 포로인 다니엘이 생명에 위협을 받으면서도 포기하지 않고 하루에 3번씩 예루살렘을 향하여 기도한 것도 이 말씀에 근거한 것이 아니겠는가!

꾀⋯

이때쯤 되니 그 한때 패역했던 왕인 여호야긴은 나의 마음을 다 빼앗아 갔다. 그가 그런 어려운 상황에서 잘 견뎌준 것이, 그리고 그 삶이 하나님께 인정받아 고난 가운데서 하나님의 영광을 드러내며 축복의 인생으로 바뀐 것이, 그리하여 하나님께서 그를 고난 중에 있는 나에게 롤 모델로 세워 주신 것이 너무 고마웠다. 하여 나는 울컥한 마

음으로 이렇게 고백하지 않을 수 없었다.

"주님, 여호야긴 왕이 너무 고맙네요.
그가 고난 중에 잘 견뎌내서 오늘 저에게 롤모델로 세움 받은
것이 고맙고, 그에게 베푸신 은혜를 저에게도 동일하게
베푸시니 주님께 너무 감사합니다."

그러자 주님께서 즉각적으로 이렇게 말씀하셨다.

"그렇다!
너도 네가 당한 고난을 잘 감당하면 다른 사람들에게
본이 될 것이다."

나는 그 말씀에 마침내 참았던 눈물을 쏟고 말았다.

8. 어? 성경의 족보가 재미있네!

여호야긴 왕과의 만남은 구약에서 끝나지 않았다. 그가 나에게 주는 감격 또한 거기에서 멈추지 않았는데, 내가 그를 다시 만난 곳은 구약의 멀고 먼 길을 지나서 신약의 마태복음이었다.

성경에 나오는 족보들을 읽을 때마다 그리하듯 마태복음의 족보를 읽기 위해서도 내게는 인내가 필요했다. 그래서 한 때 이런 생각을 했었다. 그 족보에 나오는 많은 사람 중에 단 한 사람이라도 나와 개인적으로 관련된 사람이 있다면 읽을 때 얼마나 가슴이 뛸까? 그런데 그 날은 그 부질없는 생각이 내게 실제가 되는 순간이었다.

바벨론으로 사로잡혀 갈 때에
요시야는 여고냐와 그의 형제들을 낳으니라. | 마태복음 1:11

나는 마태복음 1장의 족보 내용을 읽다가 11절에서 멈추었다. 성군 요시야는 잘 알고 있었지만 그 다음에 나오는 "여고냐"는 이름이 생소했기 때문이다.

그러던 어느 날 예레미야 24장을 읽던 중에 "여고냐"가 바로 나의 롤모델 "여호야긴"이라는 것을 알게 되었다. 영어성경에서 이미 여고냐가 Jehoiachin 즉 여호야긴이라고 쓰여진 것도 눈에 들어왔다.

그런데 또 질문이 생겼다. 마태복음에 있는 예수님의 족보에 왜 아들대는 건너 뛰고 성군 요시야 왕 다음에 바로 손자 여고냐 즉, 여호야긴 왕의 이름이 기록된 것일까?

그 이유에 대하여 내가 받은 감동은 그의 어머니 느후수다의 기도와 교훈이 아들의 손을 패역한 아버지의 손이 아닌 할아버지의 손에 올려 놓았다는 것이었다. 그리고 성경은 하나님께서 역사하신 연대를 중요시 여기지만 때로는 중요 인물을 중심으로도 전개될 수 있음을 알게 되었다

마태복음의 족보를 보면서 또 놀란 것은 여고냐, 즉 여호야긴 왕을 통하여 우리가 너무도 잘 아는 스룹바벨이라는 걸출한 인물이 난 것이었다. 스룹바벨은 여호야긴의 손자로 70년도 넘게 폐허 더미로 변해버린 예루살렘 성전을 재건하여 다시 봉헌하므로 하나님을 기쁘시게 해 드렸던 분이다.

그것을 보면서 '여호야긴 왕이 비록 37년이라는 긴 시간을 바벨론 감옥에서 있었지만, 하나님께서 기뻐하시는 변화된 삶을 살면서 자신의 아버지와는 달리 자녀들에게 본이 되었구나' 하는 생각이 들었다. 무엇보다 자녀의 신앙교육에도 무게를 두고 마음을 썼을 것이라고 짐작이 되었다. 성군 요시야의 믿음이 손자인 여호야긴에게 전해진 것과 같이, 여호야긴의 믿음이 그의 손자 스룹바벨까지 이어졌으니 말이다.

여호야긴의 감동은 거기에서 멈추지 않았다. 한 번은 어떤 교수님의 구약 강좌를 컴퓨터로 듣는 중에 여호야긴 왕이 바벨론 왕에게 받았던 물건 리스트가 출토되었다는 말을 듣고 귀가 솔깃해졌었다. 성경에 보면 여호야긴이 바벨론에 있을 때 왕에게 쓸 물건을 받았다는 기록이 있다.

> 그가 날마다 쓸 것을 바벨론의 왕에게서 받는 정량이 있었고
> 죽는 날까지 곧 종신토록 받았더라. | 예레미야 52:34

그 교수님에 따르면 60~70년 전에 이라크 중부, 즉 옛날에 바벨론이 있었던 곳으로 추정되는 곳에서 다량의 유물이 발견되었는데 그 중에 영수증으로 보이는 4개의 화석이 있었다. 그런데 바로 그 중의 하나가 바벨론 왕이 여호야긴 왕에게 쓸 것을 준 것들의 영수증이라는 것이었다.

나는 여호야긴 왕에 대한 역사적 기록이 있다는 사실에 감격하였다. 그리고 시간을 내어 인터넷을 뒤져서 그 자료를 찾아 그것이 사실임을 확인도 했다. 이처럼 여호야긴에 관한 모든 것은 나의 호기심을 자극했고, 나를 감동시켰다. 또한 이러한 증거는 성경을 허무한 신화쯤으로 알고 진리의 보화를 외면하는 이들에게 경종을 준다.

이러한 일련의 경험들을 통하여 비록 여호야긴 왕이 2,500년이라는 닿을 수 없는 시간적 거리에 있는 사람일지라도 내가 그를 대면한 것 같이 느낄 수 있었다. 그것은 어제나 오늘이나 영원토록 동일하신 여호와 하나님께서 그분의 하나님이 되셨고, 오늘 나의 하나님이 되시기에 가능한 일이었다.

그런 맥락에서 나 자신을 돌아보면 하나님께서 허락하신 긴 고난을 지나며 한결같은 두 가지 바람이 있었다. 먼저는 우리의 고난을 통해서 하나님께 영광 올려드리는 것이었다. 그 다음으로는 우리에게 주신 두 딸들에게 믿음의 본을 보이는 것이었다. 우리에게는 자녀들에게 물려줄 재산이 많지 않더라도 무궁한 영적 재산인 믿음을 계승 시키고자 하는 마음이 컸다. 그래서 자신들의 눈에 연약하게 보이는 엄마일지라도 엄청난 인생의 시련을 지나며 어떻게 하나님과 동행하는지를 그들이 보고 알기를 원했었다.

그리고 그들도 믿는 신실하신 하나님께서 자신들의 부모를 통해서 어떻게 영광 받으시는지를 보여주고 싶었다. 하여 나는 그 긴 시간을 지나며 단 한 번도 그들에게 낙심하거나 절망하는 모습을 보이지 않았고 늘 믿음의 말로 그들을 세워주었다. 언젠가 우리 큰 아이가 내게 이렇게 말했다.

"엄마는 무서운 사람이야!
어떻게 그 오랜 세월을 불평 한마디 하지 않고 견뎌낼 수 있는 거야!"

그 질문에 나는 짧게 답했다.

"하나님 살아계시잖니!"

내게는 실로 그것이면 됐다. 그것이 내가 답답할 때마다 스스로에게 답이 된 진실이었다.

큰 맥락에서 볼 때 하나님께서는 다윗에게 하셨던 자신의 언약을 지키셨다.

그의 아들에게는 내가 한 지파를 주어서
내가 거기에 내 이름을 두고자 하여 택한 성읍 예루살렘에서
내 종 다윗이 항상 내 앞에 등불을 가지고 있게 하리라. | 열왕기 상 11:36

이 말씀을 성취하시기 위하여 다윗의 후손 중 하나인 남 왕국 유다의 19대 왕인 나의 롤 모델, 여호야긴도 자랑스럽게 그 이름을 올렸으니 이제 나는 벅찬 가슴으로 마태복음의 족보를 읽을 수 있게 되었다.

그리고 그 다윗의 계보를 통해서 우리 주 예수 그리스도께서 이 땅에 오셨으니 이는 창세 전에 이미 하나님이 세우신 언약의 성취였다. 하여 나도 그 언약 안에 있음을 믿고 내가 당한 고난을 통하여 주님께서 기뻐하시는 모습으로 다시 태어나고자 부단한 노력을 하였다. 그것은 먼저 회개라는 이름으로 주님 앞에 몸부림을 치며 뼈 속 깊은 곳까지 오염된 죄를 씻는 것이었다.

남편의 사고 초기에 있었던 일이다. 그때 남편의 사고를 통해서 직면하게 된 나는 영적 문둥병자였다. 돌아보니 예수를 믿는다고 하면서도 모든 것을 내가 옳은 대로 행하며 내 삶에 주인 노릇을 하며 그저 종교생활을 하고 있었던 것이다. 얼마나 그 상태가 심각했으면 어느 날 주님은 시리즈로 내게 분명한 환상을 보여 주셨다.

첫번째 환상속에서 내가 문둥병자의 고통스러운 모습으로 거적대기를 덮고 있었다. 나는 그 모습을 보며 통곡하며 오열했다. 아무리 계산해봐도 나는 그저 평범한 죄인이 아니고 죄인중에 괴수와 같았다. 그저 아픈 마음으로 주님의 이름을 부르며 용서를 구했다. 그리고 놀랍게도 주님은 내게 "테텔레스 타이"(다 갚았다, 다 완성했다)라고

말씀해 주시므로 나의 모든 죄를 주님께서 십자가에서 담당해 주셨음을 알게 하셨다. 그리고 이틀 후 두번째 환상에서 내가 깨끗한 모습으로 어린 아이처럼 고운 모습을 하고 있었다.

그런 나를 하나님께서는 불쌍히 여기시고 몇 달 전에 예레미야의 말씀을 읽을 때 또 "바로 이거다!"라고 지적하시고 확신을 주신 말씀이 있다.

> 여호와의 말씀이니라.
> 그 날 그 때에는 이스라엘의 죄악을 찾을지라도 없겠고
> 유다의 죄를 찾을지라도 찾아내지 못하리니
> 이는 내가 남긴 자를 용서할 것임이라. | 예레미야 50:20

나는 우리가 이 말씀의 수혜자가 된 것이 너무 감사했다. 특히 나보다 내 남편이 이 말씀을 받기에 부족함이 없도록 비록 코마 상태였지만 그 13년이 의미 있는 삶이었다고 확신한다. 그것은 비록 죽음과 같은 불연단에 깊은 물 속을 통과하는 듯한 고통이었으나 반면에 주님과 독대했던 귀한 시간이었다. 그래서 나는 지난 13년 동안 귀가 열려 있었던 남편에게 회개를 촉구하며 이렇게 말했다.

"주님께 회개의 영을 부어 달라고 기도하시고 그 동안 살면서 지은 죄는 아무리 작은 것이라도 철저하게 회개하세요."

그 13년은 이렇게 우리가 주님 손만 꼭 잡고 갈 수 있었던 축복의 시간이었다. 그 시간을 잘 완성한 후 남편은 새털같이 가벼운 몸과 정결한 영으로 주님 품에 안긴 것이다. 나는 그런 내 남편이 얼마나 자랑스러운지 모른다.

지금 돌아보니 하나님께서 우리의 고난을 바벨론 포로사건으로 설정해 놓으신 것이 확실하게 깨달아졌다. 남편의 죽음이 임박했던 어느 날 주님은 나에게 너무도 분명하게 말씀하셨다. 바벨론 포로 해방을 계시하는 말씀으로 이사야 말씀을 인용하셨는데 그것은 마치 우리의 긴 고난에 마침표를 찍으시는 closing statement 와도 같았다.

그날에 만군의 여호와께서 자기 백성의 남은자에게
영화로운 면류관이 되시며 아름다운 화관이 되실 것이다. | 이사야 28:5

그러나 그때 나는 그 말씀을 우리의 고난과 연결하지 못하고 다만 내게는 너무 과분하다는 생각에 그것을 '아멘' 으로 받지 못하고 말했다.

"주님, 어쩌자고 저에게 이러십니까?"

그러나 나는 이제 명실공히 남편을 하나님께 먼저 보내고 육적으로는 이 땅에서 "남은자" 가 되었으며, 성경적으로도 바벨론 포로 해방의 은혜를 입은 영적인 "남은자" 가 되었다. 하여 이제는 주신 그 말씀을 '아멘' 으로 받으며 감격할 수 있게 되었다.

남편의 병상 11년이 넘어갈 때였다. 그때 이사야서를 읽다가 35장 10절 앞에 내 눈길이 멈추었다. 그 말씀은 오래 전에 어떤 기도 모임에서 내가 성령에 감동으로 어떤 분에게 드린 말씀인데 그 후로 내 속에 들어와 있었다. 그런데 그 때는 특히 영어 번역의 표현이 내 마음을 사로잡아 그 말씀을 외워야 하겠다는 생각이 들었다.

그래서 저녁식사를 데우기 위하여 기다리는 동안 급하게 종이에 쓰고 밥을 마이크로 워이브에 넣고 기다리면서 그 말씀을 외우기 시작했다.

여호와의 속량함을 받은 자들이 돌아오되 노래하며 시온에 이르러 그들의 머리 위에
영영한 희락을 띠고 기쁨과 즐거움을 얻으리니 슬픔과 탄식이 사라지리로다.

| 이사야 35:10

And those the Lord has rescued will return. They will enter Zion with
singing: everlasting Joy will crown their heads . Gladness and joy will
overtake them, and sorrow and sighing will flee away. | Isaiah 35:10

마침 내가 첫번째 줄 And those the Lord has rescued will
return…을 읽는데 주님께서 "바로 그거다"라고 하셨다. 나는 너무
가슴이 벅차 급히 식사를 마치고는 남편의 머리에 손을 얹고 기도하면
서 주님께서 잠시전에 주셨던 말씀을 언급했다. 그때 놀랍게도 주님은
다시 한번 "그렇다"고 하셨다. 그렇게 확증을 주시니 나는 너무 좋아
말로 표현하기 어려운 감격에 사로잡혔다.

하여 기쁜 마음으로 병원에서 가까운 남가주 사랑의 교회에 도착
해서 감격 속에 기도를 했다. 기도를 마치고 나오며 현관에 있는 예수
님께서 베드로의 발 씻는 청동상 앞에 섰다. 그리고 아무도 없는 그 밤
나는 예수님을 어깨동무하고 주님의 귀에다 속삭였다.

"주님, 아까 그 말씀 주셨는데요."

놀랍게도 다시 "그렇다"라고 세번째 말씀하셨다. 나는 더욱 감
격해서 차가운 청동상 주님의 얼굴에 내 뺨을 대고 눈물을 흘렸다.

이제 다시 한번 고백하지만, 그 말씀으로 나는 언젠가 이 땅의 삶
을 마치고 저 천국에 입성한 후에 영원한 희락을 머리에 띠고 슬픔과
탄식이 사라진 복된 삶을 살게 될 것을 영의 눈으로 바라보게 된다.

이제 나는 남은 자로써 이 땅에서 허락된 삶을 살아낼 때에 넉넉하게 이길 비전을 가지고 살아간다. 그것은 언젠가 사랑하는 예수님과 남편을 저 영광스러운 천성에서 기쁘게 만나는 모습이다. 그 날을 위하여 나는 나를 늘 성찰케 하시는 주님과 더불어 저 천성을 향하여 쉬지 않고 행진하는 사명을 가지고 다른 사람들과 나누는 일에 능동적으로 나 자신을 드리며 살기를 원한다.

　　그리고 그 천성에 갔을 때 나는 다른 기쁨도 누릴 것이다. 그것은 마침내 그 천성의 문 앞에서 또 하나의 반가운 사람을 만나는 것이다. 그분은 바로 자랑스럽게 예수님의 족보에 오르고, 나의 롤 모델이 되어준 남 왕국 유다의 19대 왕 여호야긴이다. 그를 만나면 나는 그와 반갑게 "하이 파이브"를 할 것이다.

9. 억지로 십자가를 진 사람들

남편이 입원해 있었던 병실 벽에는 보기에 볼품없는 십자가가 걸려있었다.

포도나무 가지로 만든
십자가

한 순간에 일어난 치명적인 사고로 머리를 다친 후 말 못하고 의식 없이 누워있는 남편이 크리스천인 것을 사람들에게 알리기 위해 집 뒤뜰에 있는 포도나무 가지로 만들었다. 그 나무는 전에 남편이 버린 포도씨가 자란 것이었다. 지금은 좋은 포도를 맺어 우리 가족 뿐 아니라 주위 사람들에게도 기쁨을 주는 고마운 나무이다. 예수님께서 자신이 포도나무와 같다고 하셨기에, 그리고 남편의 씨앗으로 큰 포도나무로 만든 십자가였기에 내게는 더 특별한 의미가 있었다.

버린 씨에서 자란 포도나무 밑에서
손자 제임스와

남편의 사고 며칠 후 교회 목요중보 기도에 참석하여 잊을 수 없는 체험을 하게 되었다. 밤 9시로 예정된 기도시간이 끝나고 원하는 사람은 밤12시까지 기도할 수 있다고 하여 나는 강대상 아래 바닥에 자리를 잡았다. 눈물로 회개하며 여러 기도제목을 올려 드린 후 시계를 보니 10:45 분이었는데 나 말고도 주변에 두 분이 더 남아 기도하고 계셨다.

그때 갑자기 성경 속으로 주님을 찾아 가고 싶은 마음이 들어 눈을 감았다. 나는 먼저 가나의 혼인잔치 현장을 상상 속에서 찾아갔다. 그곳은 벌써 좋은 포도주로 인해 한참 사람들이 기뻐하고 있었는데 그

때 예수님은 제자들에게 눈짓하시며 조용히 그곳을 빠져나가셨다. 참 겸손하신 모습이셨다.

　이번에 나는 얼른 사마리아 우물가로 갔다. 주님은 벌써 그 여인과 말씀 중이셨다. 그리고 눈물이 메마른 그 여인을 대신하여 내 눈에 흐르는 눈물을 닦을 시간도 없이 어느새 나는 갈릴리 해변 길을 달리고 있었다. 바로 오병이어 기적의 현장으로. 그런데 갑자기 내 의지와는 전혀 상관없이 환상 중에 한 장면이 내 눈앞에 펼쳐졌다.

　한 남자가 십자가를 지고 처참한 모습으로 서 있는데 초점도 없는 눈을 부릅뜨고 고통스러운 모습으로 입을 벌리고 서 있었다. 그 옆에는 흰 세마포 옷을 입으신 예수님이 그를 보고 계셨고 주변에는 로마 군병들이 채찍을 들고 서 있었다. 세상에, 그 남자는 바로 내 남편이었다. 내가 숨을 죽이고 그 놀라운 광경을 보고 있는데 그때 남편 옆에 있던 군병 하나가 채찍으로 남편의 등을 내리쳤다. 그 순간 나는 등에 말로 할 수 없는 엄청난 통증을 느껴 "악!"소리를 질렀다. 두 번 세 번 거듭될 때마다 나의 비명은 더 커졌다. 나는 의지로 이성을 찾고 손으로 입을 막았다. 그리고 주위를 둘러보니 아무도 없었다. 나는 허겁지겁 일어나 교회를 나왔다.

✿

　내가 구레네 시몬을 만난 것은 남편의 사고 두 달 전쯤 말씀 묵상 중일 때였다. 그때 강한 성령의 감동하심으로 억지로 십자가를 진 시몬과 예수님의 대화를 영으로 듣고 많은 눈물을 흘렸었다. 그때 나는 다음과 같은 감동을 기록했었다.

　예수님께서 그 가냘픈 몸에 말로 할 수 없는 고통을 당하시고 피로 물든 몸으로 십자가를 지고 골고다 언덕길을 오르실 때 근처에 있던 시몬을 군병들이 억지로 끌고 와 주님의 십자가를 지게 하였다. 그러자 그는 항변하였네요.

"왜 하필 나입니까?"

그리고 그가 로마 군병들이 강제로 지워준 십자가를 내키지 않는 마음으로 지고 분한 마음으로 골고다 언덕을 향해 올라갈 때 그는 그 옆에서 처절한 모습으로 힘겹게 걸음을 옮기시는 한 분을 보았네요.

그때, 말로 할 수 없는 아픔이 그의 심장을 찔렀네요. 그는 물었네요.

"당신은 누구십니까?"

피눈물이 가득 찬 눈으로 주님은 말씀하셨네요.

"시몬아, 고맙다. 네가 나 때문에 힘이 들겠구나."

시몬은 울었네요. 그리고 물었네요.

"당신이 바로 그분이십니까?"

주님은 고개를 끄덕이셨네요. 시몬은 알았네요. 그곳이 바로 은혜의 자리인 것을… 시몬은 다시 물었네요.

"내가 무엇을 하리이까?"

주님은 말씀하셨네요.

"네가 오늘 여기서 보고 들은 것에 대해 사람들 앞에서 증인이 되어다오."

시몬은 약속했네요. 그리고 그 약속을 지켰네요.

나는 기도 중에 내가 보고 느낀 환상이 이 묵상과 무관하지 않음을 바로 알았다. 남편의 몸에 채찍이 가해질 때마다 내 몸에 통증을 느낀 것도 한 몸인 남편의 고통이 나의 고통임을 알게 하신 것이었다.

내가 말씀 묵상 속에서 구레네 시몬을 만났던 때는 모든 것이 형통할 때였기에 그때는 내게 이런 엄청난 고난이 기다리는 줄을 전혀 알지 못했었다. 그래서 나는 그저 주님께 앞으로 내가 져야 할 십자가가 있다면 달게 지겠노라 눈물로 결단을 드렸었다.

그러나 내 안에서 역사하시는 성령님께서 앞으로 내게 일어날 일을 미리 아셨기에 안타까운 심정으로 성경 묵상을 통해 앞으로 일어날 일을 간접적으로 알게 하신 것이었다. 그러기에 환상 속에서 보았던 남편의 고통스러운 모습이 바로 사고 당시의 모습과 정확하게 일치했던 것이었다.

만약에 하나님께서 노년의 삶을 평신도 선교사로 헌신하기 위해 주경야독했던 남편의 꿈을 이루어 주셨다면 하늘나라에 더 유익이 되지 않았을까? 그것도 막으시면서 왜 억지로 십자가를 지워 놓으셨단 말인가! 당시의 나로서는 정말 아프고 고통스러웠지만 하나님은 결코 실수를 하지 않으시는 분이시기에 그저 신뢰하며 따라가는 것 외에 다른 대안이 없었다.

그런데 주님이 어느 날 홀연히 사도 베드로를 우리의 고난의 현장에 보내 주셨을 때 나는 그 답을 알 것 같았다. 바로 베드로 자신도 십자가를 졌던 사람이었기에 우리에게 분명하게 주님의 뜻을 알려줄 수 있을 것 같았기 때문이었다.

2015년 6월, 어느 수요예배 때 담임 목사님께서 사도행전 12장

7절의 말씀을 설교하시던 중 본문에 나오는 "홀연히"가 중요한 단어이니 각자 집에다 써서 붙여 놓으라고 하셨다.

그래서 나도 목사님의 도움으로 "홀연히"와 함께 적힌 본문 말씀을 남편의 머리맡에 붙여 놓고 자주 선포하며 묵상했었다.

백 목사님께서 "홀연히" 설교 후
주신 선물

홀연히 주의 사자가 나타나매 옥중에 광채가 빛나며
또 베드로의 옆구리를 쳐 깨워 이르되
급히 일어나라 하니 쇠사슬이 그 손에서 벗어지더라. | 사도행전 12:7

어느 날 남편 옆에서 그 말씀을 읽으며 묵상하는데 주님께서 말씀하셨다.

"베드로처럼 사용할 것이다."

나는 놀랍기도 했지만 남편의 성격이 베드로를 닮은 점이 있었기에 남편을 일으켜 주시고 사용하시겠다는 소망의 말씀으로 받고 감사했다. 며칠후에는 다시 음성이 들렸다.

"베드로의 영성을 줄 것이다."

나는 다시 놀랐지만 그저 소망을 더욱 든든히 하는 계기가 되었다. 그런데 베드로의 영성을 가지고 베드로처럼 사용되리라고 믿었던 남편은 그 사명을 이루지 못하고 하나님의 부르심을 받게 되었다. 나는 잠시 혼란스러운 마음으로 무엇이 잘못되었을까 생각하게 되었다. 그리고 얼마 지나지 않아 깨닫게 되었다.

과연 주님이 말씀하신 베드로의 영성이 무엇인가? 바로 그 자신이 생명을 내어놓고 십자가를 진 영성이 아닌가! 그가 죽음을 두려워하지 않고 자신의 생명을 주님께 드리고 맡겨 주신 사명을 감당했을 때 우리가 알고 있는 놀라운 결과들을 성경이 말하고 있지 않은가!

그런 의미에서 남편의 사고 초기에 내게 환상으로 보여주셨던 것처럼 비록 억지로 진 십자가 일지라도 죽는 자리까지 자신을 내어 준 것이 바로 베드로의 영성과 통한다고 할 수 있다. 그가 사고 후 오랫동안 견뎌낸 고통의 시간들이 하나님의 영광을 드러내기 위한 과정이었기에 그도 하나뿐인 생명을 베드로처럼 주님께 드렸다고 말할 수 있는 것이다.

돌이켜 보면 주님은 우리 부부가 십자가를 지게 될 것을 남편의 사고 전에 이미 말씀하셨던 것 같다. 남편의 사고 2달 전 성금요일에 우리 집에 오셨던 손님이 성령에 감동되어 눈물을 흘리며 여러 차례 부르시던 찬송이 바로 "예수 나를 오라 하네" 였는데, 그 1절 가사를 한국어와 영어로 보면 다음과 같다.

어디든지 주를 따라, 주와 같이 같이 가려네.
I can hear my Savior calling, "Take Thy cross and follow follow me."

영어로는 '너의 십자가를 지고, 나를 따라, 따라오라고 부르시는 주의 음성을 듣는다' 고 되어 있다.

그러므로 그 "홀연히" 의 축복은 십자가를 지고 주님을 따랐던 우리 부부에게 반드시 성취될 것이었다. 그것은 마치 릴레이 경주 같아서 남편은 자신의 몫으로 달려야 할 길을 목숨을 다해 달려와서 내게 바통을 넘긴 것이다. 그리고 하나님께 돌아가 그곳 천국 벤치에 앉아 경주의 마지막 주자로 운동장에 들어선 나를 응원할 것이다

그러기에 이 릴레이 경주는 하나님의 영광을 바라보면서
달려 가야 할 최종 주자인 나의 몫으로 남게 된 것이다.

그리고 그 경기가 끝났을 때 우리 부부는 하나님 앞에서 함께 생명의 면류관을 상으로 받을 것이다. 그러므로 그날 수요예배 시간에 목사님께서 성령의 감동으로 주신 "홀연히" 는 남편과 한 몸인 내가 이루어 내야 할 과제가 되었다

그리고 더 나아가 나는 주님이 왜 베드로를 우리에게 보내 주셨는지를 알게 되었다. 우리가 당한 엄청난 고난은 결코 고난으로 끝나지 않는다고 주님은 베드로서에서 분명히 말씀하고 계신다. 그 중에 하나가 벧전 4:12-13절의 말씀이다.

> 사랑하는 자들아 너희를 연단하려고 오는 불 시험을 이상한 일 당하는 것 같이
> 이상히 여기지 말고 오히려 너희가 그리스도의 고난에 참여하는 것으로 즐거워하라.
> 이는 그의 영광을 나타내실 때에 너희로 즐거워하고 기뻐하게 하려 함이라
> | 베드로 전서 4:12-13

이 말씀은 우리가 당한 고난의 이유와 목적을 분명하게 밝혀 주고 있다.

전에 남편이 입원하여 있었던 병원 옆방에는 중병으로 입원하여 있던 남편을 돌보시던 권사님이 계셨다. 그 권사님께서 꿈을 꾸셨는데 꿈 속에서 도움이 필요 해서 나를 불렀더니 내가 오는데 등에 커다란 십자가를 지고 있었다는 것이었다. 결국 주님께서는 우리 부부가 남편은 코마로 누워서, 나는 깨어 각자의 십자가를 지고 있다는 것을 알게 하셨다. 남편의 십자가를 진 모습은 내게 환상을 통하여 보게 하셨고, 나의 십자가는 그 권사님의 꿈을 통하여 알게 하셨던 것이었다.

주님께서는 스스로의 삶을 통하여서 십자가는 죽는 것이라고 말씀하신다. 그렇기에 주님께서 허락하신 코마라는 십자가를 고통 중에 참아내고 마침내 자신의 전부를 하나님께 올려드린 내 남편이 자랑스럽지 않을 수 없다. 이제 나는 내가 죽어 그 자리에 주님의 능력으로 채우시는 십자가를 달게 지고 앞으로 허락하신 삶을 살아가기를 원한다. 그래서 주님의 말씀을 마음에 새긴다.

또 무리에게 이르시되 아무든지 나를 따라오려거든
자기를 부인하고 날마다 제 십자가를 지고 나를 따를 것이니라.
| 누가복음 9:23

그 옛날 억지로 십자가를 졌던 구레네 시몬이 주님과의 약속을 신실하게 지키므로 그 뿐 아니라 그의 자손들에게 대를 이어 하나님의 은혜의 물 줄기가 흘러가게 했다. 그처럼 나 또한 고난 중에 우리에게 베풀어 주셨던 하나님의 엄청난 은혜를 보다 적극적으로 증거하며 그 은혜의 물줄기가 다른 사람들에게 흐르도록 마음을 다할 것을 거듭 결단하게 된다.

내가 이런 결단을 하게 된 이유 중에 하나가 있다면 그것은 한편의 시를 만났기 때문이기도 하다. 그 시는 지금은 비전 멘토링 인터내셔널의 대표로 미국과 한국에서 활발하게 사역을 감당하고 계신 샬롬 김 박사님께서 출애굽기 전장을 묵상하시면서 받은 은혜와 영감을 시편의 형식으로 풀어내신 것 중에 하나이다.

나는 불타는 나무

여호와께서 그가 보려고 돌이켜 오는 것을 보신지라
하나님이 떨기나무 가운데서 그를 불러 이르시되,
모세야, 모세야, 하시매 그가 이르되, 내가 여기 있나이다.
| 출애굽기 3:4

1
주께서 내게 오셔서 내 불꽃이 되기까지
나는 셀 수 없이 많은 언덕에
셀 필요 없이 많은 나무 중 하나에 불과했다.
지나치는 태양의 불꽃 황혼에 혼자 취했을 뿐!
내가 불꽃이 되리라고 상상하지 못했다.

주께서 내게 오셔서 내 노래가 되기까지
나는 셀 수없이 많은 언덕에
셀 필요 없이 많은 나무 중 하나에 불과했다.
지나치는 바람의 휘파람을 혼자 들었을 뿐!
내가 목소리를 내리라고 상상하지 못했다.

2
다른 나무들은
잘라지고 죽어 말라진 후에
눕혀져 불꽃이 되지만,
나는 산채로, 선채로 불꽃이 되었다.
주께서 나의 불꽃인 것을!

다른 나무들은
갈라지며 죽어 불타며
타닥거리며 소리 내어 노래하지만
나는 목 없이, 입 없이 노래를 한다.
주께서 나의 노래인 것을!

3
그대는 불탈 준비가 되었는가?
연기 없는 뜨거움을 견딜 수 있겠는가?
그대는 누구를 위해 불타고 싶은가?
산 채로, 선 채로 불타는 모순이 기쁠 때까지!
누군가 와서 헌 신을 벗을 때까지!

그대는 노래할 준비가 되었는가?
연기가 아닌 진리를 살 수 있겠는가?
그대는 누구를 위해 노래하고 싶은가?
목 없이, 입 없이 노래하는 모습이 기쁠 때까지!
누군가 와서 헌신을 드릴 때까지!

*샬롬 김, 시편형식의 큐티 출애굽기, 22-23페이지

나는 이 시를 읽으면서 마치 오래전부터 내 속 사람이 그 자신을 표현해 줄 언어의 옷을 기다렸다가 마침내 그 옷을 입고 튀어나와 나를 만난 것과 같은 강한 충격을 받았다. 주님을 향해 불타고 싶은 나의 열망이 먼저 그렇게 불타며 모세를 변화시켰던 그 나무를 만난 기쁨이었다. 그리고 내 영, 혼, 육 전영역을 통해서 공감하며 하늘을 향하여 두 손을 들었다. 그리고 외칠 수 있었다.

"주님, 저 여기 있어요!
저의 모든 것을 드리니 주의 영광을 위하여 사용해 주세요."

이제 나는 내 남편이 하나님의 영광을 위해서 지난 13년 동안 고통받으며 견뎌왔던 그 십자가를 나의 비전으로 받고 그 삶이 얼마나 하나님을 기쁘시게 한 복된 삶이었는가를 증거할 것이다. 그리고 셀 필요조차 없는 수많은 나무들 중에 하나인 나를 불러서 하나님의 정원에 어린 감람나무로 심어 주신 내 사랑하는 주님을 노래하는 자로 살 것이다!

고난주간을 지나며 어두운 곳에서도 내 영혼을 만족케 하시는 주님으로 인하여 감격하며 오늘도 나는 하늘 소망의 노래를 부른다. 불타는 노래를 부른다. 누군가 이러한 나를 통하여 예수님을 만나고, 비전을 받고 나처럼 나설 수 있을 때까지.

10. 내가 너를 축복하리라!

　　사람들은 누구나가 복을 받기 원한다. 특별히 하나님을 믿는 사람들은 전능하신 하나님의 손에 있는 무한한 복을 얻기 위해서 기도를 통해 각자의 소원을 아뢰며 복을 구한다. 그러나 원하는 복을 자기 뜻대로 받는 사람은 그렇게 많지는 않은 것 같다. 아마도 그것은 그들이 구하는 복이 그 복을 주시는 분의 뜻에서 멀어져 있기 때문일 것이다.

　　남편의 사고를 통해서 새롭게 깨달은 것은 평소에 내가 누리던 그 평범한 모든 것이 하나님의 큰 복이었다는 것이었다.

　　이것을 깨닫고 난 후에 그간 그 복을 당연하게 여기고 살아온 것이 하나님께 죄송했다. 그리고 돌이킬 수 없는 그 상황이 허탈함이 되어 내게 다가왔다. 나의 지난 날을 돌아보면 그 행복한 일상에 만족하지 않고 세상적인 복을 하나님께 구했던 것 같다. 그 속에는 하나님의 영광도 없었고 그의 나라에 대한 열망도 없었다.

그러나 남편의 치명적인 사고를 통해서 나의 복에 대한 생각이 완전히 바뀌었다.

하여 내가 구할 복은 오직 하나님의 영광을 위해서 사는 삶이 되었다.

그리고 하늘의 꿈을 꾸던 남편과 함께 그것을 성취하기 위해 하늘의 복을 구했다. 이러할 때 주님께서는 이미 우리에게 주신 약속의 말씀으로 그 복을 허락하셨음을 알게 하셨다. 약속 어음과 같이 현재는 사용할 수 없다 할지라도 그 언약의 말씀은 이 땅의 내 삶 속에서 언젠가는 반드시 이루어질 보증수표이며 확실한 하늘의 복이었다. 주께서 미쁘시니 자기를 부인할 수 없는 것처럼 자신의 언약들을 부인치 않으시고, 지키실 것이다.

> 우리는 미쁨이 없을지라도 주는 항상 미쁘시니
> 자기를 부인하실 수 없으시리라 | 디모데 후서 2:13

그 때는 내가 남편이 당한 어려움의 상황 속에서 주님만을 소망하고 있을 때였다. 어느 날 새벽에 주님은 내게 이렇게 말씀하셨다.

"내가 복을 주고 복을 주겠다."

그때 내 생각에는 내게 주시려는 복이 무슨 복인지 모르지만 다른 것보다 남편이나 일으켜 주셨으면 좋겠다고 생각했다. 그리고 며칠 후에 히브리서를 읽다가 6장 13~15절에서 내 무릎을 치며 "할렐루야!"를 외쳤다. 그곳에는 다음과 같은 말씀이 적혀 있었기 때문이다.

> 하나님이 아브라함에게 약속하실 때에
> 가리켜 맹세할 자가 자기보다 더 큰 이가 없으므로

자기를 가리켜 맹세하여 이르시되

"내가 반드시 너에게 복 주고 복 주며
너를 번성하게 하고 번성하게 하리라"

하셨더니 그가 이같이 오래 참아 약속을 받았느니라. ㅣ 히브리서 6:13-15

이것은 하나님께서 아브라함에게 창세기 15장에서 횃불 언약을 주시고 그것을 성취하시겠다는 의지가 담긴 말씀이다. 그래서 나는 이 말씀을 읽으면서 뛸 듯이 기뻤다. 그날 새벽에 피곤에 지쳐 잠들어 있던 나를 흔들어 깨우시고 내게 복을 주시겠다고 거듭 말씀하셨던 것이 바로 이 말씀에 근거를 두고 있었다.

그리고 더욱 놀라운 것은 그 무렵 주님께서 확실한 방법으로 그 유명한 아브라함의 횃불 언약을 내게도 주신 사건이 있었다. 그리고 그것을 히브리서 말씀을 통하여 거듭 두 번이나 복을 주겠다고 말씀으로 확증하셨으니 남편의 긴 코마 투병으로 지친 내 안에 꺼져가던 소망이 불처럼 다시 살아났던 것이다.

더욱이 놀라운 일은 그 뒤에 얼마의 시간이 지난 후 그 부분을 다시 읽을 때 주님께서 마지막 부분에서 내게 "바로 이거다!"라고 확증해 주신 것이다.

그가 이같이 오래 참아 약속을 받았느니라. ㅣ 히브리서 6:15

나는 하나님께서 아브라함을 통해서 확실하게 성취하셨던 그 약속을 받았으므로 '내게도 반드시 주신 약속을 성취하시겠구나.'는 생각이 들었다. 그때에 내가 간절히 원했던 복은 의학적으로 소망 없는 남편이 하나님의 기적을 통해서 요한복음 11장의 나사로처럼 일어나고 하나님의 영광을 높이 드러내는 삶을 사는 것이었다.

그러나 지금 돌이켜보면 그것은 하나님의 뜻이 아니었고 단지 나의 바람이었다. 평신도 선교사가 되겠다고 하늘의 꿈을 꾸던 남편은 13년 동안 인내하며 그 어려운 시간을 견뎌왔지만 결국 하나님의 품에 안겼기 때문이었다.

그러나 나는 그의 죽음을 끝이라고 생각하지 않고 여전한 마음으로 하나님을 주목하고 있다. 왜냐하면 그가 고통받았던 그 13년이 나에게는 사명의 삶이었고 그러면서 점차 하나님의 영광을 나타내는 내가 되도록 훈련 받은 기간이었기 때문이다. 하여 그 언약의 말씀을 다른 각도에서 바라보며 나 자신을 깨끗한 그릇으로 준비하고 있다.

꽃

지금은 한국 포항 중앙교회를 담임하고 계신 손병렬 목사님께서 담임 목사로 섬기실 때 남편에게 사고가 났었다. 감사하게도 목사님은 모든 공 예배 때마다 남편의 이름을 부르며 간절히 기도해 주셨다.

물론 교회에 몇 분의 다른 환자분들의 이름을 부르며 기도해 주셨지만 남편의 이름을 늘 제일 먼저 부르셨다. 그러니 나는 늘 죄인과 같은 죄송한 심정이었다. 그래서 나의 기도는 속히 남편이 일어나 교회에 기도 응답의 증거가 되는 것이었다. 그렇게 열심으로 기도해주시는 목사님과 교인들에게 조금이라도 마음의 빚을 갚고 싶었다.

손 목사님은 그렇게 만 7년을 한결같은 기도로 우리를 붙들어 주시다가 한국으로 사역지를 옮기셨다. 그분은 떠나셨지만 내게 귀한 교훈을 남겨 주셔서 늘 그 말씀을 마음에 담아두었다. 그리고 어려운 고난의 시간을 지내며 항상 나 자신을 돌아보고 점검하는 말씀으로 잣

대를 삼았다.

　우리가 현재의 새 성전으로 옮기기 전 목사님의 마지막 설교의 본문은 여호수아 1장이었다. 제목이 "요단을 건너는 사람들"로 새 성전으로 가기 위해 성도들이 가져야 할 마음가짐에 대한 것이었는데, 그 옛날 이스라엘 백성들이 광야를 지나 축복의 땅인 가나안으로 들어가는 여정에 비추어 주신 말씀이셨다.

　그 때 목사님께서는 우리에게 적용할 다음 네 가지 말씀을 주셨다: 첫째, 최선을 다하라. 둘째, 하나님만 의지하라 셋째, 성결하라 (죄를 회개하라) 그리고 마지막으로 믿음으로 인내하라. 그 당시 나는 인생의 거친 광야를 지나고 있었기에 그 말씀을 마음 깊이 받고 하나하나 점검하며 주님께 감사를 드렸다. 그리고 그 길을 벗어 나지 않는 한 언젠가 하나님께서 나에게 허락하신 축복의 땅으로 들어갈 것을 믿음의 눈으로 바라보았다.

　그렇게 분명한 말씀으로 우리를 세우셨던 손 목사님께서는 우리에게 마음 따뜻한 일도 해 주셨었다. 그날은 남편의 생일날이었다. 멀리 사는 아이들이 아빠의 생일이라고 꽃을 보내 주어 그것으로 남편의 생일을 대신하고 조용히 있었는데, 오후에 예정에도 없었던 방문객을 맞이하게 되었다. 바로 손 목사님과 교역자 몇 분께서 생일 케이크와 예쁜 꽃이 핀 화분을 들고 방으로 들어오신 것이다. 그리고 큰 소리로 외치셨다.

"Happy Birthday!"

　그리고 놀란 내 앞에서 목소리를 모아 남편을 향해 생일축하 노래를 불러 주셨다. 그런 후에 남편의 회복을 위해서 간절히 기도해 주셨고 말씀으로 소망을 심어 주셨었다. 나는 이 깜짝 생일파티를 통해서 크게 격려를 받고, 어려운 시간을 지내는 동안 자주 그때를 생각하며 위로를 받았었다.

| 손병렬 목사님께서 남편에게 보내 주신 생일 카드

또 오랜 시간이 지났지만 손 목사님께서 우리 가정에 심방 오셨을 때 주셨던 말씀을 기억하고 있다. 남편의 사고 2~3년 전 즈음 되는 것 같다. 그때 목사님께서 성경에 나오는 가장 아름다운 축복의 말씀이라고 하시며 주셨던 호세아서 14장5~7절이다.

> 내가 이스라엘에게 이슬과 같으리니
> 그가 백합화 같이 피겠고 레바논 백향목 같이 뿌리가 박힐 것이라
> 그의 가지는 퍼지며 그의 아름다움은 감람나무와 같고
> 그의 향기는 레바논 백향목 같으리니
> 그 그늘 아래에 거주하는 자가 돌아올지라
> 그들은 곡식 같이 풍성할 것이며 포도나무 같이 꽃이 필 것이며
> 그 향기는 레바논의 포도주 같이 되리라 | 호세아 14:5~7

그런데 목사님은 그때 그 말씀이 하나님의 진노하심 뒤에 오는 회복의 말씀이신 것을 언급하지 않으셨다. 그러기에 처음4절의 말씀은 하지 않으셨나 보다.

내가 그들의 반역을 고치고 기쁘게 그들을 사랑하리니
나의 진노가 그에게서 떠났음이니라. | 호세아 14:4

아무튼 그 당시 성경적인 지식이 없었던 우리는 축복의 말씀이라 하시니 그저 좋기만 했다. 사실 이것은 이스라엘 백성의 반역에 진노하신 하나님이 그들을 벌하셨고 그러나 다시 회복시키시며 기쁘게 사랑해 주시겠다는 깊은 뜻의 말씀이었는데 말이다. 돌아보면, 모든 것이 평온한 가운데 있었던 우리 가정에 성령의 사람인 손목사님을 보내셔서 앞으로 우리가 겪게 될 일을 예언해 주신 듯하다.

다시 생각해 보면 지난 13년의 시간은 마치 하나님께서 우리에게 진노하셔서 고난의 용광로 속으로 던져 넣으신 것 같았다. 그럼에도 불구하고 감사한 것은 주님 자신도 결코 우리를 떠나지 않으시고 우리와 함께 그 고난의 현장에 계셨다는 사실이다. 다니엘서에서 하나냐, 미사엘, 그리고 아사랴가 그들의 신실한 믿음을 지키기로 작정하고 풀무 불 속에 던져 졌을 때 그곳에는 그들 세 사람 외에 한 분이 더 계셨다. 그리고 우리는 그분이 그들과 함께 고난 속으로 들어가신 예수님이시라는 것을 잘 알고 있다. 이렇게 우리는 고난 속에서도 순간마다, 곳곳마다 주님께서 함께 하고 계심을 감사하지 않을 수 없는 것이다.

하나님께서는 마치 우리의 고난이 자신의 일인 것처럼 주관적으로 일하셨으며 자신이 우리를 통해서 하시려고 하는 일을 숨기지 않으셨다. 주님은 손 목사님을 통해서 공개적으로 우리에게 복을 주시는 일도 행하셨다.

새 성전으로 옮기고 일 년 정도 지났을 무렵이었다. 그날은 토요 새벽 기도회 시간이었는데 갑자기 예정에도 없던 순서가 이루어졌다. 우리 교회 교인 중에 한 분이신 박종신 집사님께서 마이크를 들고 강단 위로 올라가셨다.

그분은 아름다운 목소리의 테너인데 이따금 특송으로 하나님을 기쁘시게 하여 교인들도 은혜를 많이 받는 분이셨다. 막 기도를 마치신 손 목사님께서 앞으로 몇 걸음을 나오시더니 맨 앞에 앉아있던 나를 보시며 말씀하셨다.

"지금 이 찬송은 저기 앉아있는 최금옥 권사에게 드리는 찬송입니다."

나는 내 귀를 의심하였다. 어떻게 공예배 중에 이런 일이 있을 수 있는가? 하나님께 드려야 할 예배 중 찬송을 허물 많은 죄인인 나에게 돌릴 수가 있는가? 하여 나는 놀란 가슴을 진정시키려 눈을 감고 고개를 숙였다. 그러자 그 집사님의 아름답고 힘이 있는 목소리는 너무나 뚜렷하게 하나님의 음성으로 내 마음에 전달되었다.

축복하노라

나의 은총을 입은 이여 너를 아노라
너의 이름을 내가 아노라
나의 사랑을 아는 이여 함께 가노라
내가 친히 함께 가노라.

내가 너로 편케하며 나의 모든 선함으로
너의 앞을 지나며 나의 이름으로 너를 지키리라
나의 은총을 입은 이여 나의 사랑을 아는 이여
내가 너를 축복하노라.

예배 후 나는 고개를 들지 못하고 누구하고도 말하지 않고 얼른 집으로 돌아왔다. 그리고 그 있어서는 안 될 일 때문에 혼자 있어도 얼굴이 화끈거리고 민망하였다. 하여 서성거리며 주님, 어째 이런 일이 있나요? 하고 몇 번 혼잣말을 하고 그 사건을 내 마음속 깊은 곳에 담아두었다. 그 민망함이 내 입을 다물게 함으로 그렇게 해서라도 내게 힘을 주시기를 원하셨던 손 목사님께 제대로 감사의 마음조차 전하지 못했었다. 그리고 나는 그 엄청난 사건을 신기하게도 바로 잊었다.

그런데 그 사건이 있은 후 6년이 접어들고 있던 어느 날 아침에 내가 한 번도 불러본 적이 없는 그 찬송이 내 입에서 흘러나왔다. 바로 그 찬송의 마지막 부분인데 "나의 은총을 입은 이여 나의 사랑을 아는 이여 내가 너를 축복하노라"였다. 정말 뜻밖의 일이었다. 내가 알지도 못하는 가사가 마치 자주 부르는 찬송처럼 자연스럽고 힘이 있게 흘러나오다니. 그때 갑자기 주님께서 말씀하셨다.

"내가 했다."

그러자 나는 금방 깨달았다. 까맣게 잊고 있던 6년전 그 민망했던 사건이 하나님이 손 목사님을 감동시키셔서 하신 일이라는 것을. 하나님은 자신만이 받아야 할 예배를 어려움에 처한 비천한 한 인간을 세우시기 위해서 내어 놓으셨던 것이다. 이런 일은 처음 있는 일이라 그날 그곳에 모인 분들도 많이 놀라셨을 것이다.

나는 그 일의 당사자로서 주님의 심정을 들여다보며 드는 감동이 있었다. 그것은 아마도 주님은 그곳에 모인 모든 분들에게 이렇게 말씀하고 싶으셨던 것 같다.

"얘들아! 저기 있는 저 아이가 너무 어렵고 힘든
고난 중에 있구나!
그런데 너희들 알고 있니? 글쎄 저 아이가 나만 믿고 의지해!
그래서 내가 저 아이에게 복을 줄 거야! 너희들 보겠니?
내가 저 아이를 어떻게 축복의 통로로 사용하는지!

나는 이 언약을 반드시 이룰 거야!
그리고 내가 하나님됨을 나타낼 거야!
그리고 저 아이를 통해서 영광을 받을 거야! "

나는 생각해 보았다. 이 땅에 사는 사람들에게 하나님께서 가장 주기를 원하시는 최고의 복이 무엇일까? 오래 생각할 것도 없이 그것은 바로 "하나님의 영광을 드러내는 삶" 일 것이다. 하여 나도 죽은 자와 같은 내 남편을 통해서 하나님께 영광 올려 드리고 싶었다.

그러던 어느 날 나는 다음과 같은 하소연의 기도를 드렸다.

> 주님, 내가 이곳에 있는 사람들에게 내가 믿는 예수님은 전능하신 분이시라고
> 자랑했습니다. 그러니 주님의 도움으로 우리 남편은 반드시 일어나 집으로 간다고
> 수도 없이 말 했습니다. 그런데 의사들은 상태가 너무 나빠져 가망이 없다고 합니다.
> 주님, 어찌합니까?
>
> 주님, 제가 당할 부끄러움보다 나 때문에 하나님의 영광을 가리게 되었습니다.
> 죽은 자까지도 살리시는 그 능력을 나타내 주시면 안되시겠습니까?

주님은 내가 하는 소리를 들으시고 그 다음 날 성경을 읽는 중에 "바로 이거다!" 라고 말씀을 주셨다. 비록 내 생각이 주님의 생각과 방법에 있어서는 같지 아니할지라도 성취해야 할 목적인 하나님의 영광을 드러내는 일에는 주님과 뜻이 합했기에 그날 이사야서 61장 3절을 통해서 분명한 주님의 음성을 듣게 되었던 것이다.

> 무릇 시온에서 슬퍼하는 자에게 화관을 주어 그 재를 대신하며 기쁨의 기름으로
> 그 슬픔을 대신하며 찬송의 옷으로 그 근심을 대신하시고 <u>그들이 의의 나무 곧</u>
> <u>여호와께서 심으신 그 영광을 나타낼 자라</u> 일컬음을 받게 하려 하심이라
>
> | 이사야서 61:3

바로 61장 3절 후반에서 "그들이 의의나무 곧 여호와께서 심으신 그 영광을 나타낼 자라 일컬음을 받게 하려 하심이라"라는 말씀을 통해서 나는 주님의 뜻을 알 수 있었다. 그리고 주님은 내게 "하나님의 영광을 나타낼 자"라는 명칭을 주시고, 또 실제의 복도 주실 것을 7절의 말씀 가운데서 분명하게 밝히셨다.

> 너희가 수치 대신에 보상을 배나 얻으며 능욕 대신에 몫으로 말미암아
> 즐거워할 것이라 그리하여 그들의 땅에서 갑절이나 얻고 영원한 기쁨이 있으리라.
> | 이사야 61:7

하나님께서는 그의 영광을 나타내는 자들의 삶을 책임지시며 땅에서 필요한 복도 채우시겠다고 말씀하신다. 그런데 나는 그때도 영적으로 우둔하여 하나님의 뜻을 바로 깨닫지 못하고 주님께서 그 일을 소망 없는 남편을 통해서 이루실 것을 기대하며 남편이 언젠가는 일어날 줄로 굳게 믿었었다. 그것은 내게 하나님의 영광을 나타내는 엄청난 간증이 있다 해도 증거물이나 마찬가지인 남편이 일어나지 못한다면 그 간증은 힘을 잃게 될 것이기 때문이었다.

그러나 지금 그 복을 함께 받을 내 남편은 이 땅에서 더 이상 함께 호흡할 수 없다. 그렇다면 하나님은 내게 공수표를 날리셨단 말인가! 결코 그럴 수는 없다! 나는 그 근거를 이사야 55장 11절에서 발견했다.

> 내 입에서 나가는 말도 이와 같이
> 헛되이 내게로 되돌아오지 아니하고
> 나의 기뻐하는 뜻을 이루며 내가 보낸 일에 형통함이니라. | 이사야 55:11

주님의 말씀은 헛되이 되돌아오지 않고, 기뻐하시는 뜻을 이루신다.

그러므로 현재 내가 처한 상황을 잠시 내려놓고 신실하신 하나님을 향해 나의 변함없는 믿음을 계속해서 드릴 것이다. 내 남편이 힘들게 겪었던 지난 13년의 삶이 나와 한 몸을 이루어 주님께서 우리에게 주신 사명을 성취하고 하나님의 영광을 나타낼 때까지 쉬지 않고 달려 갈 것이다. 그리고 달려간 그 길 끝에서 나는 사랑하는 주님을 뵐 것이다. 그때 그곳에 먼저 가서 나를 기다리고 있는 나의 반쪽인 남편도 반갑게 만날 것이다. 우리는 두 손을 꼬옥 잡고 하나님 아버지 앞으로 나아가 우리를 위하여 예비해 놓으신 생명의 면류관을 한 몸으로 받게 될 것이다

우리는 이 모든 것이 하나님 아버지의 은혜임을 잘 알기에 온 마음을 다해 감사의 말씀을 올려 드릴 것이다. 그곳에서 하나님께서 우리에게 주신 영원한 생명을 맘껏 누리며 살아갈 것이다. 그리고 그 힘든 고난의 때에 한 번도 우리를 떠나지 않으시고 우리의 손을 꼭 잡아 주셨던 못 자국 난 예수님의 그 따뜻한 손을 꼭 잡아 드리며 이렇게 고백할 것이다.

"주님이 하셨습니다!"

PART 2

⋮

고난가운데
함께하신 주님!

11. 병동 하나님의 대사

그리스도인으로 세상을 살아가다 보면 우리가 누려야 할 권리보다는 하기 싫어도 해야만 하는 의무가 더 많은 것 같이 느껴질 때가 종종 있다. 그렇기에 우리에게는 다른 선택사항이 없고 의무에 충실한 삶을 살아 내기로 결단하고 대가를 지불하든지 아니면 그런 쉽지 않은 삶을 살아 내기를 포기하든지 결정할 수밖에 없다.

그러나 우리가 어떤 삶을 살았는지에 따라서 우리 인생의 마지막이 엄청나게 달라진다면 이제 부터라도 의지를 가지고 손해 보는 삶을 살아 내야만 한다. 더하여 우리 주님은 믿는 우리가 각자가 있는 곳에서 축복의 통로로 쓰임 받기를 원하시며 그것은 세상 사람들의 가치 기준을 넘어 하늘의 가치로 살아가라는 뜻을 담고 있다.

우리 부부는 거의 30년이라는 긴 시간을 함께 살았기에 말이 없이도 소통이 어렵지 않은 평범한 보통수준의 부부였다. 그러기에 늘 의지했던 남편이 치명적인 사고를 당했을 때 나에게 의지가 되어줄 사람이 이 땅 위에 아무도 없다는 현실에 정신이 번쩍 들었다.

그리고 이 땅에서는 소망이 없기에 눈을 들어 나의 피난처가 되시는 주님을 바라보았다. 내게 닥친 상황이 시편기자가 46편 2-3절에서 말하고 있는 표현 그대로였다.

그러므로 땅이 변하든지 산이 흔들려 바다 가운데에 빠지든지
바닷물이 솟아나고 뛰놀든지
그것이 넘침으로 산이 흔들릴지라도
우리는 두려워하지 아니하리로다. (셀라) | 시편 46:2-3

그런데 이런 상황 속에서도 내가 힘을 낼 수 있었던 이유는 1절 때문이었다.

하나님은 우리의 피난처시요 힘이시니 환난 중에 만날 큰 도움이시라. | 시편 46:1

이 말씀으로 나는 남편의 주치의를 그의 생사를 주관하시는 전능하신 하나님이신 예수님으로 바꾸었다. 그래서 의사들이 남편의 회복에 확신 없어 할 때마다 나는 수시로 무릎 꿇고 우리의 좋은 치료자신 예수님의 이름을 불렀다.

남편은 뇌가 너무 많이 다쳐 시간이 갈수록 의학적으로는 회복할 수 없다는 사실이 더욱 분명해졌다. 그럼에도 내가 포기할 수 없었던 이유는 바로 내가 믿는 예수님은 죽은 자도 살리시는 분이셨기 때문이었다.

그분의 손에서 무덤 속에 나흘이나 있었던 냄새 나는 나사로가,

그의 아버지의 기쁨이요 자랑이었을, 그러나 죽어버린 12살 된 회당장의 어린 딸이, 그리고 자신의 전부와 같은 아들을 잃고 절망의 나락으로 떨어진 나인성 과부의 외아들이 살아났던 것이다.

내가 아무리 생각해봐도 나 보다는 앞으로 평신도 선교사를 꿈꾸는 남편이 하나님 나라에 유익이 될 사람인 것 같았다. 그래서 남편의 사고 후 석 달 정도 지났을 무렵의 그 새벽에도 주님의 이름을 부르며 남편을 살려 달라고 부르짖었다.

"주님, 저는 이 땅에서 있어도 그만, 없어도 그만인 사람이니
차라리 저를 대신 데려 가시고 남편을 살려주세요.
그리고 만약 그것을 허락하실 수 없다면 내 생명이
얼마나 남았는지 모르지만, 그것의 절반을 남편에게 주세요."

하늘과 땅의 권세를 가지신 예수 이름으로 남편의 회복을 명하며 절규하며 기도하였다.

한참을 그렇게 기도하고 있는데 놀랍게도 주님께서 조용한 음성으로 내게 말씀하셨다.

"왜 남편이 빨리 일어나야 하니?"

나로서는 어처구니없는 질문이 아닐 수 없었다. 거기다 상황적으로는 분명히 일어나야 할 이유가 많이 있었는데 막상 그렇게 물으시니 금방 떠오르는 말이 없었다. 하여 잠시 침묵하고 있으니 다시 물으셨다.

"너 쟤가 돈 안 벌어서 먹고 사는데 지장 있니?"

나는 얼른 대답했다.

"아닙니다."

남편이 그동안 열심히 일했고 나도 성실하게 살림을 했기 때문에 그 당시 얼마의 저축된 돈이 있었다. 그리고 한 편으로 그 질문은 주님이 지금부터 나의 재정을 책임지신다는 말씀이기도 했다. 그 후 주님은 나의 공급자가 되셔서 내가 지나온 그 13년의 어려움 중에도 곳간이 마르지 않게 하셨던 것이다.

그러자 주님은 두 번째로 이렇게 물으셨다.

"너 쟤 때문에 병원비가 많이 나오는데 그것 때문에 걱정하니?"

나는 다시 대답했다.

"아닙니다."

그 당시 남편은 가지고 있던 건강보험이 아무 병도 없는 건강한 자기에게는 돈 낭비 같으니 중단하겠다고 했다. 하지만 다시 마음을 바꿔 조금 더 가지고 있기로 결정하고 난 얼마 후에 그런 사고가 일어났던 것이다. 하여 그 보험을 통해서 치료를 받으며 얼마나 하나님께 감사했는지 모른다.

감사하게도 사고 2달 후에는 우리의 소득과 남편의 상태의 심각성에 근거하여 정부 보험인 메디칼도 나왔기에 병원비는 전혀 염려할 일이 아니었다. 그리고 65세가 되었을 때 메디케어가 나왔다. 그렇게 미국에서 가장 안정적이라고 말하는 메디칼과 메디케어 두 개의 보험을 가지고 큰 어려움 없이 마지막까지 치료를 잘 받을 수 있었다. 얼마나 감사한 하나님의 은혜인가.

그리고 주님의 세 번째 질문이 이어졌다.

"너 어디 아픈데 있어서 쟤 돌보는데 지장 있니?"

나는 또 짧게 대답했다.

"없습니다."

주님께서 내게 그렇게 물으신 것은 내가 너의 건강을 책임진다는 말씀이었고 덕분에 지난 13년 동안 그런 어려움 가운데서도 내가 건강할 수 있었던 것 같다.

✦❧✦

때로는 몸이 아파 힘든 때가 있으면 나는 "주님 제가 몸이 힘들어 남편 돌보는데 지장이 있습니다" 라고 기도했다. 그러면 신기하게도 그 때마다 바로 고쳐 주셨다.

주님은 잠시 동안 침묵하시더니 다시 이렇게 물으셨다.

"너 쟤하고 무슨 관계니?"

처음으로 대답할 기회가 왔기에 나는 자신 있게 대답했다.

"제 남편입니다."

그러자 주님은 다시 물으셨다.

"아니, 네 남편 이 전에 무슨 관계였니?"

내가 "남 이었습니다" 라고 대답하자 주님은 즉각적으로 말씀하셨다.

"너는 쟤와 "남"이었지만 쟤는 내 아들이다."

그리고 덧붙여 말씀하셨다.

"그런데 잘 견뎌줘서 고맙구나!"

이 대화로 나는 이 일의 주체가 내가 아니고 바로 하나님이시라는 것을 깨닫게 되었다. 관계적으로 "남"인 내가 남편을 염려하는 것보다 영적 아버지인 하나님이 남편을 더 염려하신다는 말씀이 아니겠는가? 그리고 남편으로 인해 내가 겪어내야 하는 그 어려움을 책임지시겠다는 말씀이 아니겠는가?

하여 어느 날 병상의 남편의 상태가 너무 어려워 내가 감당하기 힘들었을 때 이런 하소연을 했었다.

"주님, 보세요!
복규도 힘들고 저도 힘들고 우리를 보시는 주님도 힘드시네요!"

그러자 주님은 바로 옆에 함께 계신분처럼 즉시로 반응을 하셨다.

"그렇단다!"

주님이 그 어려운 상황을 다 아시면서도 잠잠하신 까닭은 우리가 그것을 통과해야만 되겠기에 주님도 인내하시며 우리를 보고 계시기 때문이다.

그리고 마지막으로 하셨던 말씀은 지난 13년 동안 내가 병상을 지키며 힘들고 어려울 때마다 나를 세우셨고 너무나도 힘이 되었다. 현재형으로 주님이 하신 그 말씀을 떠올릴 때마다 주님이 나의 힘든 상황을 다 아시고 내게 고마워하고 계신 것 같아 마음에 큰 위로가 되었다.

"그런데 잘 견뎌주니 고맙구나!"

하여 나는 남편을 돌보는 일이 내 일이 아니요 하나님의 아들을 돌보는 일이라는 마음으로 매사에 최선을 다했었다. 돌아보면 지난 13년 동안 나를 위한 생활은 없었다. 매일 아침마다 바쁘게 준비하여 점심과 저녁 도시락을 싸고 병원에서 제공하는 수돗물 대신 남편에게 필요한 물을 집에 있는 정수기에서 직접 받았다. 또 남편이 마실 넉넉한 양의 끓인 물을 보온병에 채우면 그 무거운 가방은 내 어깨 위에서 한 짐이 되어 있었다.

나는 마치 시간 맞춰 직장에 출근하는 사람처럼 종종거리며 시간을 다투어 내가 있어야 할 곳에 오전 9시30분경에는 도착하곤 했다. 그리고 잠시도 쉴 틈이 없이 다양한 일들을 자의 반 타의 반으로 해결했다. 그리고 밤 10시 30분경 요양 병원문을 나설 때면 내 몸은 이미 잘 익은 파김치가 되곤 했었다. 가끔씩 내가 겪는 일을 알지 못하는 분들이 코마 상태에 있는 분이라 별로 할 일이 없을 거라고 말할 때마다 나는 그냥 웃고 말았다. 만약 남편이 일어날 소망이 없었다면 나는 결코 13년 동안 그런 힘든 삶을 살지는 못했을 것이다.

매일 아침 병원에 도착하면 바로 남편의 머리에 손을 얹고 기도로 하루를 시작했다. 우리 집의 영적 제사장인 남편을 대신해서 내가 제사장 권한 대행을 행사했다. 그리고 남편이 평소에 즐겨 불렀던 찬송인 "주만 바라볼찌라"를 틀어 주었다. 그 가사는 남편의 주님을 향한 간절한 마음이 느껴지는 복음성가 였다.

이어서 "사명" 이라는 찬송을 들려줌으로 자신이 사명자라는 것을 깨닫기를 바랬었다. 다음으로 급히 해야 하는 일이 남편의 배설물

여부를 점검하고 해결하는 일이었다. 나는 시간이 가면서는 그곳의 어떤 간병인보다 능숙한 솜씨로 깨끗이 처리해서 남편을 개운하게 해주었다. 사실 그런 일들은 그곳에서 일하는 간병인들이 해야 하는 일이었지만, 늘 바쁜 그들을 기다리는 것이 더 힘들기도 했고 비록 그들이 돈을 받고 하는 일이라도 남의 배설물을 치우는 일은 즐거운 일이 아니니 내가 있는 동안은 그들을 부르지 않고 스스로 해결했다. 내 남편의 배설물이라 그런지 전혀 더럽지 않고 기쁘게 하는 것을 보면서 스스로가 신기하기도 했다.

하지만 남편의 욕창을 방지하기 위해서 두시간 마다 자리를 바꾸어 줄 때는 혼자 할 수 없어 그들에게 도움을 청하곤 했었다. 그리고 단정하게 남편의 수염을 깎고, 입으로 먹은 음식이 없어도 속에서 나오는 분비물이 치석을 만들어 내기에 매일 아침마다 칫솔에 치약을 묻혀 깨끗하게 이를 닦아주었다. 그러면서 앞으로 그 건강한 치아로 내가 만든 음식을 맛있게 먹는 남편의 모습을 상상하곤 했었다. 마치 내 치아를 관리하는 것처럼 하다 보니 6개월마다 오는 치과 사람들이 남편의 치아 상태에 늘 감탄하며 나를 칭찬하곤 했었다.

비록 누워있는 사람이라도 아침과 저녁에 두 번씩 얼굴을 닦아주니 얼굴이 늘 빛났다. 그런데 사람들이 유독 이 환자는 얼굴에서 빛이 난다고 말하는 것을 들으면 내가 열심히 씻어 줘서 그런 것만은 아닌 것 같았다. 누워있으며 아무것도 할 수 없던 남편의 심령이 하늘과 닿아 있어 그 빛을 받기 때문이었을 것이다. 그리고 몸에 달린 생명줄들의 주위를 깨끗이 관리해 주는 것은 염증을 방지하기 위해 너무도 중요한 일이었다.

그런 후에는 운동을 시키는 일인데 내게는 제일 버거운 일 중의 하나였다. 머리를 다쳤기에 몸이 자꾸 오그라들어서 본능과의 싸움을 치열하게 해야만 했다. 아침에 만나는 남편의 모습은 마치 두 팔이 냉동 닭이 날개가 몸에 붙어 있는 것과 같았다. 내가 그것을 억지로 떼서 마치 팔씨름하는 것처럼 양쪽 팔과 굽은 다리를 운동시키면서 재활을 포기하지 않은 것은 주님을 향한 소망 때문이었다.

예수께서 그들을 보시며 이르시되 사람으로는 할 수 없으나
하나님으로서는 다 하실 수 있느니라. | 마태복음 19:26

그런 모습의 남편일 지라도 몸이 더 망가지지 않도록 노력하며 언젠가 주님이 회복시켜 주실 것을 믿고, 미래에 있을 좋은 날을 바라보며 마지막까지 최선을 다했었다.

꾸ㅁ

그리고 하나님께서 내게 그의 아들을 돌보도록 맡기셨다면 무엇보다도 영적인 일에 관심을 갖기를 원하실 것 같아 시간을 정해 놓고 날마다 남편과 함께 예배를 드렸다. 묵도로 시작하여 사도신경을 큰 소리로 고백하고 교독문 순서를 따라 낭독하고 찬송을 한 곡 불렀다. 그리고 남편의 이름을 부르며 "이 시간에는 예배를 위해서 최복규 선교사님께서 대표기도 하시겠습니다."고 말하고 내가 말 못하는 남편 대신 기도하였다.

병상생활 중반 전에 들어서면서 신기하게도 남편이 깨어나는지 내가 자기 이름을 부르고 기도하겠다고 말하면 자주 뜨고 있던 눈을 조용히 감는 모습을 보였다. 그리고 내가 대신 소리 내어 기도하고 '아멘' 하면 다시 눈을 뜨는 것을 보면서 의식이 어느 정도는 돌아온 것 같아 더욱 소망을 놓지 않았다. 그리고 말씀으로는 복음서를 처음부터 한 단락씩 읽고 그 말씀 붙잡고 기도하고 다시 찬송 한 곡 더 부르고 주기도문으로 예배를 마쳤다. 내가 예배 중에 복음서만을 고집

하며 읽은 이유는 예수님께 집중하여 따라가기를 원했기 때문이었다.

⸙

그리고 시간이 될 때마다 소리를 내서 성경을 낭독하여 남편뿐 아니라 그곳 사람들에게도 선한 영향력이 전해지길 원했었다. 하여 나는 이사야서 중에 있는 말씀을 복사해서 남편의 머리맡에 붙여 두고 나도 힘을 얻고, 우리 방에 들어오는 많은 사람들이 사랑하는 말씀이 되게 했다. 그 말씀은 다음과 같다.

> 두려워 말라 내가 너와 함께 함이니라 놀라지 말라.
> 나는 네 하나님이 됨이니라. 내가 너를 굳세게 하리라.
> 참으로 너를 도와주리라. 참으로 나의 의로운 오른손으로 너를 붙들리라.
> | 이사야 41:10
>
> So do not fear, for I am with you; do not be dismayed,
> for I am your God. I will strengthen you and help you;
> I will uphold you with my righteous right hand. | Isiah 41:10

우리 방에 붙여 놓았던 또 다른 말씀은 요한복음 3장16절이었다. 그 말씀은 남편이 버린 씨에서 난 포도나무의 가지를 잘라 만든 십자가 밑에 붙여 놓았었다. 그 누구라도 우리 방에 들어오는 사람은 볼 수밖에 없는 위치에 있었기에 그곳 사람들에게 많든 적든 영향을 주었을 것으로 생각하고 있다.

언젠가 주님께서 말씀하셨다.

"너는 착하고 충성 된 종이다!"

내가 그 말씀에 감격하며 나의 실체를 고백했다.

"주님, 저는 무익하고 비천한 종입니다!"

그런데 주님의 대답에 내 귀를 의심할 수 밖에 없었다.

"그렇구나!"

잠시 전에는 충성 된 종이라고 칭찬하시고 금방 그것을 부인하시는 모양이라 침묵하며 잠시 있으니 주님이 이렇게 말씀하셨다.

"나는 너를 착하고 충성 된 종이라고 불러도
너는 언제나 내 앞에서 무익하고 비천한 종으로
너 자신을 불러야 한다."

나는 누가복음 17장 10절을 기억하고는 "아멘" 했다.

이와 같이 너희도 명령 받은 것을 다 행한 후에 이르기를 우리는 무익한 종이라
우리가 하여야 할 일을 한 것뿐이라 할지니라. | 누가복음 17:10

그리고 이런 일도 있었다. 어느 날 아침에 복음방송에서 찬양이 흘러나오고 있었다.

당신의 그 섬김이 천국에서 해같이 빛나리~

그때 주님께서 갑자기 말씀하셨다.

"바로 이거다!"

나는 주님께서 나의 수고를 알아주시는구나 하는 생각에 감격했다. 그리고 잠시 후에 남편과 함께 예배드리던 중에 그날의 본문 말씀으로 다시 한번 천국에서 해와 같이 빛난다는 말씀을 읽었다.

그 때에 의인들은 자기 아버지 나라에서 해와 같이 빛나리라.
귀 있는 자는 들으라. | 마태복음 13: 43

그때도 주님께서는 "바로 이거다!"라고 하시므로 잠시 전에 찬송을 통해서 하셨던 말씀을 다시 확증해 주셨다.

⁂

그러던 중 정말 그리스도인으로서 본을 보여야 하는 때가 있었다. 하루는 병원에 갑자기 전기가 나갔다. 물론 수많은 의료기구들이 전기에 의존하고 있었기에 이것은 종종 있는 일이었다. 그러므로 병원에서는 전기가 끊기면 자동으로 자체 발전기가 작동하게 되어 있어서 전기 전자 의료기구에 의존하고 있는 환자를 돌보는 데에 문제가 없도록 대처하고 있었다. 그런데 유독 그날은 자체 발전기까지 중단되는 예상치 못한 상황을 맞아 병원은 마치 아비규환 상태가 되었다.

간호원들은 이미 여분으로 조립되어 사용할 수 있었던 몇개의 휴대용 산소탱크를 서로가 먼저 차지하여 자신들의 환자들을 위험하지 않게 돌보려고 쟁탈전이 벌어졌다. 그 휴대용 탱크를 보관해 두었던 곳이 바로 우리 방 앞이었기에 나는 모든 상황을 지켜볼 수 있었다. 남편의 간호사도 적극적인 사람이라 내가 있는 것을 염두에 두고 내 남편을 위해서 탱크 하나를 먼저 챙겨 주었다.

그런데 그것을 가족이 없는 옆에 호흡기를 달고 있는 더 급한 환자에게 양보하고 나니 그들이 사용할 수 있는 탱크를 조립할 때까지 기다려야 했다. 내 남편도 산소가 필요한 사람이었기에 애가 탔지만 탱크가 준비되면 더 급한 환자에게 양보하고 마지막까지 기다려 탱크를 받아 남편에게 연결시켜 주었다. 다행히 그때까지 남편은 별 어려움없이 잘 견뎌 주었다.

내가 만약 남편의 생명이 하나님께 있음을 믿지 않았다면 처음에 내게 온 산소 탱크를 다른 환자에게 양보하기는 어려웠을 것이다. 그런 나의 모습을 그 경황이 없는 속에서도 사람들이 다 보고 있었나 보다. 그들 중에 내가 얼마든지 먼저 준비된 탱크를 가져다 내 남편을 위해서 사용해도 누구도 말할 사람이 없었다. 그러나 나는 믿는 자로서 그럴 수 없어 마지막 탱크가 준비될 때 까지 기다리며 남편에게서 눈을 떼지 않았다.

그리고 다행히 얼마 후에 전기가 들어왔다. 마침 그때 자리를 비웠던 타 종교를 믿는 매니저가 나중에 돌아와 소식을 들었는지 우리 방으로 찾아와 내게 고맙다고 말했다. 남편의 생명이 하나님의 손에 있음을 믿지 않았다면 할 수 없었던 일이었다.

⟨⟩

그곳에서 거의 5년이 되어 갈 때 남편이 60세 생일을 맞게 되었다. 요즘은 환갑잔치는 하지 않더라도 별일이 없다면 그날은 가족들과 특별한 식사라도 할 텐데, 우리는 남편의 상태 때문에 그냥 조용히 지나가려고 했었다. 그런데 생일 일주일 전 즈음 그곳의 필리핀계 액티비티 디렉터 Activity Director가 우리 방에 와서 놀라운 말을 했다.

그는 '너희 나라에서는 60세 생일을 중요하게 지키는 것을 아는데 특별한 계획이 있느냐'고 물었다. 하여 내가 없다고 하자 그러면 자기들에게 맡겨 달라고 했다. 내가 의아해서 무엇을 어떻게 하려는지 알려 달라고 하자 자기들이 생일잔치를 열어 주겠다고 했다. 하면서 간단한 음식이랑 케이크도 다 준비할 테니 그날 남편을 휠체어에 태워서 지정된 장소로 오면 된다고 했다.

그리고 자기들이 손님도 초대할 거라고 했다. 나는 믿어지지 않았지만 그들의 친절한 대접을 거절하기가 어려웠다. 그리고 그날 이런 알리는 글을 보았다.

Let us be a part of a
Great Celebration of Life for
Mr. Bok "MAC" Choi with his wonderful wife
On his 60th Birthday
on February 21 2011 at 2:25 pm in the big Dining room
Please come & celebrate with us !

최 복규 "Mac" 선생님의 60회 생일
파티에 초대 하오니 부디 오셔서
우리와 함께 축하하여 주시면 감사하겠습니다.

2011 년 2 월 21 일 오후 2시 25 분
대연회 홀

    그곳에서 일하시는 분들이 오셔서 생일축하 노래를 불러주고 케이크를 자르며 준비해 놓은 음식들도 나누고 즐거워하며 나와 남편에게 각각 준비한 꽃다발을 안겨주었다. 이렇게 특정 환자를 위해 생일상을 차려 주는 것은 그곳에서는 한 번도 없었던 일인데 말 못하고 누워있는 환자보다도 나에게 감사를 표시하려고 그런 이벤트를 만들었던 것 같았다.

    그렇게 하루하루를 주님의 은혜로 잘 감당하며 지내고 있을 때 뜻밖에도 이곳 양로병원에서 내게 명찰 Badge을 주었다. 남편을 돌본지 9년이 지나고 있을 때였다. 어느 날 아침에 현관을 들어서는데 그곳의 책임자가 내게 밝은 얼굴로 인사하더니 내 가슴에 명찰을 달아 주었다. 내가 이것이 무엇이냐며 뒤로 물러서자 너는 이것을 받을 자격이 있다고 말하는 것이었다.

거기에는 다음과 같은 명칭이 쓰여 있었다.

병동의 대사 Facility Ambassador

병원장이 만들어준
"병동의 대사" 배지

이곳 병원장은 몰몬교 교인인데 내가 예수 믿는 사람인 것을 잘
알고 있기에 나의 삶을 보며 성경에 나오는 "그리스도의 대사"라는
명칭이 떠올랐나 보다.

> 이러므로 우리가 그리스도를 대신하여 사신 [대사]이 되어
> 하나님이 우리로 너희를 권면하시는 것 같이 그리스도를 대신하여
> 간구하노니 너희는 하나님과 화목하라. | 고린도 후서 5:20

바울 사도는 자신이 그리스도의 대사가 되어 그리스도를 대신
하여 하나님과 '화목하라'고 말씀하신다. 바울 사도가 쓴 이 대사
Ambassador의 직함을 준 것을 보면서 하나님께서 내가 그곳에서 나
를 필요로 할 때 언제라도 손을 내어 주고, 많은 사람들에게 복음의 씨
를 뿌리며 예수님의 평강을 전한 삶을 하늘나라의 대사의 삶으로 인정
해 주시는 것 같았다.

언젠가 주님은 내게 이렇게 말씀하셨다.

"네가 네 남편을 '명품케어' 하고 있구나!"

그 말씀은 내가 영적, 정서적, 육체적으로 어느 것 하나 소홀히 하지 않는 돌봄에 대하여 알아주시는 것이어서 감사했다. 나는 당시 영적으로 매일 예배를 드리며 성경 말씀과 여러 목사님의 설교말씀과 기도로 남편의 심령을 새롭게 세워 나갔다. 또한 정서적으로 끊임없이 남편의 귀에다 대고 격려하고 위로하며 할 수 있다고 힘을 내라고 말해 주었다. 그리고 잘해줘서 고맙다고 나는 당신이 자랑스럽다고 등등 긍정적인 언어로 격려했다. 그리고 육체적으로 내게는 너무 힘든 일이었지만 최선을 다해 운동을 시키며 굳어져 가는 온몸을 풀어냈다. 또 욕창을 막기 위하여 매 2시간마다 자세를 바꾸어 주며 매일 밤 따뜻한 물로 몸을 깨끗이 씻어주었다. 그런 한결같은 모습이 주님의 마음에 감동을 드렸나 보다.

그러면서 내 남편을 이 땅에 그런 아픈 모습으로 13년을 머물게 하신 하나님이 그 힘들었던 삶을 그냥 묻어 두지 아니하시고 나로 하여금 다시 한번 그의 삶을 드러내는 또 다른 역할을 감당하길 원하심을 알게 되었다. 나는 하나님께는 신실한 청지기로서, 내가 만나는 사람들에게는 하늘나라의 대사로서 내게 주신 사명을 끝까지 잘 감당한 후에 내 주인이 부르실 때 기쁨으로 그분 앞에 가기를 소원한다.

12. '여호와 라파' 치료자 하나님을 기다리며

세상을 살아가는 사람들의 공통된 바람이 있다면 사는 동안 아프지 않고 건강하게 한 세상을 살아가는 것이 아닐까? 하지만 사는 동안 누구라도 원치 않게 크고 작은 병에 시달리며 본인뿐 아니라 사랑하는 가족들에게도 큰 어려움이 되기도 한다. 그러면서 불청객처럼 찾아오는 질병보다 더욱 피하기를 원하는 것이 있다. 그것은 본인의 의지와 상관없이 일어나는 치명적인 사고인데 그때는 그야말로 속수무책일 수밖에 없다.

그러기에 어느 날 갑자기 찾아온 남편의 사고는 눈에 보이지 않는 하나님보다 거의 30여년을 내 눈 앞에서 성실했던 남편을 더 의지하고 살아온 내게 그야말로 삶의 터가 무너지는 큰 충격이었다.

그날 13년 전 오후에 일어난 남편의 치명적인 사고는 남편을 깊은 물 속으로 던져 넣은 것 같은 느낌이었다. 그때 내가 할 수 있는 일은 전능하신 주님 앞에 무릎을 꿇고 남편을 그곳에서 건져 주시기를 기도하는 것 외에 없었다. 감사하게도 그 당시 나는 주님의 은혜를 많이 받고 있었기에 잡고 있던 주님의 손을 더욱 강하게 붙잡고 주님만을 바라보게 되었다.

사고 난 다음 날 새벽에 주님 앞에 엎드려 부르짖고 있는데 주님께서 말씀으로 내게 다가오셨다.

네가 물 가운데로 지날 때에 내가 함께할 것이라.
강을 건널 때에 물이 너를 침몰치 못할 것이며
네가 불 가운데로 행할 때에 타지도 아니할 것이요.
불꽃이 너를 사르지도 못하리니 | 이사야 43:2

그리고 그 말씀 뒤에 또 말씀해 주셨다.

내가 새 일을 행하리니 이제 나타낼 것이라. | 이사야 43:19

하여 나는 그 말씀을 붙잡고 의사들도 포기한 남편을 내 삶을 올인하여 돌보기 시작했다. 그야말로 믿음의 왕비 에스더의 고백처럼 "죽으면 죽으리라"(에스더 4:16)는 심정이었다. 나는 극한 상태에 있는 남편의 어려운 모습을 다른 사람들에게 보이고 싶지 않았다. 하여 담임 목사님께서 두 차례 다녀가신 후에는 병문안 오시는 분들에게 양해를 구하고 돌아 가시게 했다

그때 나는 내 남편의 자존심을 지키는 일은 아내인 나만이 할 수 있는 일이라 생각하고 남편을 보호하기 위해서 그런 결정을 하게 되었다. 그리고 한 달 반이 지날 무렵에는 세상 말로 잠수를 탄다고, 나는 남편이 새로 옮겨간 곳을 누구에게도 말하지 않았다.

그런 가운데 남편은 사고 후유증으로 고통스러운 반응을 계속해서 보였다. 그때 나는 할 수 있는 최선을 다하고자 한의사를 일주일에 2번씩 병원으로 오게 했다. 그리고 담당 의사의 허락을 구해 거의 1년 동안 침을 맞도록 했다. 그리고 발 마사지를 하면 뇌가 활성화 되는데 도움이 된다고 해서 그 분야에 전문가를 한의사와 날짜를 바꾸어 가며 거의 1년을 오게 했다. 또한 내게는 만만치 않은 금액이었지만 남편과 같은 상태에 도움이 된다는 치료 보조제를 거의 1년을 사용했다.

　　지금 생각해도 그때 당시 남편에게 최선을 다한 것은 잘한 것으로 내 기억에 남아 있지만, 이 모든 것들은 결코 하나님의 방법이 아니라는 것을 나중에 깨닫게 되었다. 그리고 일 년 정도가 되었을 때 재정적으로도 많은 부담을 느껴 모든 것을 중단했다.

　　아무것도 달라진 것은 없었지만 일 년 정도가 되니 주님이 내게 병실을 오픈하라는 감동을 주셔서 처음으로 담임목사님이 오셔서 기도해 주셨었다. 그리고 처음 2년 정도는 코마이기는 해도 상태가 안정적이었다. 그러다 어느 날 높은 열이 나면서 시작된 병마와의 싸움은 또 다른 고통으로 우리를 힘들게 했다.

　　거의 13년의 병상을 지내는 동안 남편은 여러 번 죽을 고비를 겪었고 하나님은 그때마다 남편을 살려 주셨었다. 여러 차례 염증과 2번의 폐렴, 죽음의 문턱까지 간 3번의 기가 막힌 패혈증, 그리고 대장암 수술과 간암 시술을 견뎌냈다. 그러나 시간이 감에 따라 질병 치료를 위해 사용해 왔던 강한 항생제 때문에 남편의 신장이 망가지기 시작했다. 그래도 나의 마음은 늘 전능하신 하나님의 능력으로 모든 것이 다 회복될 줄로 믿었었다.

그런데 하나님은 남편을 데려가시기로 작정하셨기에 다른 것은 다 섬세하게 돌보시면서도 남편의 건강은 점점 더 기울어 가게 하셨다. 때론 나도 히스기야처럼 내가 감당하기에 힘든 남편의 검진 결과가 적힌 종이를 교회 강단에 올려놓고 엎드려 눈물로 기도했었다. 나는 그때 시편 18편4~5절을 다윗의 심정으로 부르짖었다.

> 사망의 줄이 나를 얽고 불의의 창수(漲水)가 나를 두렵게 하였으며
> 음부의 줄이 나를 두르고 사망의 올무가 내게 이르렀도다. | 시편 18:4-5

그러나 주님은 나의 절규하는 기도에 특별한 응답을 하지 않으셨다. 하여 나는 주님께 내 남편이 일어나기 원하는 것은 결코 남은 삶을 잘 먹고 잘 살기 위해서가 아니고 오직 하나님의 영광을 위해서 일어나기를 원한다고 부르짖었다. 그리고 그런 선한 뜻을 가지고 있었기에 주님께서 내 기도에 응답하실 것이라고 믿었다.

그러나 마지막 암이 발병했을 때 의사의 주선으로 급하게 다시 CT 촬영한 결과를 보며 나는 경악하지 않을 수 없었다. 남편의 베트남계 주치의는 내게 남편에게 더 고통스러운 시간이 오기 전에 호스피스를 불러 편히 가도록 하는게 좋을 것 같다고 했다. 나는 그분에게 우리는 예수님을 믿는 사람들이니 그런 죽음은 원하지 않는다고 말하며 내 남편의 생명은 하나님께 있으니 그냥 지켜보겠다고 말했다.

그럼에도 때때로 밀려오는 절망과 낙심 때문에 힘이 들었다. 하여 나는 다시 시편 기자의 심정으로 그것들을 물리치고 나 자신을 꾸짖으며 계속 그 말씀을 선포했었다.

내 영혼아,
네가 어찌하여 낙망하며 어찌하여 내 속에서 불안하여 하는고
너는 하나님을 바라라.
그 얼굴의 도우심을 인하여 내가 오히려 찬송하리로다. | 시편 42:5

CSXD

그후 남편은 이 땅에서 8개월을 더 호흡하며 나에게 큰 기쁨을 주었다. 지금 생각해도 그 하루하루가 얼마나 감사한지 내 눈에 눈물이 핑 돈다. 우리 둘 다 육신적으로는 말할 수 없이 힘들었지만 그런 어려움 중에도 하루하루를 잘 견뎌준 남편이 고맙기에 그때가 많이 그립기만 하다.

그 당시 의사들은 남편이 마지막 상태라 통증이 많이 있을 것으로 예상하고 모르핀을 처방하며 6시간마다 투입하라고 했다. 그러나 어떤 경우에도 통증이 없게 해 달라는 간곡한 내 기도를 주님께서 들어 주셨기에 그 어려움 중에도 모르핀은 한 번도 사용하지 않았었다.

남편이 숨지기 2주 전에는 다시 심장박동이 175까지 널뛰듯 하므로 금방 심장이 멈출 것 같았다. 하여 다시 911을 불러 큰 병원에 가서 중환자실을 거쳐 일주일 만에 다시 돌아왔다. 그때 담당하셨던 한인 의사께서 우리를 보시고 와이프가 안 놓고 붙들고 있으니 하나님이 데려가지 못하시는 것 아니냐고 말씀하셔서 나는 아무 말도 하지 않았다. 생각해 보면 그분은 하나님께서 우리에게 특별히 붙여 주신 귀한 분으로 오랫동안 내 남편을 돌보시느라고 애를 많이 써 주셨는데 의학적으로 회복할 가능성이 없는 사람이 그토록 오래 이 땅에 머물고 있으니 답답하셨던 것 같다.

나는 남편이 있던 곳에 돌아온 후 그곳 사람들에게 앞으로 내 남

편이 아파도 911을 부르지 말라고 말했었다. 어차피 남편의 생명이 하나님의 손에 있음을 믿었기에 그렇게 결정을 했던 것이다. 그때 그곳에 계신분들은 다른 가족들은 마지막을 큰 병원에서 보내기를 원하는데 너는 다르다며 그래도 네 의견을 존중하겠다고 하셨다. 사실 나는 마지막 순간까지 출애굽의 절박한 상황에서 말씀하신 치료하는 여호와 하나님을 의지했다.

나는 너희를 치료하는 여호와 임이니라. | 출애굽기 15:26

나는 끈질기게 "여호와 라파" 하나님을 기다리며 하나님의 생각과 평행선을 달린 나의 믿음을 내려놓지 않았었다. 그리고 남편이 내 앞에서 숨을 거두었을 때도 죽은 나사로를 생각하며 그 앞에서 나사로야 나오너라! 하며 애타게 불러 댔었다. 그리고 장의사에 실려가 냉동창고에 들어간 남편이 혹시 일어났다는 연락이 오지 않나 하는 어처구니없는 생각도 했었다.

그동안 나는 높이 든 "여호와 닛시" 예수 깃발을 줄기차게 세우고 내려놓지 않고 그곳 요양병원 사람들에게 내 남편은 일어나서 집으로 돌아갈 것이라고 말해 왔는데 남편이 그렇게 허망하게 가니 좀 부끄러웠다. 하여 2 달이 다되도록 그들에게 감사의 표시도 하지 못했었다.

성경에 이르되 누구든지 그를 믿는 자는 부끄러움을 당하지 아니하리라 하니
| 로마서10:11

나는 내가 굳게 믿고 있던 말씀이 열매를 맺지 못했기에 불편한 마음으로 지내고 있었던 것이다.

그런데 어느 날 그곳에서 13년 동안 일을 하며 남편을 돌봐 왔던 병실 매니저(unit manager)에게 내가 너무 보고싶다며 전화가 왔다. 자기들은 내 남편이 코로나 바이러스가 시작되자 마자 그렇게 드라마틱하게 간 사건이 너무 놀라워서 지금도 서로 이야기하고 있다며 연신 하나님을 찬양하며 하나님께 영광을 돌렸다.

"Praise be to the Lord, Glory to God!"

그분 입에서 그런 말이 나오리라고는 상상하지 못했었는데 하나님께서는 인간의 절망적 상황을 사용하셔서 그분을 변화시키셨던 것이다. 그분은 인도사람으로 씨크교도인데 내가 13년 동안 전도하기 위해서 성경도 사주고, 여러 차례 예수님을 증거했던 분이셨다. 그분의 말은 이러했다.

"어떻게 13년을 누워 있던 분이 코로나 바이러스로 그곳 양로병원이 폐쇄되기 4일 전에 돌아가실 수 있는가? 이것은 하나님께서 너희를 축복하신 것이다."

또한 병원 사람들이 이구동성으로 이렇게 말한다고 전해주었다.

"그 부인이 늘 기도하더니 하나님께서 그 기도를 들어 주셨다. 하나님이 살아 계신다."

그리고 덧붙여 하는 말을 들으면서 남편의 모든 것을 통하여 영광 받으시는 하나님을 다시 만날 수 있었다.

"코로나 바이러스 때문에 남들은 하지 못하는 장례식도 마지막 순간에 교회에서 잘 할 수 있지 않았느냐?"

그리고 말했다.

"지금 병원은 코로나 이후로 폐쇄되어 가족들이 들어갈 수 없는 상황이 되어 버렸는데 만약 그때 하나님께서 부르시지 않았다면 어쩔 뻔했겠는가?"

결국 하나님께서는 마지막 순간에 우리를 통하여 그렇게 자신의 존재를 나타내심으로 믿지 않는 그들로 하여금 하나님이 살아 계심을 알게 하셨다. 나는 그토록 남편이 하나님의 영광을 위하여 일어나야 한다고 주님께 떼를 썼지만 하나님께서는 결국 그의 죽음을 통해서 예수님을 드러내셨다. 그래서 나는 이렇게 고백했다.

"하나님이 옳으십니다.
하나님 계획이 더 좋으십니다."

13. 예레미야 33장 3절을 통과하며

예수를 믿는 사람이라면 누구나가 이구동성으로 말하는 것이 있다. 바로 기도가 중요하다는 말이다. 그럼에도 누구나가 기도를 하는 것은 아니다. 기도하는 것이 힘든 노동하는 것보다 더 어렵다고들 하는 말들은 괜한 말이 아니다.

그런데 또 어떤 분들은 그 기도하는 것이 즐거워 식사는 거를 수 있어도 기도는 결코 거르지 않는다고 말한다. 왜 그럴까? 누구는 그토록 어려운 기도가 누구에게는 즐거움이 된다면 그 비결은 기도하는 분들이 바로 하늘의 맛, 즉 기도의 맛을 알고 보았기 때문일 것이다.

하나님은 참새 한 마리도 본인의 허락이 없이는 땅에 떨어지지 않는다고 하셨다. 하기에 우리에게 허락하신 환난을 당했을 때 내가 할 수 있는 것은 아무것도 없었다. 그냥 받아들이고 그 환난을 창조하신 분께로 나아가는 길밖에는 없었다.

그러면서 그 선하신 분이 왜 환난을 지으셔서 우리에게 이런 어려움을 주실까 하며 이사야서 45:7절을 이상하게 생각했었다.

나는 빛도 짓고 어둠도 창조하며
나는 평안도 짓고 환난도 창조하나니
나는 여호와라 이 모든 일들을 행하는 자니라 하였노라. | 이사야 45:7

하지만 한편으로는 그 깊은 환난의 웅덩이에서 우리를 구해 주실 분은 빛과 평안을 창조하신 하나님 한 분이심을 인정할 수밖에 없었다. 그래서 남편이 당한 그 어려운 사고가 나로 하여금 기도의 자리로 나갈 수밖에 없게 하였던 것이다.

처음에 나는 '시간 기도'를 했었다. 그때 남편의 상태가 위중했기에 그를 떠나 교회로 기도하러 가기가 어려워 거의 병원에 머물고 있었다. 그래서 어느 곳이든, 어떤 상황이든 매시간마다 3~5분씩 짧은 기도를 하며 남편의 회복을 위해 주님의 자비를 구했었다.

신기하게도 많은 경우 자다가 깨도 정확하게 기도할 시간이었다. 어느 때는 고속도로를 운전 중이라도 그 시간이 되면 차를 옆으로 세우고 기도했다. 옆으로 차들이 빠르게 지나가서 위험했지만 그래도 기도 시간을 놓치지 않았다. 또 병원 중환자실에 있을 때는 바닥에 무릎을 꿇고 기도했다.

그렇게 2년이 지날 무렵 주님은 내게 집중적으로 기도하라는 감동을 주셨다. 그즈음 남편은 깊은 코마에 빠져 있었으나 비교적 상태가 안정적이었다. 하여 나는 날마다 저녁에 시간을 정해 놓고 교회에 가서 기도하기 시작했다. 교회에 말씀드려 열쇠를 받아 아무도 없는 저녁에 주님과 독대하며 한 시간을 부르짖곤 했었다.

나는 어두움을 좋아하지 않는다. 그래서 아무도 없는 어두운 교회 본당은 내게 거룩함으로 다가오기보다는 죄송하게도 영적 전쟁터와 같았다. 사단 마귀는 어떻게든 내게 두려움을 주어서 기도하지 못하도록 했다. 때론 이상한 소리를 내기도 하고 옆에서 누군가가 서 있는 느낌을 주기도 하며 여러모로 줄기차게 나를 시험하였다. 그때마다 나의 기도소리는 악을 쓰며 점점 더 커져가니 자연히 어둠의 소리는 점점 작아지는 것을 느낄 수 있었다.

그리고 계속해서 관련 말씀을 큰 소리로 암송하며 주님만 주목하고 주님이 주시는 평강을 누리며 기도의 정점에 이를 때면 내 영이 하늘을 날아다니는 느낌이 들곤 했었다. 그럴 때 신명기와 이사야서의 말씀은 내게 큰 힘을 주었다.

> 너희는 강하고 담대하라 두려워하지 말라 그들 앞에서 떨지 말라.
> | 신명기 31:6

> 두려워 말라 내가 너와 함께 함이니라 놀라지 말라.
> 나는 네 하나님이 됨이니라. 내가 너를 굳세게 하리라.
> 참으로 너를 도와 주리라.
> 참으로 나의 의로운 오른손으로 너를 붙들리라. | 이사야41:10

이 두 구절들은 늘 나의 입술에서 떠나지 않았다. 또한 내게는 특별한 성경구절로 기억되며 늘 암송했던 말씀이 있었다. 내 남편이 사고로 병원에 오래 있으니 여러분들이 찾아오셔서 기도도 해 주시고 위로와 격려도 해 주셨는데 그 중에 한 분이 지금은 돌아가신 고 이미나 목사님이셨다.

이미나 목사님은 한국의 이어령 박사님의 따님이셨는데 그때 성령 사역을 하고 계셨던 것 같았다. 아는 분의 소개로 우리 병원에 오셨을 때 자기는 어려운 시간을 많이 지나며 두려울 때마다 빌립보서 1장 28절을 늘 암송했다고 내게도 그 말씀을 주셨다. 그 이후 그 말씀을 마음에 두고 자주 선포하며 어려운 시간을 이겨 나갔다.

> 아무 일에 든지 대적하는 자를 인하여 두려워하지 아니하는
> 이 일을 듣고자 함이라.
> 이것이 저희에게는 멸망의 빙거요. 너희에게는 구원의 빙거니
> 이는 하나님께로부터 난 것이니라. | 빌립보서 1:28

우리 교회가 지금의 성전으로 옮기기 전 구성전에서 있었던 일이다. 그 당시 어떤 이유로 본당의 문이 열려 있었는데 원치 않는 손님이 와서 어떤 물품들을 들고 가 버렸다. 하여 교회에서는 본당 입구에 알람을 설치하였고 나는 열쇠가 있어도 들어갈 수가 없었다. 대신 교회에서는 건물 입구에 있는 유치부실을 열어 두고 기도하러 오시는 분들이 사용할 수 있도록 해 주셨다.

그 당시 내가 가는 시간에는 나를 제외하고 1~2명의 교인이 기도하러 오셨었는데 많은 경우 나 혼자 기도할 때가 많았다. 그럴 때면 나는 또 원치 않는 손님이 오시는 것이 아닌가 하여 사람이 두려운 까닭에 기도하면서도 마음이 편하지가 않았다.

어느 날 밤에는 "주님, 나쁜 사람이 오지 않게 해 주세요." 라고 불안한 마음으로 기도하는데 갑자기 내 눈앞에 환상이 열리며 놀라운 광경이 보였다. 바로 기도하는 내 왼쪽에 천사가 서 있는 것이 아닌가.

그 천사는 20대 초반의 유럽계 청년으로 굳게 다문 입에 눈매는 날카로웠지만 준수한 모습이 입고 있던 은색의 갑옷과 잘 조화를 이루고 있었다. 그리고 칼집도 없는 커다란 이한 검을 자신의 앞에 세우고 두 손으로 잡고 있었다.

더 놀라운 것은 바로 내 앞에 유치부 어린이들의 눈높이에 맞춰 낮게 설치한 강단 위에 흰옷 입으신 예수님께서 한가로이 눈을 들고 멀리 바라보며 앉아 계셨다. 그리고 곧 그 환상은 사라졌지만, 나는 바로 그 자리에 주님이 함께 계시며 천사를 두어 나를 지키고 계신 것을 보고 마음에 큰 평강이 임했고 기도에 전념할 수 있었다. 그리고 더 이상 두려워하지 않았다. 그러면서 시편에 다윗이 고통 중에 성전에서 기도했던 말씀이 생각났다.

> 내가 환난 중에서 여호와께 아뢰며 나의 하나님께 부르짖었더니
> 그가 그의 성전에서 내 소리를 들으심이여 그의 앞에서
> 나의 부르짖음이 그의 귀에 들렸도다. | 시편18:6

그날 주님이 성전에서 나의 기도하는 모습을 보시고 들으신 것을 생각하니 너무 힘이 나고 소망이 생겼었다. 하여 날마다 기도에 전념하며 주님 앞에 머무르다 보니 때로는 내 기도가 길어질 때도 있었다. 그럴 때면 놀랍게도 내 입에서는 기도가 나오고 있는데 내 속에서 주기도문이 올라오곤 했다.

또 어떤 날은 열심히 기도하고 있는데 내 속에서 어떤 찬송가가 울려 나왔다.

밤 깊도록 동산안에 주와 함께 있으려 하나
괴론 세상에 할 일 많아서 날 가라 명하신다
–저 장미꽃 위에 이슬

이런 일들은 성령님께서 내 기도를 인도하고 계시며 내 형편을 아시는 그분께서 내게 이제 일어나 돌아가서 남편을 돌보라는 신호이기에 피식 웃고 일어나 보면 어김없이 시계가 가야 할 시간을 가리키고 있었다.

그런 중에도 때때로 마음과 달리 육신이 힘이 들 때는 기도하다가 잠이 들기도 했다. 하지만 그때도 깨어 보면 정확하게 일어날 시간이 되어 있었다. 그럴 때면 나는 성령님께서 깨워 주신 것을 알기에 민망해서 "주님, 제가 기도하러 와서 잠만 자고 가네요." 하고 말했는데 주님께서 "그렇구나!" 하고 옆에서 반응하시니 나는 더욱 민망하였다.

그렇게 매일 밤마다 기도의 자리를 지키고 토요일 하루는 교회에 가지 않고 주차장에 세워 둔 내 차 안에서 같은 시간에 기도했었다. 그런데 여름과 겨울에는 그것도 쉬운 일이 아니었다. 여름에는 에어컨이 고장 난 차의 창 유리를 조금 내려도 숨이 막힐 것 같았고 겨울에는 담요를 여러 개 뒤집어써도 너무 추웠다. 하지만 하나님께 부르짖는 것을 멈추지 않았다.

그것은 내 문제의 해결자이신 전능하신 하나님께 기도하는 것 외에는 다른 방법이 없었기 때문이었다 어느 날인가는 매일 성경에 쓰인 글을 읽으며 크게 공감이 되었다.

성도는 삶이 혼란스러울수록 더욱 기도가 선명해지는 사람입니다.

그것은 찬란한 고난이었다 135

부르짖고 바라야 할 대상이 분명하기 때문입니다.

기도는 숨통을 조이는 혼돈의 밤을 창조의 아침으로 바꾸어 놓는 은혜의 방편입니다.

내가 남편 돌보는 일에 전념하다 보니 신앙 공동체의 일원으로써 교회에서 그 역할을 감당하지 못하는 것이 늘 마음불편하고 수고하시는 권사님들에게 미안했다. 같은 직분을 받은 권사님들이 열심히 교회를 섬기며 각자에게 주어진 일에 헌신하고 계신 것을 볼 때 부러운 마음도 들고 나는 그렇게 하지 못하는 것이 그분들께 죄송하기도 했다. 교회의 모든 분들이 내 사정을 다 이해하시고 도리어 마음을 써 주셨지만 나의 마음은 쉽지가 않았다. 그러던 어느 날 주님께서 교회를 기도로 섬기라는 감동을 주셨다.

나는 이미 매일 밤마다 한 시간 이상씩 기도하면서 30분 이상은 교회를 위해서 기도하고 있었기에 더 기도하기를 원하시나 하는 의문이 들었다. 그러자 주님은 내게 예배를 위해서 집중적으로 기도하라고 하셨다. 하여 주일 아침에는 8시 예배 참석을 위해 7시20~30경에 도착해서 오직 그날 드려질 모든 예배 만을 위해서 집중적으로 기도해온 것이 10년이 넘었다.

그렇게 기도하다 보니 주님이 내게도 많은 은혜를 부어 주시는 것을 알게 되었다. 그러던 어느 날 주님은 내게 이런 가슴 아픈 말씀을 하셨다.

"기도하지 않는 내 자녀들을 보는 내 마음이 마치 자폐아를 둔 어미의 심정이구나!

그 어미가 자녀에게 아무리 사랑한다고 말해도 듣지 못하고 알지도 못하니 그 어미의 마음이 얼마나 어렵겠느냐?"

나는 주님의 그러한 심정 앞에 할 말이 없었다. 하여 속으로 '어찌하든지 나는 기도를 멈추지 말아야 하겠다'고 다짐했다. 내게 있어 그 말씀은 마치 주님이 나를 기도의 자리에 못박는 것 같았다.

교회에서 기도를 시작할 때마다 내가 늘 암송하는 성경 말씀이 있다. 그 말씀은 우리 교회 본관 앞에 붙여 놓은 액자에 써 있는 역대하의 말씀이다.

> 이제 이 곳에서 하는 기도에 내가 눈을 들고 귀를 기울이리니
> 이는 내가 이미 이 전을 택하고 거룩하게 하여
> 내 이름으로 여기에 영영히 있게 하였음이라 .
> 내 눈과 내 마음이 항상 여기 있으리라. | 역대하 7:15-16

이 말씀을 암송하면 나는 마음이 너무 좋다. 아무도 없는 그곳에서 내가 홀로 계신 주님을 만날 수 있었던 것은 놀라운 주님의 은혜였다. 바로 그곳에는 주님의 눈, 귀, 그리고 마음이 있는 곳이기에 내 기도하는 모습을 다 보시고 들으시고 마음으로 아시니 정말 신나는 일이 아닐 수 없었다.

남들은 가족과 함께 즐겁게 보내는 그 저녁 시간에 10년을 넘게 끝이 보이지 않는 소망을 붙들고 아무도 없는 교회에서 외로운 몸부림을 치는 것은 결코 쉬운 일이 아니었다. 주님께서 처음 남편이 사고를 당했을 때 나에게 말씀하셨다.

"네가 죽지 않으면 이 일을 감당할 수 없단다."

가끔은 매일 밤마다 기도하러 교회에 가는 것이 쉽지 않은 상황도 있었지만 주님과의 약속이니 나를 기다리실 것 같아 가지 않을 수 없었다. 일 년에 한 번씩 있는 신년 새벽기도때는 수요예배가 없기에 나는 홀로 기도 자리를 지키며 주님께 애교를 떨며 떼를 쓰기도 했었다.

"주님, 오늘 수요예배에는 저 혼자 나왔으니
성도들에게 부어 주시려고 예비하신 그 모든 복은
저에게 다 쏟아 부어 주세요."

그리고 목이 터지도록 부르짖고 힘이 다 빠져서 밖으로 나와보면 그 넓은 파킹장에 내 차 홀로 있는 것이 슬프기도 했었다. 그럴 때면 성경 속에 나오는 다윗이 내 마음에 큰 위로가 되었다. 그분도 나와 동일한 심정으로 하나님만을 바라보고 기도자리를 지켰기 때문이었다.

내가 부르짖음으로 피곤하여 나의 목이 마르며
나의 하나님을 바라서 나의 눈이 쇠하였나이다. | 시편 69:3

폭풍우가 거세게 불던 어느 날 밤이었다. 밖을 내다보니 바람이 세차고 빗줄기가 너무 굵어 고속도로를 가기가 쉽지 않을 것 같았다. 그냥 주저 않을까 하는 마음이 들었지만, 다른 한편에서는 이런 어려울 때일수록 기도의 자리를 지키는 것이 중요할 것 같아 밖으로 나왔다. 가까스로 차에 올라 창문 밖을 내다보니 근처에 있던 키가 큰 야자수 나무들이 나에게 90도 각도로 절을 하며 '조심해서 잘 다녀오라'고 응원을 하는 것 같았다.

하여 주님께 안전하게 지켜 주시도록 짧게 기도하고 고속도로에 들어섰는데 세차게 부는 비바람에 차가 흔들리며 앞으로 똑바로 가기가 힘들었다. 하여 다른 날 보다 시간이 더 걸려 간신히 교회에 도착하니 역시 아무도 없고 익숙한 어둠만이 나를 반겨 주었다. 나는 더듬거리며 내 기도 자리에 털썩하고 주저 앉아 비에 젖은 옷을 손으로 털며 말했다.

"주님, 저 왔어요!"

말이 끝나자마자 갑자기 내 입에서 내가 잘 모르는 노래가 나왔다.

나는 입으로는 노래하면서도 머리속에는 '내가 지금 노래할 때인가' 생각했다. 그런데 내 귀에 들리는 그 노래의 가사가 심상치 않았다. 그 찬송은 복음성가의 하나로 나중에 찾아보니 제목이 "당신은 하나님의 사람" 이었는데, 기억을 더듬어 보니 전에 교회에서 한 두 번 토요 새벽기도 때 불러본 찬양이었다. 하지만 나는 그때까지 그 노래를 혼자서 불러본 적도 없고. 더군다나 가사도 잘 모르는데, 그런 내가 이미 그 노래의 후렴구를 부르고 있었던 것이었다.

하나님을 감동시키고 세상을 변화시키는 당신은
하나님이 필요한 사람, 하나님이 기뻐하는 사람
당신 때문에 어둔 세상이 사랑으로 가득 차지요.
당신 때문에 하나님께서 더욱 영광 받으시지요.

주님은 그 노래 가사에 담겨있는 진한 감동을 나에게 그대로 부어 주셨다. 바로 주님이 내게 고마워하시는 그 마음을 내가 고스란히 느낄 수 있도록 해 주셨던 것이다. 이런 것이 은혜가 아니면 또 무엇이 있겠는가! 그리고 하나님께서 예레미야 33:3의 말씀을 통하여 내게 힘을 주셨다.

너는 내게 부르짖으라 내가 네게 응답하겠고
네가 알지 못하는 크고 은밀한 일을 네게 보이리라. | 예레미야 33: 3

이 말씀은 우리를 향하신 하나님의 크신 섭리를 이루시고 우리에게 주시고자 하는 놀라운 복이 있다고 알려 주신다. 그러기에 그 복을 받기 위해서는 오직 부르짖고 기도하는 것 외에는 다른 방법이 없음을 말씀하고 계신 것이었다. 하여 나는 그 말씀에 마음을 합하는 뜻으로 choikeumok333@gmail.com이라고 내 이메일 주소를 만들었다. 의미를 부여하자면 "최금옥이는 하나님께 부르짖는 자"라고 말할 수 있을 것 같다.

하여 나는 하나님께서 내게 허락하신 고난을 통하여 예레미야 33장 3절을 몸으로 살아 내기로 결단하였고 그렇게 기도에 전념해 왔다. 그런데 어느날, 하박국의 말씀을 읽는데 또 주님께서 "바로 이거다!"라고 하셨다.

여호와여 내가 부르짖어도 주께서 듣지 아니하시니
어느 때 까지리이까? | 하박국1:2

나는 "주님은 내 마음을 다 아시면서도 응답 대신 내가 해야 할 질문을 다 하시네!" 하며 신기하다는 생각을 했다. 계속 읽어 내려가자 응답을 예비하시고 "바로 이거다!"라고 또 말씀하셨다.

비록 더딜지라도 기다리라 지체되지 않고 반드시 응하리라. | 하박국 2:3

그러니까 주님은 두 구절을 가지고 하나의 질문과 답변 형태의 문장을 만들어 주셨던 것이었다. 하박국에서도 1장은 선지자의 호소가 담긴 질문으로 시작하고 2장에서는 하나님께서 그것에 대한 대답을 기록하고 있기에 나는 답답할 때 가끔씩 주님과 이렇게 짧게 대화 한다.

"주님, 하박국 1장 2절입니다."
"딸아, 하박국 2장 3절이다."

그리고 거의 13년이 지난 후에 주님은 어느 날 내 남편을 데려가
셨다. 내가 그토록 남편의 회복을 위해서 기도해 왔지만 내 입장에서
는 응답을 받지 못한 것이었다. 하여 너무 지치고 힘이 들어 남편이 하
늘나라에 갔을 때 기도를 접을까 하는 생각도 했었다. 그런데 마음과
는 달리 내 몸은 습관을 따라 그 자리를 지키고 있었다. 다만 시간이
바뀐 것 외에는 나의 부르짖음은 바뀌지 않았다. 그것은 내 안에 계신
성령님께서 말씀하셨기 때문이다.

"너를 향한 하나님의 선한 뜻은 아직 이루어 지지 않았다."

그 동안 내가 기도의 자리를 지키며 기도했던 것은 거의 모두 다
른 사람들의 유익을 위한 기도들이었다. 내 남편의 문제를 제외한다면
그 동안 하나님은 내 기도에 많은 응답들을 해 주셨다. 그리고 하나님
은 기도하는 사람의 삶을 책임지신다는 말씀처럼 나의 13년의 삶을 완
벽하게 책임져 주셨다.

이제는 눈을 들어 하나님의 뜻을 구하며 그 동안 강하게 기도의
훈련을 받은 자로서 중보하는 자리를 지키는 것이 하나님이 원하시는
일임을 알게 되었다. 특별히 코로나 바이러스가 시작되면서 남편이 세
상을 떠났기에 주님의 마음으로 보면 두루두루 기도할 것이 너무 많아
한 시간이 금방 지나간다.

언젠가 남편의 사고로 인해 교인들이 충격을 받고 내 남편을 위해서 열심히 기도하시는 것을 보며 내 마음이 미안하고 죄송해서 하나님께 "제 남편 좀 빨리 일으켜 주세요. 저분들이 우리를 위해서 기도하는 것이 부담스럽습니다"고 하자 뜻밖에도 주님은 내게 이렇게 말씀하셨다.

"너는 염려하지 마라.
저들이 무슨 일로든지 내게 나오는 것은
먼저는 저들에게 유익한 일이다."

그 말씀은 다른 사람을 위해서 중보기도로 하나님께 나오는 자를 주님은 기뻐하시고 먼저 복을 주신다는 말씀이었다. 하여 중보기보는 결코 희생이 아니라 헌신을 통한 축복의 통로로 쓰임 받는 일임을 알기에 이로 인하여 기도하는 자에게 엄청난 유익이 돌아오는 것을 믿게 되었다. 그리하여 나도 나의 기도의 지경을 넓혀 주님의 마음으로 열방을 가슴에 품고 중보기도 하는 일에 마음을 다해야 하겠다는 각오를 하게 되었다.

특별히 코로나 바이러스로 온 세계가 저주 아래 묶여 있는 듯이 보이는 이 때에 전능하신 하나님만이 그 저주를 축복으로 변하게 할 것을 믿고, 열방이 회개하고 주님께 돌아오는 영적 대각성을 위하여 눈물로 기도하고 있다. 그럼에도 암울한 현실 상황은 조금도 좋아지지 않는 것 같아 힘이 빠질 때가 많다. 내가 때로 답답하여 질문하면 주님은 또 신실하게 대답하실 것이다.

"주님, 하박국 1장 2절입니다."
"딸아, 하박국 2장 3절이다."

14. 주님이 저보고 선교사래요!

그 양로병원에서 남편을 돌본지 2년 반 정도가 지날 무렵이었다. 주님이 허락하신 일이기에 협소한 공간일지라도 내 입에서 원망과 불평을 내보내고 나니 나름대로 마음 속에 주님 주시는 평강을 맘껏 누리며 지내고 있었다. 그래서 그 주님을 알리기 위해 예수 깃발 높이 들고 지내며 그 병원 안에서 예수님을 전하던 나에게 주님은 병원 밖까지도 전도하기를 명령하셨다.

지금 그 일을 생각해 보면 주님은 단지 훈련을 통해서 내게 끝까지 순종하는 법을 가르치시려고 하셨던 것 같다. 그렇지 않다면 10년을 넘는 희생과 수고에 비해서 보이는 열매가 너무 미미한 것이 이상한 일이다.

이야기는 이렇게 시작된다. 어느 날 밤에 남편에게 약을 주러 온 필리핀계 간호사가 내게 물었다. 자기가 일하고 있는 다른 곳이 가까이에 있는데 그곳에 네가 가서 기도 좀 해 주지 않겠냐고 했다. 그녀는 이슬람교도인데 내게 그런 부탁을 하는 것이 뜻 밖이었지만 그 앞에서 거절할 수가 없었다.

그녀가 말한 한국 환자는 그 당시 방문하는 가족이 없었다고 했다. 하여 내가 일주일에 2번씩 점심시간을 줄여가며 6개월을 찾아가 만났다. 그러던 중 거기서 그 환자의 병실을 옮겼는데 그날 나는 그분의 룸메이트인 K씨를 처음 만났다. 그분은 내 또래로 보였는데 나중에 알고 보니 나보다 2살이 더 많은 분이셨다.

그곳에 가는 날 새벽에 주님께서 내게 뜻밖에 말씀을 하셨다.

"광야에 있는 영혼을 위해서 기도해라!"

그래서 그날 그 환자를 처음 만난 후, 주님이 아침에 말씀하셨던 광야에 있는 영혼이 이 사람인가? 하는 생각을 했다.

내가 그동안 방문했던 분은 의식이 없는 분인데 그분은 왼쪽을 못 쓰는 것 외에는 멀쩡했다. 평소대로 할 일을 마치고 나오다가 그분에게 이곳에 얼마나 계셨느냐고 물으니 퉁명스럽게 10년쯤이라고 말했다. 내가 "고생이 많으시네요." 라고 말하고 예수님을 믿느냐고 물으니 냉랭한 표정으로 자기는 불교로 성불한 사람이라고 했다. 좀 이상한 생각이 들었지만 포기하지 않고 그래도 예수 믿어야 한다고 전했다.

그러자 즉각적으로 육두문자를 쓰며 나가라고 거칠게 말하는 것이 아닌가. 심지어 인사하고 나오는 내게 소금을 뿌리는 흉내를 냈다. 문밖으로 나오자 옆방의 가족이 서 있다가 내게 말했다.

"저분은 변하지 않아요. 이곳에서 저분을 전도하려고 그동안 많은 사람들이 애썼지만 모두 포기했어요. 저분은 안돼요."

나는 그저 "그래요."라 말하고 웃으면서 그곳을 나왔다. 남편의 병원으로 돌아오는 길에 생각해 보았다. 과연 그 사람이 광야에 있는 영혼일까? 그 말씀은 구원받지 못한 자라는 말씀이 아닌가? 그 동안 수많은 사람들이 그의 영혼 구원을 위해서 노력했는데 왜 주님은 지금까지 저분을 구원하지 않으시고 바쁘고 머리 복잡한 나에게 맡기시는 것일까? 하는 의문이 들었지만 알 수 없는 일이었다. 그리고 그 다음날 새벽에 주님은 또다시 말씀하셨다.

"양 우리 밖에 있는 다른 양도 구원할 것이다."

그때가 1월 초였는데 하나님께서 그 일을 내게 확실한 사명으로 주셨다는 것을 3달 후, 그해 부활주일 아침에 일어난 일로 인하여 더욱 확신하게 되었다. 그 새벽에 주님께서 내게 분명하게 말씀하셨다.

"내 양을 먹이라! 내 양을 치라!"

그것은 성경에 별로 지식이 없는 나도 익히 잘 알고 있는 요한복음의 마지막 부분의 말씀이었다. 주님께서 이 말씀을 통하여 실패한 베드로를 다시 세우시고 그에게 사명을 부어 주셨기에 나는 즉각적으로 주님이 지금 내게 그 일을 사명으로 주셨다고 믿게 되었다.

하여 하나님께서 정말 그분을 내게 부치셨다면 한번 해보자는 각오를 새롭게 하게 되었다. 그 다음 방문 때 내가 먼저 반갑게 인사하자 그 분은 관심 없다는 표정이었다. 나는 하던 대로 내가 만나는 환자에게 가서 일부러 큰소리로 시편23편도 외우고 찬송도 부르고 기도도 했다. 그런 다음에 등 돌리고 누워있던 그분의 침대에 걸터앉아 다시 예수님 이야기를 했다. 그분은 자기가 성불하기 위해 7년을 새벽마다 목욕재

계하고 기도하며 어려운 과정을 겪어 왔으니 자기는 어떤 일이 있어도 부처를 떠날 수 없다고 했다.

아무리 생각해도 주님이 엮어 주신 것 같은데 내가 감당하기에는 너무 벅찬 상대였다. 마치 어둠의 세력이 그의 영혼을 아주 먼 곳으로 납치해 가 버린 것 같았다. 그리고 3일 후에 다시 갔을 때 그분은 내게 주먹질을 하며 듣기 거북한 욕을 거침없이 해댔다.

"교통사고로 죽은 줄 알았는데 살아서 왔니?"

내가 왜 "나 죽으라고 주문했냐"고 하니 피식하고 웃었다. 내가 그분의 주변을 살펴보니 마시는 병 물이 떨어져 가고 있었다. 나중에 알게 되었는데 그분은 의식이 있으니 그 아들에게 요구해서 한 달에 한 번씩 병 물을 사다 마시고 있었다. 그런데 그날 보니 물이 다 떨어져 가고 있었던 것이다.

나는 그분을 섬겨보자는 생각에서 근처에 있는 마켓에 가서 24개 병 물 묶음을 사다 주며 마시라고 했다. 그런데 그분은 무겁게 들고 온 나에게 고맙다는 말도 하지 않았다. 그리고 웬일인지 그 뒤로 그 아들은 더이상 물을 사 오지 않았다. 그분은 그저 아들이 바쁜지 잘 못 온다고 했다. 이 후 내가 사다 준 물도 떨어졌기에 그때부터 거의 3~4주마다 사다 주기 시작했는데 내게 무거운 것을 들고 다니는 일이 쉬운 일이 아니었다.

그런데 시간이 감에 따라 그에게 조금씩 변화가 나타났다. 처음에는 기도도 못하게 막더니 차차 내가 갈 때마다 침대 옆에서 기도하면 그때는 듣고 있다가 끝나면 발로 밀어내며 가라고 재촉하였다. 때로는 거친 말을 하며 왜 오느냐고 주먹질을 하기도 했다. 도대체 말이 통하지 않았다. 그러던 중 몇 년이 지나면서 내가 먼저 만나러 갔던 분이 돌아가셨다. 그때 '그만 갈까' 했지만 나를 그곳에 보내시는 분은 주님이셨기에 주님의 눈치가 보여 안 갈 수가 없었다.

그런데 시간이 지나면서 그분이 나를 때려도 내가 대항하지 않으니 수시로 나를 때렸다. 그럴 때 보면 얼굴에 분이 가득했다. 언젠가는 나에게 따지듯이 자기 남편이 자기를 버렸다는 말도 하는 것을 보면 그 마음에 쓴 뿌리가 가득 찬 것 같았다. 그분은 한쪽만 사용할 수 있었기에 특별히 그쪽이 힘이 강해 한 대 맞으면 많이 아팠다. 그런 만남이 일상이 되어 버렸기에 몇 대 맞은 다음에는 되도록 거리를 유지하며 주의를 기울였다.

그러던 중 어느 날은 그에게 관련된 성경을 읽어 주려고 가까이 갔는데 주먹으로 내 얼굴을 때렸다. 안경이 벗겨지고 많이 아팠으나 나는 안경이 깨지지 않은 것이 다행이라고만 생각했다. 돌아보면 나는 자고새처럼 잊어버리는 은사가 있는지 어느 날은 눈감고 조용히 있는 그녀 가까이 가서 말을 시키자 갑자기 눈을 뜨는 동시에 그 힘센 손으로 내 왼쪽 가슴을 움켜 쥐고 놓지 않아 소리를 지를 뻔하기도 하였다. 물리적으로 그를 밀어내고 나니 그 통증으로 인하여 내 눈에서 눈물이 핑 돌았다.

그래도 누구에게도 하소연할 수 없었다. "그러면 왜 오느냐"고 물으면 할 말이 없었기 때문이었다. 그들에게 주님이 가라고 하신다면 나를 이상하게 보지 않겠는가! 그런 억울한 생각으로 남편의 병원으로 돌아오는 길에 주님이 내 마음을 아시고 차 안에서 주신 말씀이 바로 마태복음 5장 11~12절이었다.

나로 말미암아 너희를 욕하고 박해하고 거짓으로 너희를 거슬러 모든 악한 말을
할 때에는 너희에게 복이 있나니 기뻐하고 즐거워하라
하늘에서 너희의 상이 큼이라. | 마태복음 5:11-12

내가 심정적으로 어려운 줄 아시고 분명한 말씀으로 나를 위로하
셨던 것이다. 하여 나는 힘들어도 그 일이 주님이 내게 부탁하신 일이
고 또한 나의 수고를 주님이 알아주시니 견뎌보자 하는 마음으로 스스
로 심정을 달래기도 했다.

어느 날은 아들에게 부탁해야 하는데 오지 않는다고 속옷이 필요
하다고 했다. 나는 그날로 바로 나가서 속옷을 넉넉하게 사두었다가
그 다음 방문 때 가져다 주었다. 그러나 고맙다는 말 대신에 늘 하던
말 대로 "이제 오지마 나는 예수 안 믿어." 라고 했다. 어느 날부터는
주문 같은 것을 외우며 나에게 소금을 뿌리는 흉내를 내는 것도 그분
의 일상이 되었다.

그럼에도 불구하고 나는 밤마다 교회에 가서 부르짖고 기도하는
제목 중에 그분의 영혼구원도 빼놓지 않았다. 그 분과의 만남은 늘 영
적전쟁을 치루는 각오로 임하고 있었기에 만나러 가는 중에도 차 안에
서 라디오도 틀지 않고 큰소리로 그분을 묶고 있는 어둠의 세력을 대
적하는 기도를 하며 주님께 나와 우리 가족을 예수의 보혈로 덮어 주
시시도록 간구하였다.

하나님은 때가 되니 내가 그렇게 무겁게 들고 다니던 물도 그만
하도록 하셨다. 6년 반만의 일이었다. 그 전에 한번은 내가 그 일이 너
무 힘이 들어 주님께 기도하며 여쭈었다.

"이제 그만 사다 주면 안 될까요?"

그러나 아무 말씀도 하지 않으셨다. 내가 잠시 침묵한 후에 조심스럽게 다시 여쭈었다.

"그래도 그냥 사다 줄까요?"

세상에. 그러자 즉각적으로 말씀하시는 것이 아닌가.

"그래라."

하나님의 방법은 놀랍지 않을 수 없었다. 6년 반 동안 감사의 말한마디도 하지 않고 내가 갖다 준 물을 마시던 그분은 늘 자신이 마시던 같은 상표의 물인데 어느 날부터는 그 물에서 화장품 냄새가 나니더 가져오지 말라고 하는 것이었다. 그러면서 있던 물도 그곳에서 일하는 사람들이 마신다고 했다. 나는 두말하지 않고 알았다고 하고 그뒤 3년 반 동안 더 가면서도 다시는 물을 들고 다니지 않게 되었다.

어느 날은 나에게 타코 Taco가 먹고 싶으니 사오라고 해서 사갔는데 그것을 맛있게 다 먹으면서도 고맙다는 말은 결코 하지 않았다. 그 다음 날은 우리집 뒤뜰에 남편이 심어 놓은 한국 포도가 잘 익었기에 그분이 드실 만큼 따서 깨끗이 씻어 가지고 갔다. 나는 그것을 그곳의 테이블 위에 놓고 드시라고 했더니 버럭 화를 내더니 그것을 내게 집어 던졌다.

아마도 내가 도착해서 그분에게 "아무리 언니가 지금 부처하고 행복해도 돌이키지 않으면 결국 지옥에 갈 수밖에 없다"고 말한 것이 화근이 되었나 보다. 쭈그리고 앉아서 병실 바닥 이곳 저곳에 흩어진 포도알을 주우며 '지금 내가 뭐하고 있는 것일까' 하며 서글픈 생각이 들었다. 그날도 나를 대하는 그분의 부당한 행동에 조금은 낙심이 되어 운전하고 돌아오는데 주님이 말씀으로 또다시 나를 격려 하셨다.

우리가 선을 행하되 낙심하지 말지니 포기하지 아니하면
때가 이르매 거두리라. | 갈라디아서 6:9

내가 겪어내기에 어려운 일이나 주님이 내게 맡겨 주신 일이니 끝까지 순종하는 것 외에 다른 길이 없었다. 어느 날은 내가 그분에게 찬송가 "내 주를 가까이"를 불러주니 관심 있게 듣는 것 같았다. 내가 이 노래 아느냐고 물어보니 자기도 어려서 몇 번 교회에 나간 적이 있다고 했다.

"아하! 그분은 하나님의 잃어버린 어린 양이셨구나!"

그러니까 그분은 안타깝게도 어둠의 세력에게 납치되어 완전히 세뇌를 당하여 하늘 아버지를 외면하고 어둠의 세력을 자신의 아버지로 믿고 있는 불쌍한 영혼이었다. 그때부터 내가 그분에게 하나님 아버지의 마음을 전하기 위해서 찬송가 "양 아흔아홉 마리"라는 찬양을 말로 들려주었다.

양 아흔아홉 마리는 울 안에 있으나
한 마리 양은 떨어져 길 잃고 헤매네.
산 높고 길은 험한데
목자를 멀리 떠났네 목자를 멀리 떠났네

그 아흔 아홉 마리가 넉넉치 않은가
저 목자 힘써 하는 말 그 양도 사랑해
그 길이 멀고 험해도
그 양을 찾을 것이라 그 양을 찾을 것이라

길 잃은 양을 찾으러 산 넘고 물 건너
그 어둔 밤이 새도록 큰 고생하셨네
그 양의 울음 소리를

저 목자 들으셨도다. 저 목자 들으셨도다.

산길에 흘린 피 흔적 그 누가 흘렸나
길 잃은 양을 찾느라
저 목자 흘렸네 손 발은 어찌 상했나
가시에 찔리셨도다 가시에 찔리셨도다

저 목자 기쁨 넘쳐 큰 소리 외치며
내 잃은 양을 찾았다 다 기뻐하여라
저 천사 화답하는 말 그 양을 찾으셨도다
그 양을 찾으셨도다

나는 그분이 너무도 감동적인 이 찬양시를 통해서 하나님 아버지
께서 얼마나 자신을 사랑하시는지 알기를 원했다. 그러나 그분의 반응
은 언제나 싸늘했다. 그리고 못을 박 듯 자기는 절대 예수 안 믿으니까
더이상 오지말라고 10년을 한결같이 말했다.

그래도 한편으로 소망이 되는 것은 어느 날 그곳에서 일하시는 한
인 직원이 내게 귀띔해준 내용이었다. 소식을 전해준 분은 한인 환자
들을 위한 Activity Director라서 주일마다 목사님을 모시고 예배를
드리고 있는데 요즘 들어 '그분' 이 가끔 그곳에 참석한다고 했다. 나는
놀랍기도 하고 반가웠다. 그 한인 직원은 내가 아무런 관계도 없는 그
환자의 영혼구원을 위해서 한결같이 방문하는 것을 보시고 참 대단하
다고 하시며 내 등을 토닥거려 주기도 했었다. 그러나 그분은 한결같
이 예수님을 거부하며 끝까지 내게 예수를 믿겠다는 말은 하지 않았다.

그즈음 어느 날, 그날도 힘이 빠져 병원으로 돌아오는 길에 복음방
송을 틀었다. 어떤 여자 아나운서께서 이런 내용의 멘트를 하고 계셨다.

"예수 믿는 사람들은 어느 곳에 있든지 그곳에서 복음을 전하는 자들이기에 모두가 선교사입니다."

바로 그때 주님이 내게 말씀하셨다.

"바로 이거다!"

그리고 이어서 선교사의 노래가 흘러나왔는데 처음 듣는 복음성가였다. 주님께서 내게 친히 선교사라고 하시니 그동안의 수고가 헛된 것은 아니었구나 하는 생각을 하며 마음이 뿌듯했다.

그리고 수년 전에 있었던 어떤 일이 내 머리에 떠올랐다. 어느 날 산타아나에 있는 오렌지 가나안 장로교회를 시무하시는 김인철 목사님께서 남편의 병원에 오셨었다. 그때 내가 미주 복음방송과 관련된 일이 있어서 한 번도 뵙지 못했던 그분에게 실례를 무릅쓰고 도움을 청하였는데 바쁘신 가운데도 허락하시고 바로 우리를 방문해 주셨었다. 처음 뵙는 분이었지만 바로 친근감이 갈 정도로 따뜻한 성품을 가지신 귀한 분이셨다. 그날 그분은 내가 그곳에서 어떻게 지내고 있는지를 잠시 들으시더니 성령에 감동이 되셨는지 내 이름을 부르시며 엄숙한 얼굴로 선포하셨다.

"최금옥 권사를 이곳에 선교사로 파송하노라."

나는 그날 일어난 일을 마음에 두고 공식적인 선교사는 아닐지라도 그런 마음가짐을 가지고 그 이후 10년 이상을 살아왔다.

그리고 그날 주님이 내게 선교사라고 말씀하심으로 오래 전에 김인철 목사님의 말씀을 확증해 주셨던 것이다. 게다가 하나님은 중보

기도에 남다른 은사를 주셨던 김목사님을 통해서 몇 차례 기도도 받게 하시고 격려의 말씀도 주셔서 어려운 시간을 지냈던 우리에게 큰 힘이 되게 하셨다. 그분을 생각하면 우리에게 베풀어 주신 사랑이 너무 크기에 감사하는 마음뿐이다.

돌아보면 쉽지 않았던 그 긴 10년이 넘는 세월 동안 광야에 있는 영혼인 그분의 영혼을 구원하는 일에 수도 없이 주저 않고 싶었다. 하지만 주님이 내게 부탁하신 일이니 끝까지 씨를 뿌리는 일에 열심을 다했었다. 내가 그곳에 갈 때마다 내 등을 떠밀며 소리 높여 내 자신에게 선포한 말씀이 있었다.

> 눈물을 흘리며 씨를 뿌리는 자는 기쁨으로 거두리라
> 울면 씨를 뿌리러 나가는 자는 반드시
> 기쁨으로 그 곡식단을 가지고 돌아오리로다. | 시편 126편 5~6절

남편이 숨을 거두기 전 상태가 좋지 않아 곁을 떠날 수 없던 날 한번을 그 분에게 가지 못했지만 나는 최선을 다했다. 그리고 그후로 나는 그곳을 더 이상 가지 않았다.

비록 나의 소망은 내가 전하는 복음을 듣고 그분이 진정으로 예수님을 영접하고 목사님 모시고 병상 세례라도 받는 것이었지만 결국 그렇게 하지는 못했다. 그 한인 직원의 말대로 그분이 그곳에서 있는 예배에 계속 나가 또 다른 누군가를 통해서 하나님께서 기뻐하시는 열매 맺기를 바랄 뿐이다.

15. 한영 성경을 동시 낭독으로 통독하며

처음에 예수님을 믿고 교회 나가기로 작정했을 때 들고 다녀야 할 성경이 너무 무겁게 느껴져 '왜 하나님은 성경을 이렇게 두껍게 만드셨을까' 하는 어리석은 생각을 한적이 있었다. 그러면서 깨닫는 것은 우리를 향한 하나님의 사랑때문에 성경이 두꺼울 수밖에 없다는 것이다.

이 땅을 살고 있는 사람들도 서로 사랑하는 관계라면 말을 많이 하는 것을 우리는 알고 있다. 하기에 하나님을 사랑하는 자들이 그 길고 긴 말씀이 연애 편지와 같이 달다고 믿기 어려운 소리를 하는 것은 바로 하나님을 사랑하기 때문일 것이다.

이 성경이 곧 내게 대하여 증언하는 것이니라. | 요한복음 5:39 후반부

그럼에도 불구하고 나는 성경을 읽는 일에 온 마음을 다하지 못했었다. 내가 진정으로 예수님을 사랑하고 알기를 원했다면 그분에 대하여 모든 것이 적혀 있는 성경 보는 일에 무관심하지는 않았을 텐데 말이다.

남편이 사고 나기 3년 전쯤 교회 장년부가 주관한 성경쓰기 프로그램이 있었다. 나는 속으로 그 두꺼운 책을 읽기도 버거운데 쓰는 것은 내게는 불가능한 일이라고 생각되었다. 그런데 이상하게 마음이 쓰이며 하지 않는 것이 내게 불편함으로 다가왔다. 거의 신청 마지막 날에 가까워 남편에게 교회에서 하는 성경 쓰기에 나도 참여하고 싶다고 말하자 반대할 줄 알았던 남편이 뜻밖에도 이왕이면 영어로 쓰라 권했다.

하여 남편의 의견을 존중하는 마음으로 책방에 가서 제일 쉬운 영어 성경으로 보였던 Good News Bible을 골랐다. 그리고 이왕 시작했으니 잘 마치고 싶었다. 그때 나는 집에서 남편의 전화를 받아 주는 일을 했기 때문에 비교적 시간이 많이 있었기 때문에. 매일 거의 8시간씩 쓸 수 있었다. 어느 때는 손가락이 마비되는 것 같았지만 그렇게 열심히 하다 보니 6개월 만에 성경 신구약을 다 쓰게 되었다.

지나고 보니 그 일은 분명히 성령님께서 인도함 이셨다. 그리하여 내가 남편의 사고로 13년 동안 영어권 사람들과 지낼 때 그들에게 복음을 전하는데 얼마나 큰 도움이 되었는지 모른다. 만약 내가 영어로 성경을 쓰지 않았더라면 그들에게 영문 성경을 사용하여 복음을 전하는 일은 엄두도 내지 못했을 것이다.

주님은 우리의 앞 날을 다 아시고 그렇게 준비를 시키셨던 것이다. 그리고 그 영어 성경책은 주변에 복음 전하는데 꼭 필요한 로버트라는 홈리스 homeless에게 건넸다.

영어로 필사한
성경노트

이전에 나는 기회 되는대로 부분적으로 성경을 읽었지만 전체 통독은 감히 엄두도 내지 못했었다. 그런데 2007년 교회에서 전교인 성경통독 대회가 열렸다. 그때는 담임 목사님의 인도로 진행되고 있었는데 한 번 통독할 때 마다 교회의 로고가 새겨진 예쁜 머그컵도 선물로 주신다고 하셨다. 그런데 특별한 것은 처음 1등부터 3등까지는 토요 새벽 예배 때 7~8분 내외로 간증할 수 있도록 기회를 주시겠다는 것이었다.

나는 아직도 세상적인 사람이었기에 내 이름을 내고 싶어 꼭 1등을 하고 싶었다. 하여 정말 열심히 읽었더니 18일 만에 거의 마치게 되었다. 그러나 몇 장을 남겨 두고 그만 몸살이 났다. 누워서 쉬고 있는데 주님께서 내 마음을 다 아시고 이렇게 물으셨다.

"네 이름 내서 뭐 할 건데?"

나는 내 속을 주님께 들켜버렸기 때문에 부끄러웠다. 하여 아무 말도 못하고 일어나서 성경을 덮었다. 그리고 3일 후에 어떤 분이 21일 만에 다 읽었다는 소식을 들었다. 그래서 나는 천천히 시간을 보내며 이틀 후인 23일에 걸쳐서 다 읽었다고 교회에 말씀드렸다. 그리고 그분이 간증하신 후에 나도 간증하고 머그컵을 받아서 내가 전도하려던 분에게 선물로 드렸다.

그리고 두 번째는 조금 천천히 읽어 다시 머그컵을 받아 평소에 알고 지냈던 또 다른 사람에게 주면서 복음을 전했다. 그리고 돌아와서 성경을 읽으며 속으로 좀 서운한 생각이 들었다. 성경은 내가 열심히 읽었는데 선물은 다른 사람이 차지했기 때문이었다. 그런데 그런 내 마음을 주님이 아시고 이러한 명언을 해 주셨다.

"성경은 읽어서 남 주는 것이다!"

＊＊＊

그리고 세 번째 통독을 마치지 못하고 남편이 사고를 당했었다. 나는 마음이 안정되지 않아 성경을 계속 읽기가 어려웠다. 하여 잠시 쉬었다가 의지를 가지고 주로 병원에서 마지막까지 읽어 7~8개월 동안 3번 성경을 읽게 되었다. 그리고 그 해 수많은 사람들이 성경을 읽으므로 교회가 말씀 위에 든든히 서가는 것을 보게 되었다.

그리고 남편을 돌보던 수년의 시간이 지난 어느 해 7월부터는 영어로 소리 내어 낭독하며 읽기 시작했다. 그곳이 영어권이었기에 내가 성경을 영어로 읽어 그들에게 말씀이 노출될 수 있도록 주님이 주신 생각이었던 것 같다. 역시 예상했던 대로 적지 않은 긍정적인 에피소드를 남기고 6개월 만에 마치게 되었다.

＊＊＊

어느 날 그곳의 책임 간호사가 벌건 얼굴로 씩씩대며 우리 방으로 들어왔다. 그러면서 나에게 잠시 전에 자기가 부당한 대접을 받았다며 자기 이야기를 들어 달라고 했다. 진정하라고 말하고 이야기를 들으니 명백한 오해가 있던 것이었다. 그곳에 간호사들에게 점심을 갖다 주는 사람이 오는데 그 책임간호사 순서를 건너뛰고 다음 사람에게 주었다며 그 사람을 영혼이 없는 플라스틱과 같은 사람이라며 험한 말을 했다. 그러면서 그 간호사가 화를 내니 그 사람이 음식을 바로 가져왔지만 이미 화가 난 간호사는 그것을 그 사람 앞에서 쓰레기통에 던져 넣고 왔다는 것이었다. 나는 어이가 없어 그분이 잠시 딴 생각을 했나보라고 말했다.

그리고 천주교 신자인 그녀에게 너는 예수 믿는 사람이 그럴 때 하나 더 달라고 하면 되지 왜 그랬냐고 하자 계속 화를 냈다. 그때 내가 마침 성경을 손에 들고 있었기에 잠시 전에 읽었던 잠언의 말씀을 펴 놓고 하나님께서 지금 너에게 어떻게 말씀하시는지 들어보라고 하며 잠언 15장18절 말씀을 영어로 읽어 주었다.

분을 쉽게 내는 자는 다툼을 일으켜도
노하기를 더디하는 자는 시비를 그치게 하느니라. | 잠언 15: 18

그리고 그 말씀과 더불어 18장 6절을 또 읽어 주었다.

미련한 자의 입술은 다툼을 일으키고
그의 입은 매를 자청하느니라. | 잠언 18:6

그러자 그 필리핀계 간호사는 금방 표정을 바꾸며 "오케이!" 하고 웃으면서 아무 일도 없었다는 듯이 방을 나갔다. 세상적으로 똑똑한 그 사람은 미련한 사람이라는 소리는 듣고 싶지 않았나 보다. 나는 그의 뒤에다 대고 "네가 먼저 사과해라."고 말해 주었다.

또 이런 일도 있었다. 그 일은 하나님의 말씀은 살아 역사하신다는 것을 또 다른 각도에서 증명한 사건이었다. 그곳에 베트남계 자원봉사자인 30대 중반의 앤드류라는 카톨릭 신자가 매주마다 와서 자기네 나라 환자들을 방문하곤 하였는데 나와는 가끔 신앙적인 이야기를 나누곤 했었다. 어느 날 뜻밖에도 그는 자기가 결혼한 지 8년이 되었는데 아기가 없다며 한숨을 쉬었다. 그러면서 내게 기도를 부탁했다. 하여 내가 그러겠다고 약속하며 시편 113편9절이 생각나길래 그 말씀을 붙잡으라고 말했다.

> 또 임신하지 못하던 여자를 집에 살게 하사
> 자녀들을 즐겁게 하는 어머니가 되게하시는도다. | 시편 113:9

그런데 그 다음 주일에는 자기의 아름다운 부인을 앞세우고 내게 와서 기도해 달라고 했다. 나는 속으로 놀랐지만 그 부인의 손을 잡고 다시 그 말씀을 선포했다. 그리고 간절한 마음으로 이 아름다운 부부에게 아기를 선물로 주시도록 기도하였다. 그리고 말씀에 신실하신 하나님께서는 오래지 않아 그들에게 아기를 주셨다. 그는 내게 와서 너무 좋아하며 고맙다고 말했다. 하여 나는 하나님께서 하셨다고 말하며 영광을 올렸다.

그리고 이런 일도 있었다. 그곳의 간호원 한 분이 자격 시험에 떨어져 매우 낙심하고 재 시험을 앞두고 두려워할 때 내가 그에게 이사야 41장10절 말씀을 읽어 주고 기도해 주었다. 그리고 그 말씀을 써서 손에 들려주며 계속 묵상하라고 말했다. 그리고 하나님의 은혜로 그분은 합격을 하고 사람들에게 자가가 그 말씀 붙잡고 해냈다고 말했다. 하여 나는 그 말씀을 써서 병실에 붙여 놓아 많은 사람들이 사랑하는 말씀이 되게 했다.

그렇게 동시 낭독을 하던 중 어느 때는 남편이 많이 아파 큰 병원 중환자실에 일주일 이상을 머무르게 되었는데 그때 이런 일도 있었다. 내가 거기서도 성경 읽는 것을 포기하지 않고 계속 낭독하고 있던 중에 한 직원이 들어왔다. 그가 성경 읽는 나를 방해하지 않으려는 듯 조용히 남편을 돌보고 있는 것을 옆 눈으로도 알 수 있었다.

그런데 그가 자기의 일을 다 마치고도 나가지 않고 남편의 곁에 서서 내가 읽는 말씀을 계속 들으며 관심을 기울이는 것이었다. 나는 일부러 모르는 척하고 중단하지 않고 계속 읽었다. 그러면서 그 말씀이 그의 마음을 만져 주기를 바랐다. 그런데 그가 갈 기미가 보이지 않자 내가 도리어 불편해졌다. 하여 읽던 성경을 중단하고 그를 바라보니 그가 하는 말이 자기는 갓난 신자 Baby Christian인데 내가 읽는 말씀에 놀랍도록 감동을 받았다고 했다.

그리고 자기는 동시에 두 나라의 다른 언어로 성경을 읽는 것을 생각도 못했는데 도전이 되었다고 말하며 '너에게 많은 유익을 줄 것'이 분명하다고 칭찬을 아끼지 않았다. 이렇게 나는 나도 알지 못하는 가운데 디모데 후서에 있는 말씀을 실천하고 있었다.

너는 말씀을 전파하라 때를 얻든지 못 얻든지 항상 힘쓰라.
| 디모데 후서 4:2

그들에게는 내가 그런 어려움 중에도 하나님의 말씀을 붙들고 있는 모습 자체로 한 번이라도 하나님을 생각할 것이 분명하기 때문이었다. 그리고 그 다음에 그들의 마음을 만지시는 것은 성령님이 하실 몫이라는 것을 나는 알고 있었다.

그렇게 한영 동시 낭독에 최선을 다했더니 6개월이 채 안 되어 한 번을 마치게 되었다. 나는 너무 신이 났다. 그리고 재미있었다. 하여 시간만 나면 단 5분이라도 읽었다. 그리고 그 말씀들은 시편의 말씀처럼 내게 실제적인 힘이 되었다.

하여 2017년이 다 완성될 무렵 한글 2번, 영문 2번을 읽을 수 있었다. 그리고 그 다음 해가 되기 전에 또다시 시작하므로 2018년에도 마찬가지로 열심을 다해 통독했다. 처음에는 목도 많이 아팠는데 시간이 가면서 목소리도 더 낭랑해졌다.

그렇게 남편이 하나님께 부름을 받을 때까지 한글 7번에 영문 7번을 더해서 4년 동안에 14번의 성경을 읽게 되었다. 내가 마지막 어려운 시간동안 말씀을 붙잡지 않았다면 틀림없이 내 고난 가운데 함몰되고 말았을 것이다. 이렇게 성경의 말씀이 나의 삶에서 증명이 되어 주셨다.

> 이 말씀은 나의 고난 중에 위로라
> 주의 말씀이 나를 살리셨기 때문이니이다. | 시편 119:50

> 주의 법이 나의 즐거움이 되지 아니하였더면
> 내가 내 고난 중에 멸망하였으리이다. | 시편 119:92

그리고 하나님께서는 내게 하나님의 말씀을 외우는 기쁨을 주셨다. 하여 남편의 사고 전에도 내 속에는 많은 말씀들이 자리하고 있었다. 어려서 잠시 다녔던 유년주일학교에서 처음으로 성경 암송 대회에 나갔었는데 그때 본문 말씀이 마태복음에 있는 산상수훈이었다.

그리고 미국에 와서 동신교회를 섬기면서 매년 장년부에서 주관했던 성경 암송 대회에 단골손님으로 참석하면서 많은 말씀들을 내 마음판에 새길 수 있었다. 언젠가는 그해 외워야 할 본문 말씀이 고린도 전서 15장 부활 장이었는데 58절까지 있고 내용도 어려워 외우기가 만만치 않았다.

그래서 그런지 단지 네 사람만이 참여를 하게 되었다. 나도 열심히 준비는 했지만 성령님의 도우심 없이는 완벽하게 외우는 것이 불가능하다는 것을 알기에 계속 기도하는 마음으로 최선을 다했다. 그 결과 두사람이 완벽하게 외운 가운데 시간에서 4분 30초에 마친 내가 1등을 하게 되었다. 불과 15초 차이로 2등을 하신 분은 그 당시 장년부 부장이셨는데 그전에는 한 번도 없었던 상패까지 만들어 거기에 암송시간까지 표시해서 몇 주 후에 내게 건네 주셨다.

성경 암송 상패 |

요즘은 먼저 간 남편의 일로 부활이라는 단어를 많이 생각하게 되는데 우연한 일이 아닌 것 같다. 특별히 주님께서 내게 히브리서 말씀을 주셨기 때문이기도 했다

여자들은 자기의 죽은 자들을 부활로 받아들이기도 하며
또 어떤 이들은 더 좋은 부활을 얻고자 하여 심한 고문을 받되
구차히 풀려나기를 원하지 아니하였으며 | 히브리서 11: 35

특별히 나는 이 말씀을 받았을 때 "부활"이라는 말은 먼 훗날에
남편에게 일어날 일이라고 믿었다. 그러나 하나님은 바로 내 코앞에
닥친 남편의 죽음을 통하여 다른 해석을 하게 해 주셨다. 남편의 죽음
은 분명 그것으로 끝나는 것이 아니라 궁극적으로 영광스러운 부활을
통해 그를 새롭게 맞이할 것이라는 것이다. 그래서 이 말씀은 내가 하
늘 소망을 더욱 든든히 붙잡는 시발점이 되었다.

나는 그동안 고난을 통과하며 주님께서 내게 주신 수많은 말씀
들을 마음에 새기고 날마다 그 말씀들을 입으로 읊조리고 다녔다. 그
렇기에 언제나 말씀 속에서 평강을 누리며 그 어려운 시간들을 감당
할 수 있었던 것 같다. 우리가 잘 알고 있는 마틴 루터가 이런 말을 했
다고 한다.

"성경은 살아 있어서 내게 말한다.
성경은 손이 있어서 나를 붙든다.
성경은 발이 있어서 나를 데리고 간다."

비록 내가 걸어 온 길이 한 줄기의 빛도 볼 수 없었던 어둠의 시
간이었지만 그럼에도 불구하고 소망을 놓지 않은 것은 바로 말씀이 나
침반과 같이 나를 인도해 주었기 때문이었다.

이제 나는 알게 되었다. 성경책이 왜 그렇게 두꺼워야만 했는가
를. 그것은 우리를 향한, 아니 나를 향한 하나님의 사랑이 너무 크기
에, 그 사랑의 언어를 모두 담아내야만 했기에, 그와 같이 두꺼울 수밖

에 없었다는 것을. 하여 이제부터는 나도 그 하나님의 사랑의 편지를 읽는 일에, 그리고 다른 사람들에게 전하는 일에 마음을 다해야 하겠다는 결단을 하게 되었다.

천지는 없어지겠으나 내 말은 없어지지 아니하리라! | 마태복음 24:35

아멘!

16. 고린도전서 13장을 완성했어요!

세상을 살면서 내가 알지 못하는 문제가 생기면 주변 사람들에게 묻기도 하고 또는 인터넷을 통해서 해결하기도 한다. 그렇지만 여전히 내가 알 수 없는 것이 하나 있었다.

"왜 하나님이 나 같은 자를 그토록 사랑하실까?
아무리 내게 점수를 후히 주어도 그럴 만한 가치가 없는데
왜 그런 엄청난 대가를 지불하셨을까?"

그러던 어느 날 나는 엄청난 것을 깨달았다.

"아! 바로 그거였구나!
하나님은 사랑이시라!"

어느 날 나는 감기몸살로 오한이 와서 전기장판을 최고로 높이 켜 놓고 잠이 들었다. 한참을 자다 보니 온몸이 너무 뜨거워 잠에서 깼다. 내가 전기장판을 조절하려고 몸을 일으키는데 갑자기 주님의 음성이 들렸다.

"뜨겁냐? 너를 향한 나의 사랑은 그보다 더 뜨겁단다!"

놀라운 그 말씀 듣고 나는 잠시 멍 해졌다. 그리고 정말 하나님은 사랑 그 자체요 사랑 덩어리시구나! 하고 깨닫게 되었다. 자신의 자녀들을 향한 그 뜨거운 사랑이 주님의 본심이신데 자녀 된 나는 과연 얼마나 그 주님을 사랑할까….

⚜

남편과 나는 이 십대 후반에 같은 직장에서 만나 결혼하고 사이에 두 자녀를 키우며 사는 평범한 부부였다. 사고 전 30여 년을 같이 했으니 서로에게 열정보다는 신뢰가 자리하고 있었다. 젊어서 가슴을 두근거리게 했던 감정들은 나에게나 남편에게나 남아 있지 않았지만 그래도 남편을 향한 나의 마음은 특별한 것이 있었다.

어느 날 라디오에서 어떤 목사님께서 설교 중에 이런 질문을 교인들에게 하셨다.

여기계신 여자분들 중에 혹시 다시 태어나면
지금 남편과 다시 결혼하겠는가?

그 질문을 들으며 나는 어떨지 생각을 잠시 했었다. 그리고 나의 대답은 "그렇다"로 나왔다. 그만큼 남편이 좋았고 남편과 결혼한 것을 잘한 일로 생각하고 있었기에 잠시도 주저함 없이 그런 결론에 도달할 수 있었던 것 같다. 그런데 그 당시 나는 속 마음을 남편에게 말하지 않았다. 그리고 사고로 깊은 잠에 빠진 남편 옆에서 그때 내 마음을 말하지 못한 것을 많이 후회했었다.

하여 수도 없이 남편의 귀에 대고 말해 주었다.

"나는 세상에서 당신하고 결혼한 것을 제일 잘한 것 같아요. 하나님이 최고의 남편을 나에게 짝지어 주셨네. 나는 당신이 내 남편인 것이 얼마나 자랑스러운지 알 수 없어요. 그리고 내 남편이 되어 주어 정말 고마워요!"

그러나 그 모든 말이 진실이었음에도 불구하고 남편의 답을 들을 수는 없었다.

남편이 사고 난 후에 그가 타고 다니던 트럭을 정리하다가 운전대 옆에 붙어 있었던 노란색 메모 쪽지에 남편이 적어 놓은 3개의 짧은 성경 말씀을 발견했다. 그 중에 하나가 바로 사랑 장인 고린도전서 13장 중에 마지막 절이었다.

그런 즉 믿음, 소망, 사랑, 이 세가지는 항상 있을 것인데
그 중의 제일은 사랑이라. | 고린도전서 13:13

나는 잠시 의아한 생각이 들었다. 남편은 비교적 머리가 좋은 사람이라 딸들이 총명한 것이 아빠를 닮아서 그렇다고 내가 이미 본인에게도 인정했기에 그 짧은 구절을 외우기 위해서 붙여 놓은 것이 아닐 것이라는 생각이 들었기 때문이었다.

그것을 깨닫는 데는 그리 오랜 시간이 걸리지 않았다. 그것은 내가 그토록 오랜 시간 남편을 돌봐야 하는데 그를 사랑하는 마음이 없으면 불가능했기 때문이었다. 그렇기에 성령 하나님께서 그 말씀을 남편의 마음을 감동시켜 그곳에 붙여 놓았던 것이다. 마치 주님은 내게 이렇게 말씀하시는 것 같았다.

"애야! 이 일은 사랑이 없으면 결코 할 수 있는 일이 아니란다."

남편의 병상을 지키며 그토록 중요하게 생각했던 믿음도 그리고 주님 안에서 소망을 가질 수 있었던 것도 사랑이 전제되지 않으면 가질 수 없는 것들이었다. 아무리 믿음이 중요해도 사랑이 없다면 일어나도 그만 안 일어나도 그만 일 텐데 왜 굳이 믿음이 중요하며 소망이 필요하겠는가!

돌아보면 내가 그 오랜 동안 하나님을 향한 믿음을 굳건히 하고 소망을 놓지 않았던 것이 바로 사랑 때문이었음을 알게 되었다.

그런데 그 사랑은 전부터 내 속에 있었던 사랑이 아니었다. 결혼 생활 30년을 지나며 서로가 무덤덤한 시절을 지내던 터이니 내게는 남편을 향한 그런 뜨거운 사랑이 남아 있지 않았다. 그러나 병든 남편을 향한 나의 마음은 마치 어머니가 어린 아기를 키우며 사랑으로 돌보는 것과 같은 마음이었다. 아기를 키워본 사람은 누구나 다 알겠지만 아이가 똥을 누어도 그것이 예뻐서 즐겁게 치워 주는게 엄마의 마음인 것이다.

그러니 남편이 큰 것을 보면 내가 나서서 그것을 신나게 치울 때 옆에서 남편을 잡아주는 사람은 냄새가 난다고 얼굴을 찡그려도 나는 그 냄새 조차도 고맙고 실수로 손에 배설물이 묻어도 전혀 더럽지가 않았다. 오히려 남편의 등을 토닥거려 주며 말했다.

"잘했어! 잘한거야! 내가 다 치워줄게 걱정하지 마."

이렇게 말하면 비록 내가 하는 한국말이라도 그들은 그 의미를 알

아들고 얼굴에 미소를 지으며 긍정적인 반응을 해 주었다.

꒰꒱꒰꒱

　　남편을 위해 행하는 모든 일들이 마치 내가 오래전에 어린 아기들을 키울 때 느꼈던 바로 그 사랑으로 하고 있었던 것이다. 상황적으로는 모든 것이 나를 힘들게 하는 짐이 될 수밖에 없는 그 남편이 너무 소중하고 사랑스러웠다. 아파 누워 있는 남편이 나의 어린 아들과 같은 생각이 들었다. 도대체 그런 사랑이 어떻게 해서 내게로 되돌아온 것일까? 아무리 생각해도 해답을 찾을 수 없었다.

꒰꒱꒰꒱

　　어느 날은 나도 모르게 주님께 여쭈었다.

　　"주님, 그 사랑 주님이 제게 주셨나요?"

　　그러자 놀랍게도 주님께서 분명하게 말씀하시었다.

　　"그래. 내가 네 속에 넣었지!"

　　그때 나는 로마서의 말씀이 떠올라 감사드렸다.

> 소망이 우리를 부끄럽게 하지 아니함은 우리에게 주신 성령으로 말미암아
> 하나님의 사랑이 우리 마음에 부은바 됨이니… | 로마서 5:5

　　내가 병상의 남편을 사랑으로 돌보는 것이 하나님이 우리를 사랑하시는 그 참사랑과 어찌 비교할 수 있으랴 만은 그래도 부어 주신 그 사랑으로 하나님의 사랑을 흉내라도 내게 하셨으니 어찌 감사치 않을까?

　　어떤 사람들은 그곳에서 내가 한결같이 남편을 사랑으로 돌보는 모습을 마음에 담아 두고 집에 가서 이야기를 한다고 했다. 그 중에

한 간호사는 자기 엄마에게 내 이야기를 하니 그 엄마가 나를 이상한 "WEIRD" 한 사람이라며 지금도 그런 사람이 있냐고 되물으셨다고 했다. 이런 상황에서 많은 경우 배우자들이 떠나 버리기 때문에 그 분이 나를 드물게 보셨던 것 같았다.

그때마다 나는 한결같이 이렇게 생각했다.

"나는 예수를 믿는 사람이고 하나님이 짝지어 주신 남편과는 한 몸이기에 어떤 상황에서도 이렇게 돌보는 것이 당연하다."

어느 해 크리스마스 시즌에, 하루는 아침에 병실에 들어가니 예쁜 꽃 화분 하나와 카드가 테이블 위에 놓여 있었다. 이름을 보니 뜻밖에도 그곳에서 남편의 병실을 청소하시는 40대 초반의 남미계 여자 분이셨다. 그분은 우리 방에 청소하러 오면 내가 남편을 돌보는 모습을 주의 깊게 보던 분이셨다. 나는 속으로 내가 그에게 감사의 표시로 답례를 하는 것이 마땅한데 왜 이런 것을 가져왔을까 하며 카드를 열어보니 그 속에는 이렇게 쓰여 있었다.

당신들을 알 수 있는 기회를 주신 하나님께 감사를 드립니다.
당신은 참 사랑에 대하여 많은 것을 가르쳐 주셨습니다.

성탄을 맞아 가정과 가족들께 행복이 가득 하시길…
벡트리올림

I thank God for giving me the opportunity for knowing you guys. Because you teach me a lot of things about the real love.

HAPPY HOLIDAYS ON YOUR HOUSEKEEPING AND FAMILY!!
BECTRY

그렇다! 말로는 쉽게 하는 사랑이 삶을 통해서 드러나는 것은 쉽지 않다는 것을 그들도 잘 알고 있었나 보다. 그 사랑 까닭에 남편의 마지막 순간까지 믿음을 놓지 않았었다.

어느 날 주님께서 이렇게 말씀하시며 나를 놀라게 하셨다.

"네가 네 믿음 위에 남편의 생명을 올려 놓았구나!"

내가 감히 하나님을 감동시켰다면 그 동력은 바로 사랑이었음을 부인할 수 없다. 그리고 내가 그 사랑을 흉내라도 낼 수 있었던 것은 나를 향한 하나님의 변함없는 사랑 때문이었다고 고백할 수밖에 없다.

"내 모든 믿음 위에 내 사랑을 담아 주님께 올려 드린다."

17. 축제의 날,
Mexican Independence's Day!

하나님께서 허락하신 인생을 살면서 우리에게 좋은 일만 있다면 과연 그런 인생의 결말은 하나님 앞에서 어떤 모습으로 서게 될까? 하물며 과일 하나도 가을에 그것을 추수하는 농부의 기쁨이 되기 위해서는 그 나무가 타는 듯한 뜨거운 햇볕을 죽은 듯이 견뎌내는 과정을 거칠 것이다.

더 나아가 그의 가지에 달린 과일의 존재를 위태롭게 하며 그 뿌리까지 흔들어 대는 거친 폭풍우도 안간힘을 다해 참아 냈을 것이다. 그런 어려운 과정을 견뎌내고 자신의 손에 아름다운 열매를 얹어준 그 나무를 보는 농부는 얼마나 자랑스럽고 고마울까.

아름다운 열매를 맺지 아니하는 나무마다 찍혀 불에 던져지느니라.
| 마태복음 7:19

하지만 이 말씀을 알고 있는 그 농부는 열매 맺지 못한 나무들을 아픈 마음으로 잘라 낼 수밖에 없을 것이다.

나는 나와 남편이 겪는 고난을 하나님께서 우리에게 더 풍성한 열매를 맺게 하시려고 가지치기를 하시는 것으로 받아 들였다. 그러므로 많이 아팠지만, 그 기간을 통해서 더욱 성숙한 신앙인으로 거듭나기를 소원하며 참아 냈다. 그리고 그 기간을 조금도 낭비하지 않고 주님의 인도하심에 잘 따라가려는 노력을 쉬지 않았다.

그중에 하나로 주님을 믿는 자로서 내가 있는 곳이 어디든지 상관없이 축복의 통로가 되기를 원했다. 그래서인지 나의 상황에도 불구하고 내가 있는 곳에서 적으나마 축복의 통로로 쓰임 받을 수 있었던 것 같다. 그것은 전적인 하나님의 은혜였다.

남편이 사고 후 참으로 긴 시간을 머무르며 하나님의 임재 가운데 지냈던 곳은 중간 정도의 요양 시설로 환자들을 120명 정도 수용하고 있었다. 언젠가 내가 그곳에 관련된 인종들을 살펴보니 거의 21개국의 각기 다른 인종들이 환자로, 가족으로, 의료진으로, 그리고 기타 여러 분야에서 일하고 있었다. 그 중에 한국인 환자는 우리를 포함해서 4가정이 있었고 의료진은 많은 분들이 필리핀 사람들이었으나 의외로 의사들은 중동분들이 많았다. 이란, 시리아 이스라엘, 인도, 중국 그리고 베트남 분들이었다.

그런데 그곳에서 일하시는 분들은 남미계 분들이 60~70퍼센트를 차지하고 있었다. 그분들은 시설을 청소하는 일부터 환자들을 목욕시키고 더러운 세탁물을 깨끗이 빨고 정리하고, 시간마다 환자들의 자리를 바꾸어 주고 그들의 배설물을 치워내며 정말 쉽지 않은 많은 일들을 하고 있었다.

그들이 받는 급료는 생각보다 적어서 많은 분들이 또 다른 곳에서도 같은 일을 하면서 쉽지 않은 삶을 살고 있다는 것을 알게 되었다. 그래도 그분들의 대부분은 성격이 낙천적이고 어려운 생활 속에도 구김살이 없어 보였다.

✾

우리가 그곳에 가던 해에 그 남미계 분들이 자기들의 독립기념일을 얼마 앞두고 분주하게 무엇인가를 준비하는 것을 보게 되었다. 그 대표되는 분이 내 남편의 운동을 도와주는 분이셨기에 나는 무슨 일이냐고 물었다 그 분은 자기들의 독립기념일은 그 나라에서 가장 중요하게 지키는 명절인데 미국에서는 지키지 않으니 적은 돈이지만 각자의 재정을 모아 기념 파티를 열려고 병원에 허락을 받아 준비하는 것이라고 했다.

하여 나도 그 파티를 위해서 얼마의 돈을 도네이션 했더니 그들이 너무나 좋아했다. 그리고 당일 날, 초라하지만 자기들의 음식을 준비해 그곳에서 일하는 사람들을 점심에 초대하고 자기들의 음악을 틀어 놓고 고유 의상을 입고 춤을 추며 그곳 파티오에서 흥겹게 한 시간 정도의 파티를 즐겼다.

그리고 그 다음해가 되었을 때 그들은 날이 다가오는데도 조용했다. 내가 물어보니 자기들이 재정을 마련할 수 없어 올해는 파티를 하지 않는다고 시무룩하게 대답했다. 내가 얼마의 재정이 필요하냐고 다시 물으니 약 3백 불 정도만 있으면 되는데 자기들이 어려워 준비할 수 없다고 했다.

나는 생각해 보았다. 그리고 그들이 그날 파티를 하면서 너무나 행복해하는 모습이었는데 그 돈 3백 불이 없어서 할 수 없다는 것이 마음이 편하지 않았다. 나는 내가 이곳에서 축복의 통로로 쓰임 받기를 하나님께 소원하고 있었기에 내가 그 일을 감당하고 싶었다. 잠시 이런저런 생각을 하다 머리에 떠오르는 것이 있어 바로 병원장에게 갔다.

그들이 지난 해에 열었던 파티에서 그곳 환자 여러분들도 가족과 함께 참석하여 즐거워하는 것을 보았기에 내가 그 일을 먼저 병원장에게 설명했다. 그러자 그 병원장도 그것을 알지만 그들에게 내어줄 재정이 없다며 안타까워했다.

하여 내가 이곳의 가족들에게 기금을 모금할 테니 허락해 달라고 부탁했다. 그러자 병원장도 너무 좋아하며 바로 허락해 주었고 나는 그 기쁜 소식을 그곳의 멕시칸 커뮤니티 리더에게 전하고 내 취지를 말했다. 그들은 뛸 듯이 기뻐하였다.

달력을 보니 축제일까지 시간이 촉박하므로 그날 바로 그곳 환자들의 가족들을 찾아다니며 내 취지를 전했다. 우리의 사랑하는 사람들을 돌보시는 분들에게 일 년에 한 번 만이라도 감사의 표시를 하면 좋지 않겠냐고 하자, 이미 그곳의 많은 분 들이 나를 알고 있어서인지 어렵지 않게 협조를 해주어 필요한 기금을 만들 수 있었다.

짧은 시간이었지만 375불의 재정이 모아졌고, 그곳 병원장에게 참여하신 분들의 명단과 함께 전하니 너무 고마워했다. 그리고 그 다음 해에도 9월 달 축제일을 앞두고 8월 한 달을 열심히 기금을 모금해서 거의500불이나 되는 재정을 전해 주었다. 그리고 계속해서 재정의 규모가 커지며 파티의 질도 높아졌다.

내가 하는 일은 오직 기금을 모금하는 일이었고 그것을 집행하는 일은 관여하지 않고 모든 것을 병원장에게 맡겼으므로 그분의 지시에 따라 멕시칸 커뮤니티에서 담당하고 준비했다.

그 다음 해부터는 충분한 기금이 마련되어 멕시칸 음악 밴드인 마리야치도 데려왔다. 해마다 그 파티 규모는 더 커졌다. 참석인원이 점점 더 많아졌지만 하나님의 은혜로 나의 기금 모금이 늘 풍성하게 모든 것을 커버할 수 있도록 해 주셨다. 그날은 누구라도 와서 점심을 무료로 먹을 수 있도록 했기에 음식은 언제나 상다리가 부러지게 준비되어 보는 사람들의 마음도 풍성했다.

축제의 날
마리아치들과 함께

일 년에 한번이지만 정말 그곳 사람들에게 신나는 파티를 그 파티오에서 열어 주었다. 비록 짧은1~2시간 정도였지만 그 나라 사람들은 자기들의 고유 의상을 입고 춤을 추면서 일 년 동안 있었던 시름도 다 날리고 삶의 무게에서 오는 스트레스를 다 푸는 것 같았다. 그러니 그들은 파티가 끝나면 너무 아쉬워 벌써 내년을 기다리면서 내게 자기들이 얼마나 마음이 즐거운지 말하곤 했었다. 어떤 사람은 눈물까지 글썽이며 그 시간이 자기들에게는 너무 귀한 시간이라고 말하는 것이었다. 또한 그들의 형편으로는 이러한 성대한 파티를 열기는 불가능하다고도 했다.

| 축제의 날 민속의상을 입은 병원 간호사들과 함께

　　병원 파티오에서의 파티가 끝나면 그 마리야치 음악 밴드는 병원 전체 복도를 돌며 신나는 음악을 연주하곤 했었다. 그러면 거동이 불편해서 밖으로 나올 수 없었던 적지 않은 환자들이 자기들의 침대에서 그들을 보며 손을 흔들기도 하며 즐거움을 표시하곤 했었다.

　　그들 앞에서 당당하게 행진하는 그곳의 남미계 여자 행사 디렉터 Activity Director는 화려한 고유 의상을 입고 감격에 겨워 젖은 눈으로 우리 복도 앞을 지나갔다. 그리고 그곳에 서 있던 나를 보고 급기야는 눈물을 흘리며 내 목을 끌어안고 고맙다는 말을 연발하기도 했었다. 그곳의 사람들은 때가 되면 당연히 내가 그 일을 할 줄로 알고 있으니 내가 시작한 일이었지만 내 마음대로 그만 둘 수가 없었다.

　　시간이 가면서 그 일은 내가 하는 것이 아닌 것을 알게 되었다. 주님은 예수 믿는 나를 통해서 특성상 우울할 수밖에 없는 그곳에 생명을 불어넣어 주시고 그곳에 화평을 주시고 사람들이 서로 마음의 벽을 허물고 화목하기를 원하셨던 것 같았다.

화평하게 하는 자들은 화평으로 심어 의의 열매를 거두느니라.
| 야고보서 3:18

　그런데 어느 해부터 파티 도중에 그곳의 병원장이 모든 사람들에
게 자신을 주목하도록 하고 내 이름을 호명하면서 감사의 마음을 전하
면 그곳에 모인 사람들이 나를 향하여 박수치며 환호성을 질렀다. 그
때 나는 얼른 하늘을 가리키며 "하나님이 너희들을 사랑하셔서 나를
통해서 하신 것이다" 라고 말했었다.

| 축제의 날

　두 번 정도 그런 일이 있고 나니 나는 차츰 그 자리가 불편해졌다.
하여 나는 그 시간에 잠시 자리를 피하든지 아니면 병원장에게 미리 말
해 그런 순서를 갖지 말아 달라고 부탁을 하곤 했었다. 그곳의 모인 사
람들은 그 일을 내가 했다고 생각했지만 사실은 주님이 나를 통해 하신
일인데 내가 박수 받는 것이 부담스러워졌기 때문이었다.

　그렇게 10년 동안 그 일을 감당했다. 그런데 마지막 기금 모금
은 내 일생에 결코 잊을 수 없는 일이 되었다. 그때 당시 남편의 상태
는 좋지 않았지만 예상되는 부정적인 증상이 나타나지는 않고 있어 나

는 끝까지 하나님께서 회복시켜 주실 것을 믿으며 남편을 간호했었다.

그런데 내가 그해의 기금 모금을 시작하자 놀랍게도 주님께서 "이번이 마지막이 될 것이다"고 말씀하셨다. 하여 나는 틀림없이 남편이 일어나 2020년 8월 전에는 집으로 가게 되나 보다 하며 기대하는 마음으로 기금 모금을 시작했었다. 이 때 놀랍게도 주님께서 구체적으로 그 일을 주관하고 계신 것을 알 수 있었다.

내가 남편의 병실에서 무언가 하고 있다가 하나님께서 지금 나가라고 감동을 주셔서 순종하고 나가면 주님께서 예비하신 분들을 만날 수 있게 하셨다. 그곳은 가족들이 상주하는 사람들은 얼마 되지않고 거의 가끔씩 오기 때문에 누가 언제 올지 아무도 몰랐다. 그런 상황에서 주님은 내가 만나야 할 사람을 만나게 하시려고 나를 재촉하시곤 했다.

그리고 놀라운 것은 다른 해와 다르게 거액을 기부하시는 분이 여러분 계셨다. 그분들은 내가 생각지도 못할 100불의 큰 돈을 각각 기부하셨기에 나는 병원장에게 그분들의 전화 번호를 알려주고 따로 전화를 걸어 고마움을 전달해 달라고 부탁하곤 했었다. 병원장은 너무 기뻐하며 협조를 해주었는데 그분들도 원장에게 감사의 인사를 받게 되니 그 마음이 즐거워하는 것 같았다.

그런 생각이 병원장을 감동시켰는지 내게 이런 농담을 하였다. 자기가 만일 공직선거에 나가면 그때 기금 모금하는 담당자로 나를 임명하겠다고 해서 나를 웃게 했다. 그리고 내가 몰몬교인이신 그분에게 이것은 내가 하는 것이 아니고 내가 믿는 예수님께서 도와 주시기 때문에 내가 칭찬들을 일이 아닌 것 같다고 말하자 그는 감동하며 고개를 끄덕였다. 그리고 정말 주님은 이번이 마지막이라고 말씀하신 대로 주님이 하셨음을 지금까지와 다르게 확증해 주셨다.

매년 한 달을 열심히 돌아다녀야 했는데 마지막에는 2주 만에 다 마치게 하셨는데 금액도 1,300불이 넘으므로 정말 주님이 하셨습니다 라고 말할 수밖에 없었다. 내가 병원장에게 전달하러 가서 그것을 주기 전에 먼저 말을 했다.

나는 네가 알다시피 예수를 믿는 사람이고 내가 이 일을 감당해 온지 올 해가 10번째이다. 그런데 내가 믿는 예수님께서 올해가 마지막이라고 하셨다고 말하자 그는 놀라며 눈을 크게 떴다. 이어서 내가 그 돈을 내어놓고 그에게 세어보라고 하자 백 불짜리 하나하나를 세면서 눈이 동그래져서 나를 바라보았다. 그는 내가 다른 해 보다 더 많은 기금을 모았을 것이라는 생각은 했지만 그렇게 많을 줄은 몰랐던 것 같았다. 나는 그의 모습을 보며 이럴 때 확실하게 주님을 드러내야 하겠다는 생각에서 그에게 말했다.

이것은 내가 한 것이 아니고 내가 믿는 주님께서 이번이 마지막이라며 도와주셨으니 모든 영광은 그분이 받으셔야 한다. 우리 그분에게 영광의 박수를 올려드리자며 하늘을 가리키고 박수를 치니 그도 감격한 얼굴로 나를 따라서 박수 쳤다. 그리고 내가 덧붙여 말했다. 이 시간 이후로 이 돈에 대하여 너뿐 아니라 그 누구도 나에게 감사의 인사를 하지 않았으면 좋겠다고 말했다.

그리고 한 가지 조건으로 저녁과 밤에도 식사를 할 수 있도록 준비해 달라고 부탁했다. 지금까지 그 파티가 열리는 점심시간에 참석하는 1교대 사람들은 누구나 참석할 수 있었지만, 3교대로 일하는 그곳에서 2차와 3차 교대에 일하시는 분들은 그 파티에 참석하기 위해서 일부러 올 수는 없었다. 주님께서 내게 그날 일을 하는 모든 교대의 직원들에게 식사대접을 하게 되면 공평하고 좋을 것 같다는 생각을 주셔서 그 병원장에게 돈을 건네며 그런 요구를 할 수 있었다. 그는 나의 뜻밖의 요구에 두말하지 않고 네 생각이 옳다며 흔쾌히 받아들였다. 그리고 그분이 자기의 직원들에게 주의를 주었는지 그 누구도 내게 감사의 말을 하지 않았지만 모두들 그 엄청난 액수의 재정이 걸힌 것을 놀라워하였다.

그리고 그 병원장이 그곳의 사람들에게 올해가 내가 기금 모금하는 마지막이라는 말을 전했는지 몇몇 사람들이 근심스럽게 내가 하지 않으면 아무도 그 일을 할 수 없으므로 우리는 더 이상 그 전통적인 즐거운 파티를 할 수 없게 될 것이라고 말하였다. 나는 그들에게 틀림없이 마땅한 사람이 있을 테니 염려하지 말라고 말했었다.

그 다음 날로 바로 시설내 이곳 저곳에 성대한 파티를 알리고 누구나 초청하는 광고가 붙었다.

축제의 날
광고 포스터

사람들은 그것을 보는 것 마저도 즐거워서 삼삼오오 모여서 그날을 생각하며 대화를 나누었다. 그리고 그 마지막 파티는 그 어느 해 보다 성대했으며 모든 것들이 풍성했다. 또한 감사하게도 2,3 교대 직원들에게도 점심에 나갔던 동일한 음식을 풍성하게 제공하므로 그들을 감격시켰다. 그들로서는 지난 10년 동안 한 번도 받아보지 못한 대접이었기에 모두들 기뻐하며 내게 와서 음식이 너무 좋았다고 즐거워했다. 정말 하나님은 그 마지막 파티를 친히 주관하셔서 나 뿐 아니라 모든 사람들에게 잊을 수 없는 좋은 추억을 만들어 주셨다.

그리고 하나님은 몇달 후에 남편을 데려가시므로 말씀하신 대로 정말 그 파티가 우리에게는 마지막이 되게 하셨다. 비록 내가 걸어왔던 길이 눈물 골짜기와 같았을 지라도 주님이 거기에 함께 하심으로 적지 않은 사람들에게 기쁨의 샘을 열어 주는 아름다운 일을 행하셨다. 나는 예수를 믿는 사람으로서 어렵고 힘든 상황에 있다 할지라도 축복의 통로로 쓰임 받고자 하는 생각을 가지고 살았으므로 그 10년을 한결같이 그 일을 감당하며 많은 사람들에게 예수님의 향기를 나타내게 된 것 같다. 그러기에 주님도 기뻐하셔서 그 마지막을 참으로 아름답게 장식해 주셨던 것이다. 나는 오직 "주님이 하셨습니다!" 라고 고백할 수밖에 없다.

| 병원장이 준 감사장

18. 주님은 내 자동차의 정비사

미국에서 살다 보니 꼭 하지 않으면 생활이 어려운 것이 있다. 바로 운전이다. 내가 살고 있는 곳은 대중교통이 거의 없기 때문에 가까운 거리라도 차를 운전하고 다녀야만 한다. 그런데 나이가 들면서 특히 눈에 문제가 있다 보니 운전하기가 남들처럼 쉽지가 않다.

그런데도 남편의 병상을 지키며 날마다 최소한 50마일이 넘는 긴 거리를 운전하고 다닌 것은 전적인 하나님의 도우심이었다. 특히 늦은 밤에 운전할 때는 불빛이 반사되어 운전하는데 많은 어려움이 있었다.

그해, 남편이 사고 나던 때에 나는 현대 소나타를 4개월째 운전하고 있었다. 그 전에는 10년 이상 혼다 어코드를 가지고 두 딸들의 한창 바쁜 학교 생활을 잘 도와주고 큰 어려움없이 사용했었다. 그 차는 거의 130,000 마일 정도 되었지만 상태가 양호해서 한동안 더 탈 수 있을 것으로 생각했었다. 그런데 그때 야간 신학교를 다니던 남편이 하루는 학교에서 돌아와서 말했다.

그곳에 한국에서 오신 신학생이 있는데 형편이 어려워 차를 구하지 못해 매우 힘들어하고 있다며 내가 타는 차를 그분에게 드리자고 했다. 나는 뜻밖의 제안에 처음에는 거절했지만 내게는 추억이 담긴 그 차를 포기하고 결국 남편의 선한 일에 함께 동참하기로 했다. 그리고 남편은 내게 이번에는 한국차를 사라고 권하며 한국사람이 자신의 편리와 유익만을 생각하고 자기 것을 제쳐 두고 남의 것만 택하는 것은 옳지 않다고 했다.

나는 당신이 애국자인지 몰랐다며 농담으로 받았으나 틀린 말이 아니기에 그의 의견을 받아들여 결국 우리나라 차인 현대 소나타를 사게 되었다. 그리고 4개월 정도 지났을 때 남편의 사고가 났었던 것이다.

그때 나는 남편이 내게 차를 바꿀 수 있도록 하나님께서 그에게 생각을 주셨다고 확신하고 얼마나 감사했는지 모른다. 만약 그때 차를 바꾸지 않고 계속 그 낡은 차를 사용했다면 얼마 후에는 차를 바꿔야 했기에 내게는 더 어려움이 되었을 것이다.

⁂

내가 환난을 당하여 힘든 시간을 보내고 있으니 영적전쟁이 만만치 않았다. 사단 마귀는 어찌하든지 나를 낙심하고 실족하게 하려고 안간힘을 다하는 것 같았다.

남편 사고 후 1달이 막 지날 무렵 나는 로컬 길을 운전하고 있었다. 내가 달리다가 사거리에 있는 신호등이 노란 불로 바뀌기에 급하게 차를 멈추었는데 내 뒤에 따라오던 중형 트럭은 내가 그 신호를 통과할 줄 알고 자기도 있는 힘을 다해 속력을 내며 따라오다 그만 내 차의 뒷부분을 강하게 박고 말았다. 순식간에 일어난 일이었지만 주님께서 순간적으로 뒤차가 받는다는 신호를 내게 주셔서 그 짧은 순간에 몸을 웅크리므로 내 몸에는 어떤 상처도 입지 않게 해 주셨다.

내가 차를 옆으로 옮기려 하니 그 트럭이 내 자동차에 박혀 앞으로 나가지를 않았다. 그 트럭의 백인 운전자가 몇 번을 시도하며 자기의 차를 내 차에서 분리한 후에야 옆길로 내 차를 옮길 수 있었다. 그 사고는 수리비 견적이 12,500불이 나올 정도로 대형이고 위험한 것이었다. 그러나 그런 큰 사고에도 내 몸에 아무런 피해가 없음을 인하여 주님께 감사할 뿐이었다. 만약 내가 많이 다쳤다면 병상에 있는 남편은 누가 돌보겠는가? 또 감사한 것은 고친 후 차의 성능은 떨어지지 않고 좋은 상태를 유지해 주었다.

어떤 날은 고속도로를 달리고 있는데 어디선가 돌이 날아와 내 차의 앞 유리를 깨트렸다. 다행히 깨진 상태에 머물고 금이 가지 않아 그런 것을 고치는 곳에 가서 땜질도 하였다. 그 외에도 고속도로를 달리던 중에 타이어에 못이 박히는 일이 몇 번이나 일어났는데 그 가운데 3번은 타이어가 찢어져 새것으로 교체해야만 했었다. 그 중 2번은 마침 교회에 가는 길이었는데 무식하면 용감하다고 그것이 얼마나 위험한 것인지 알지 못했었다. 그리고는 도움의 손길을 찾을 수 있는 교회까지 가면 그곳에서 주저 앉곤 했었다. 생각해 보니 내 차는 전후좌우 위 아래 모든 곳을 공격받은 상황이 되었다.

그런 일련의 사고 가운데에 내 생명을 앗아 가기에 충분한 사고가 있었다. 2017년 11월20일 밤 10시 30분경에 일어난 일은 사는 동안 결코 잊을 수 없는 사고다.

그 날도 남편을 돌보고 집으로 돌아오던 고속도로에서 일어난 일이었다. 다른 날과 다르게 그날은 더 힘든 시간을 보냈기에 나는 몹시 피곤하였었다. 차에 타자 마자 졸음이 밀려왔지만 그런 날이 대부분이었기에 특별히 주의를 기울이지 않았다.

돌아보면 늦은 밤에 자주 졸면서 운전하다 보니 차선을 변경하지 않았는데도 1차선을 달리던 내가 2차선 3차선에서 달리고 있어 당황하는 일도 종종 있었다. 그런 날은 신호 대기 중에도 잠이 들어 뒤차가 경적을 울리면 다시 깼다. 그리고 겨우 집에 도착하면 차고까지 들어갈 힘이 없어 밖에서 잠이 들기도 했었다 그 사고는 그런 와중에 일어난 일로 나에게는 불가항력적이었다.

5번 고속도로는 언제나 복잡한데 그 밤도 예외는 아니었다. 나는 1차선에서 비몽사몽으로 조금 느리게 운전하며 유크리드길Euclid 입구를 눈앞에 두고 서쪽으로 달리고 있었다. 그때 바로 내 뒤에서 초대형 트럭이 따라오고 있었지만 나는 알지 못했다. 그 운전자는 내가 느리게 가니 답답했던지 바로 내 뒤에서 급하게 차선을 바꾸려고 시도했던 것 같다.

그 길은 6차선의 큰길이었는데 그분은 내 차와 너무 가까운 곳에서 2차선으로 들어가려다 그만 내 차의 오른쪽 모퉁이를 치고 말았다. 그가 이미 내 차를 치면서 때 늦은 경적을 울렸지만 내게는 도움이 되지 못하였다. 그 순간 내 차가 중앙선 쪽으로 급선회하더니 고속도로를 가로질러 중앙 분리대 쪽으로 향했는데 너무 순식간에 일어난 일이라 내가 조절하기는 불가능했다. 그리고 내 차가 중앙 분리대를 들이받으려는 순간 흰색 차 한 대가 카풀carpool차도를 지나갔다. 내가 그 차를 받지 않으려고 차를 오른쪽으로 급히 꺾었지만 결국 그 차의 옆구리를 받고 말았다. 그리고 내가 너무 급하게 핸들을 오른쪽으로 돌리니 차가 고속도로 한가운데서 전복되는 것처럼 운전석 있는 쪽이 위로 들렸다. 그때 나는 '이제 죽었구나! 나 때문에 이곳에 엄청난 사고가 났구나!' 하는 생각이 들었다. 그 순간 놀랍게도 내 차는 다시 1차선으로 돌아왔고 내가 옆으로 차를 세우니 뒤에 오던 그 트럭도 내 뒤에 섰다.

내 눈앞에 여러 대의 차들이 엄청나게 사고를 당했을 것을 상상하고 둘러보니 사고 난 차는 하나도 보이지 않았다. 그 트럭 운전자는 책임을 회피하고 내가 무사한 것을 확인하고 그 자리를 급히 떠났다. 나는 다른 사람들이 사고 나지 않은 것이 너무 고마워 그가 간다고 해도 붙잡지 않았다.

그리고 어떻게 왔는지 모르게 집에 와서 큰 안도감과 함께 주님께 고백했다.

"주님 감사합니다."

그리고 차를 확인하니 그 트럭 운전자가 깨트린 라이트 말고도 앞 부분에 범퍼가 많이 깨져 있었다. 그것은 내가 그 흰 차를 받았을 때 깨진 자리였다. 나는 너무 이상했다. 왜 그 흰 차는 내 차에 받혔는데도 세우지 않고 그냥 갔을까? 그 차는 옆부분이 많이 망가졌을 텐데 정말 미안했다.

그러면서 한편으론 '아마도 그 차는 하나님이 보내신 천사의 차였나 보다'는 생각에 시편의 말씀이 떠올랐다.

여호와의 천사가 주를 경외하는 자를 둘러 진 치고
그들을 건지시는도다. | 시편 34:7

만약 내가 바로 콘크리트 중앙 분리대를 받았으면 틀림없이 내 차가 전복되었을 것이다. 그런데 그 차가 달리면서 대신 내 차의 속도를 흡수해 주고 방향을 돌려주었기 때문에 내가 살았다. 그리고 상황적으로 예상할 수 있었던 연쇄 추돌 사고를 피할 수 있었다.

⟞⟜⟞⟜⟞

다음날 주님께서 그 사고에 대해서 말씀하셨을 때 나는 그것이 주님이 하신 것임을 알게 되었다. 주님께서는 내게 그 자리가 너의 죽을 자리였다고 하셨다. 그러니까 주님이 나를 작정하고 살려 놓으신 것은 내게 아직 감당해야 할 사명이 남아 있기 때문일 것이다. 이 일은 내 차가 거의 19만 마일을 달리고 있었을 때 일어난 일이었다. 그 다음날 정비소에 가서 깨진 것을 고칠 수 있는가 하고 물어보니 뒷부분에 깨진 라이트는 100불 정도에 고칠 수 있지만 앞 부분은 전체를 다 바꾸어야 해서 돈이 많이 든다고 했다. 하여 깨진 라이트만 고치고 앞부분의 깨진 곳은 하얀 테이프로 부치고 다녔다. 그 초라한 모양이 부끄럽기도 했지만 나를 살린 영광의 상처로 생각하기로 했다.

그 차가 150,000마일쯤 되었을 때는 앞에 헤드라이트 두 개가 한꺼번에 나갔다. 내가 염려되어 주님, 어찌 하나요? 하자 주님은 이렇게 말씀하셨다.

"내가 관리해 줄게."

주님은 그 이후 약속을 지키셨다.

⟞⟜⟞⟜⟞

어느날은 시동이 걸리지 않았다. 그럴 때는 잠시 기다렸다가 다시 시도하면 문제가 없었다. 그날도 병원 주차장에서 교회로 가려는데 시동이 걸리지 않아 조금 기다리며 옆에 세워 둔 아는 분의 차를 보니 값이 꽤 나가는 이름있는 신형차였다.

내가 잠시 부러운 마음이 들어서 주님 저분은 저렇게 좋은 차를 타시는데 제 차는 시동도 걸리지 않아 이러고 있네요 하고 혼잣말을 했다. 그러자 세상에 주님이 즉각적으로 말씀하시는 것이 아닌가.

"저 차로는 영광 받지 않는다!"

그렇다면 내가 타는 차를 통해서 하나님께서 영광 받으신다는 말씀이기에 과연 어떻게 사람도 아닌 자동차를 통해서 영광을 받으신다는 것인지 기대하는 마음이 들기도 했다.

그러면서 사람들이 마땅히 하나님께 영광 돌려 드려야 하는데 그렇지 못하니 말 못하는 물건을 통해서라도 영광 받으시겠다는 말씀에 마음이 울컥했다. 그리고 누가복음의 말씀이 떠올랐다.

대답하여 이르시되 내가 너희에게 말하노니
만일 이 사람들이 침묵하면 돌들이 소리 지르리라 하시니라. | 누가복음 19:40

언젠가 차가 9만 마일쯤 되었을 때 병원에 누워 있는 남편에게 말했다.

"여보, 내가 당신 집에 갈 때 현대 소나타에 태우고
운전하고 갈 거야!"

그러자 주님이 옆에 계신 것처럼 침묵하고 있는 남편 대신 말씀하셔서 또 놀랐었다.

"그래라."

하기에 나는 소망 중에 그날을 기다리게 되었다.

나는 남편이 일어날 것을 끝까지 믿었기 때문에 의사가 준비하라고 했을 때도 아이들에게는 의사의 의견을 말해 주면서도 나는 믿음을 내려놓지 않았었다.

그렇기에 나는 아이들의 의견을 무시하고 장례준비나 묘지를 준비하지 않았었다. 그런데 그것조차 놀라운 하나님의 인도하심이었다. 남편이 갑자기 주님 품에 갔을 때 남편의 장례를 준비할 시간이나 필요한 재정을 급히 마련하기가 쉽지 않았다. 그래서 생각한 것이 한국에 있는 가족묘지였다. 그곳은 자리도 충분했고 그곳의 가족들도 그쪽으로 모시고 오라 하셔서 그렇게 결정하고 남편을 화장하게 된 것이었다.

만약 내가 마지막에 가서 믿음을 포기하고 장례 준비를 했더라면 아마 마땅한 곳에 묘지를 구입했을 것이고, 남편은 집으로 오지 못하고 병원에서 장례식장으로, 그리고 묘지로 향했을 것이다. 그러나 남편을 화장했기 때문에 남편이 내 차를 타고 집으로 돌아올 수 있었던 것이다.

그날 플러톤에 있는 로마 비스타 화장장에서 남편의 유골을 찾아 내 차 옆자리에 놓고 이렇게 말하며 울컥하고 눈물을 쏟아 냈다.

"여보, 이제 집에 가자!
그동안 당신 집에 많이 가고 싶었지. 지금 갈꺼야
우리 집에…"

그리고 집에 모시고 와서 그가 평소에 자주 앉았던 자리에 두고 이렇게 말하며 또다시 통곡을 했었다.

"여보! 당신 집에 왔네! 너무 좋지! 잘 왔어!"

<hr/>

나는 하나님께서 그런 우리의 모습을 미리 보시고 전에 그렇게 말씀하셨던 것을 한 달이 지난 후에야 깨달았다. 내가 남편을 소나타로 태우고 집으로 갈 것이라는 약속을 지키게 해 주셨던 것이다. 그리고 다음 19장에서 자세히 살피겠지만 남편이 집에 와서 쓸 돈이라고 두라고 하셨던 5천 불을 쓸 수 있도록 약속을 지켜 주신 것이었다. 이렇게 주님이 우리에게 하신 언약이 성취되었음을 알게 되었다.

> 이스라엘의 지존자는 거짓이나 변개함이 없으시니 그는 사람이 아니시므로 결코 변개하지 않으심이니이다 하니 | 삼상 15:29

이 말씀처럼 하나님은 자신의 신실하심을 나타내셨다.

<hr/>

하나님께서 허락하신 고난 가운데 내게 힘이 되어 주었던 많은 분들께 감사한다. 그 중에도 한결같은 그리스도의 사랑으로 내게 힘이 되어 주신 교회의 지체들과 나의 도우미가 되어서 내가 어려운 시간을 잘 지낼 수 있도록 도와준 우리 막내 올케에게 고마운 마음을 전한다. 그리고 그 기간동안 내가 해야 할 일을 잘 할 수 있도록 큰 역할을 감당해 준 내 자동차도 너무 고맙고 또 감사해서 토닥거려 주었다.

만약 그 차가 알아들을 수 있다면 나는 이렇게 말해 주고 싶다.

"너 참 잘했다. 네가 하나님께 영광 올려 드리니 기쁘구나!
비록 지금 네 모습은 많이 낡아서 에어컨도 안되고 페인트는 부분적으로 벗겨졌고 깨어진 부분도 테이프로 붙여진 차이지만 부끄러워하지 않고 씩씩하게 거의 230,000마일을 달려준 네가 자랑스럽다."

늙은 노새처럼 신실하게 나의 발이 되어 주었던 차는 예수님만 전하는 복음방송에 기부하고 새로운 중고차를 구입했다. 이 모든 것이 예수님께서 내 차의 정비사가 되어 주셨기에 가능한 일이었다. 여호와 임마누엘이 되셨을 뿐만 아니라 기꺼이 여호와 메케닉, 정비사가 되어 주신 주님께 영광을 돌린다.

19. 축복의 통로로 사용하소서!

　세상을 살다 보면 누구나가 크고 작은 어려움을 당하기도 하지만 자신의 능력안에서 그 일을 감당할 수 있는 여건이나 환경이 허락된다면 그것은 별로 어려움이 되지 않기도 한다. 그러나 자신의 능력 밖에 있는 어려운 일을 만났을 때 우리는 그것을 "환난"이라고 말한다.

　그런데 환난 중에도 감사할 것은 우리가 믿는 하나님이 신실하시다는 것이다.

> 사람이 감당할 시험밖에는 너희가 당한 것이 없나니. 오직 하나님은 미쁘사 너희가 감당하지 못할 시험 당함을 허락하지 아니하시고 시험 당할 즈음에 또한 피할 길을 내사 너희로 능히 감당하게 하시느리라. | 고린도전서 10:13

　우리 부부는 사고 당시 50대 중반을 지나고 있었기에 두 아이들이 대학원까지 마친지 얼마 지나지 않은 터라 재정적으로 큰돈이 있지는 않았다. 미국 생활이라는 것이 아무리 절약을 해도 기본적으로 들어가는 비용이 적지 않았지만 우리는 그래도 집 융자 얼마를 제외한다면 남에게 빚을 지고 있지는 않았다.

평소에 우리 부부는 크레딧 카드도 빚이라 생각했기에 함부로 사용하지 않아 그쪽으로도 전혀 빚을 지고 있지 않았다. 하여 우리 부부는 꾸준히 은퇴할 때까지 열심히 일하면 노후에는 늘 살아온 대로 단순하고 소박한 삶을 살기에 큰 어려움이 없을 것으로 생각했었다.

그리고 나는 어려서 부터 가난한 집에서 자랐기에 아예 돈을 쓸 줄을 잘 몰랐다. 남들이 갖고 있는 그 흔한 명품도 무엇이 있는지 이름조차도 모르는 사람이었다. 하여 교회 갈 때마다 들고 다니는 성경가방도 30년 넘게 바꾸지 않고 사용하고 있었다. 그 가방은 우리가 미국에 처음 왔을 때 작은 아이가 다녔던 초등학교의 같은 반 친구의 엄마가 스왑미트Swap meet (벼룩시장)를 하면서 우리 아이에게 책가방으로 쓰라고 준 것이었다. 그 가격은 15불 정도라고 들었는데 우리 아이가 자기는 원하지 않는다고 하기에 그때부터 내가 사용해 왔지만 아직도 멀쩡해서 아마도 앞으로도 바꾸는 일이 없을 것 같다.

내가 이곳에서 정장을 입고 갈 곳은 교회밖에 없으니 그런 옷은 한국에서 의류사업을 하는 큰 언니가 오실 때마다 갖다 주시면 고맙게 받아 입곤 했었다. 그런데 늘 집에서 남편의 일을 돌보면서 별로 외출할 일이 없었던 나는 남편이 사고로 병원에 있자 매일 면회가면서 입을 평상복이 마땅치 않았다.

하여 아는 권사님과 동생을 통해서 헌 옷을 보따리로 받아 솜씨 좋은 엄마의 손을 거쳐 내 옷으로 입게 되었다. 그런 면에서는 남편도 나와 같은 생각을 가지고 자신이 필요한 작업복을 99센트하는 헌 옷 가게에서 사오면 내가 손을 봐서 깨끗이 세탁해서 입곤 했다.

그래도 내가 나이는 들었어도 여자로서 예쁘게 보이기를 원하기에 남편 사고 전에는 일 년에 몇 번은 미장원도 가서 파마도 하고 머리 손질도 했었다. 하지만 남편의 사고 후에는 그것 마저도 사치스러운 것 같고 미장원에 가서 한가하게 앉아 있을 수도 없어 같은 병원에서 남편을 돌보시던 권사님께 부탁드려 머리를 자르곤 했었다.

그리고 얼마 후부터 권사님께서 하시는 것을 눈여겨보았다가 집에서 혼자 머리를 자르곤 했다. 그래도 다행히 시간이 가면서 조금씩 실력이 생겼는지 얼마 전에는 마켓에서 내 뒤에 어떤 분이 내게 어디 미장원에서 머리를 하세요라고 물었다. 내가 웃으면서 "내가 잘라요" 라고 하자 그분은 눈을 크게 뜨고 농담이냐고 다시 물었다. 하여 내가 정말이라고 다시 말하자 자기는 미용사인데 정말 멋있게 잘 잘랐다고 칭찬을 해 주셨다

우리는 그런 검소한 삶을 살았기에 돈 때문에 결코 어려움을 당하거나 궁핍하지는 않았다. 그렇기에 남편이 꿈에도 생각할 수 없었던 사고를 당했을 때에도 내 손에는 우리 수준의 단순한 삶을 몇 년 정도 더 살 수 있는 재정이 남아 있었다.

그때 나는 먼저 하나님 앞에서 남편과 내가 회개해야 할 것을 살펴보며 또한 해결해야 할 문제가 무엇이 있나 생각해 보았다. 그러자 머리에 떠오르는 생각이 있었다. 그 당시 남편은 금요일마다 G 교회에서 열리는 성령집회에 참석하며 그곳 목사님께 큰 은혜를 받고 있었다.

그때는 남편이 그 교회 부설 신학교에 야간에만 출석한 지 1년이 지나고 있을 때였는데 그때 마침 그 교회는 교회 건축을 시작하고 얼마 지나지 않을 때라 재정적으로 성도들의 참여가 필요한 때였다. 어느 날은 남편이 그 교회에 건축 헌금을 하고 싶다고 하기에 내가 그렇게

하시라고 했다. 내가 그럼 얼마를 할지 물으니 '한 오 천 불쯤 할까?' 라고 말하기에 나는 설마 하고 아무 말도 하지 않았었다. 그리고 얼마 후 사고가 났기에 남편은 자기의 손으로 그 헌금을 하지 못했었다.

바로 그때 그것이 내 머리에 떠올랐기에 그것은 남편이 성령님의 감동으로 말한 것임을 깨닫고 지체하지 않고 그 교회 담당 장로님을 오시게 해서 병원에서 오천 불을 남편의 뜻과 함께 전해 드렸다.

거기서 끝나야 하는데 내 머리에는 또 남편이 평소에 자기가 다니는 신학교에 형편이 어려운 신학생들이 많다고 했던 말이 맴돌았다. 만일 자기가 능력이 있으면 그들에게 장학금을 주고 싶다고 했던 말이었다. 그 생각이 한번 들자 내 머리에서 떨쳐 버릴 수가 없었다.

급기야는 내 속에 계신 성령님께서 그들에게 장학금을 주라는 감동까지 계속해서 주셨다. 하여 순종하는 마음으로 그곳의 교무 처장님을 병원에 오시게 해서 다시 오천 불을 전달하며 남편의 이름으로 어려운 신학생 다섯 분에게 나누어 주시도록 부탁드렸다.

하나님은 내가 순종하는 것을 보시고 크고 작은 선행을 계속 이어가셨다. 어느 때는 물질뿐 아니라 몸으로 선을 행하기를 원하셨다. 그 당시 주위에 어떤 여자 집사님께서 남편과의 어려운 시간을 보내다 잠시지만 결국 오갈데가 없는 몸이 되셨다. 나는 그분의 소식을 듣고 모른 체할 수가 없었다. 얼른 비워 있던 작은 방을 치우고 그분을 오시게 했다. 나와 나이가 같으신 분이었기에 편하게 지내면서도 그러나 불편하지 않도록 마음을 써 드렸다.

그때 그분은 파트타임으로 일을 하고 계셨는데 내 도시락을 싸기도 바빴지만 그분 것까지 늘 준비해 드리곤 했었다. 그리고 한 달이 지나자 그분은 작은 아파트를 얻어 그곳으로 옮기셨다. 그러나 그분이 재정적으로 어려움을 겪고 있었기에 모른 체할 수가 없었다. 하여 가끔 도움을 드리곤 했는데도 어느 날은 힘이 드시다는 소식을 듣고 마음이 편안하지 않았다.

그래서 남편을 돌보고 집에 오니 벌써 11시가 다 된 시간에 집에 있던 비상금을 챙겨서 다시 나갔다. 그때 비가 오고 있었는데 내가 비 오는 밤길을 어렵게 20분정도 운전하고 가서 그분에게 전해드리자 그분은 고맙다고 말하며 자신이 만든 청국장 몇 덩어리를 내 손에 들려주었다.

그리고 그 다음 날 새벽에 꿈을 꾸었는데 그분이 다니시는 교회 목사님께서 신나게 춤을 추시는 꿈이었다. 내가 그 꿈이 신기하기도 하여 생각해보니 점잖으신 그 목사님께서 춤을 추신 것은 바로 주님이 춤을 추신 것이었다. 내가 어려움 중에도 주님의 사랑을 나눈 것을 주님이 기뻐하시는 것을 알 수 있었다.

어느 날은 대화 중에 그분이 몇 주 동안 교회를 가지 못했다고 했다. 놀라서 되물으니 이유인 즉 자신의 자동차의 타이어가 너무 낡아서 바꿔야 하는데 형편이 안된다고 하셨다. 그분은 사고 날까 봐 운전하기가 두려워 교회를 가지 못하고 있었다.

하여 내가 타이어 바꾸는 데 얼마가 필요한가 묻고 그 달에 써야 하는 생활비를 생각하지 않고 다 내드렸다. 그리고 얼마동안 그 값싼 바나나 하나 사 먹을 푼돈도 없었다. 며칠을 바나나가 먹고 싶은 생각에 차에 두었던 2불이 생각났다. 그것은 거지를 만나면 주려고 했던 것인데 결국 그것으로 바나나를 사 먹고 말았다.

그리고 다음 생활비가 나올 때까지 얼마 동안 좀 힘이 들었었다. 그렇게 그분에게 한동안 현금으로 생활비를 보태며 관찰해보니 더 급한곳에 쓰느라고 음식 재료를 부실하게 사는 것을 알게 되었다. 하여 이왕 그분을 돕기도 작정했으니 한 달에 한 번씩 마켓을 봐 드리기로 했다. 하여 우리 집 근처에 있는 마켓에 본인이 먼저 가서 이것 저것 한 달 먹을 것을 식료품 카트에 실어 놓으면 내가 가서 돈을 지불하였다. 매달 130~150불 정도 물건을 사면 한달을 지낼 수 있는 것 같았다.

한 날은 그분에 관하여 꿈을 꾸었다. 내가 그분과 밥상을 마주하고 앉았는데 내 그릇에는 만두가 가득한데 그분의 그릇에는 국물만 있었다. 그래서 내 그릇에서 만두를 덜어 그분의 그릇에 옮겨 드리는 꿈이었다. 내가 그 당시 형편이 그리 넉넉하지는 않았음에도 불구하고 어려운 시간을 지내셨던 그분을 도와 드린 것은 마치 내 밥을 나누어 먹는 것과 같은 것이었다.

그런데 놀라운 일은 그 다음에 일어났다. 그날 내가 그분을 만나러 가려 할 때 웬일인지 평상시보다 20불짜리 하나를 아무 생각 없이 지갑에 더 넣었다. 마켓에 도착해서 보니 그분이 다른 때보다 더 수북하게 골라 놓고 있었다. 그 물건들 중에 김이 보였는데 더 맛이 있는 다른 상표를 알려주었다. 그분이 자기는 처음 사는 거라 몰랐다며 바로 바꾸는데 보니 값이 1불이 더 쌌다.

나는 그런 의도는 아니었지만 어쨌든 그렇게 해서 계산대에 물건들을 올려 놓고 계산을 시작하는데 돈이 점점 올라가서 160불이 넘어가고 있었다. 나는 돈이 모자랄까 봐 속으로 염려하다가 급기야는 캐쉬어 분에게 내가 돈이 부족할 것 같으니 남은 물건은 찍지 말고 잠시 기다려 달라고 했다. 그러나 그 캐쉬어는 내게 돈을 확인하라면서 모든 물건을 스캔해 버렸다. 그리고 나온 총 액수는 평소보다 훨씬 많은

182불 52전이었다. 그러는 사이에 나도 지갑 속의 돈을 다 세어 보았는데 지폐로 정확하게 182불이 있었고, 동전이 조금 있었다. 나도 놀라고 그 케쉬어는 소름이 끼친다며 고개를 저었다. 하여 내가 그분에게 하나님이 하셨네요!라고 말했다.

왜냐하면 내가 20불을 더 들고 오지 않았다면, 그리고 그 상표가 다른 김으로 바꾸지 않았다면, 그리고 그분이 좋아하는 사과를 25~30개를 고르면서 단 한 개라도 더 넣었다면 우리는 그분이 골라 놓은 물건 중에서 어떤 것은 내려 놓았어야 했을 것이다.

그런 상황을 옆에서 지켜보던 그분도 어쩔 줄 몰라 하는 것 같았다. 그리고 내게 미안한 얼굴로 '오늘은 집에 떨어진 것이 많아서요.'라고 작은 소리로 말했다. 괜찮다고 말하면서 드는 생각이 내가 그런 그분의 모습을 보는 것도 어려운데 만약 그분이 자신이 필요한 물건을 도로 내려놓아야 했다면 그 마음이 부끄러울 수도 있었겠다는 것이었다.

그러니 주님께서 그것을 다 아시고 그 일에 어려움이 없도록 섬세하게 도와 주신 것 같았다. 나는 그날 동전 13전만이 남아 있는 지갑을 들고도 세상에서 가장 부유한 사람이 된 것 같았다.

그렇게 내가 어려움 중에도 만 6년을 그분을 도와 드릴 수 있었던 것은 내가 두 번 가야 할 마켓을 한 번만 가고 나머지는 그분이 갈 수 있도록 배려해 드렸기 때문이었다. 그리고 그 후 그분은 하나님의 은혜로 나의 도움이 더 이상 필요하지 않는 생활 여건을 회복하셨다.

꽃무늬 장식

내가 남편과 함께 거친 광야 길을 걸어 가면서 내 마음 중심에 중요시한 것은 어찌하면 하나님을 기쁘시게 할까 하는 것이었다. 그러다 보니 내가 의지를 가지면 할 수 있는 것이 선한 일이었다. 그것은 내 입장에서 보면 사람을 향한 나의 마음의 표현 같지만 감사하게도 하나님은 그것을 하나님께 행한 일로 보셨기에 내게는 정말 신나는 일이 아닐 수 없었다.

특별히 나는 나의 공급자가 하나님이심을 믿기에 오직 나는 물질을 관리하는 청지기의 역할만을 잘 감당하기를 원했었다. 남편이 65세가 되니 그동안 낸 세금에 근거하여 연금이 나왔다. 내가 사회보장 오피스에 가서 2년 먼저 신청하니 매달 1,080불을 주겠다고 했다. 물론 중간에 일을 그만할 수밖에 없어 기간을 다 채우지 못했으니 큰 돈은 아니었지만 정규적으로 돈이 들어오는 것이 나는 너무 기뻤다. 그날 차를 운전하며 남편의 병원으로 오고 있는데 뜬금없이 어떤 말씀이 생각났다.

네 재물과 네 소산물의 처음 익은 열매로 여호와를 공경하라 그리하면
네 창고가 가득히 차고 네 포도즙 틀에 새 포도즙이 넘치리라. | 잠언 3장 9절

그러면서 마음에 감동이 오기를 이것은 명백한 첫 열매인데 내가 쓸 돈이 아닌 것 같았다. 하여 주님께 말씀드렸다.

"주님, 제가 이것을 첫 열매로 주님께 드립니다!"

마침 그때가 병원 파킹장에 도착했을 때였는데 갑자기 내 안에 성령님께서 내게 큰 감동을 주시며 내 왼쪽 팔을 흔들며 주먹을 쥐고 "예스!, 예스!, 예스!"를 계속해서 연발하시는데 내가 감당이 안 될 정도로 너무 좋아하셨다. 잠시 후 진정이 되자 나는 생각을 해 보았다. 온 천하가 다 그분 것인데 그까짓 1,080불이 무엇이라고 그처

럼 기뻐하실까?

그러자 바로 깨달어진 것은 그것은 주님을 인정해 드린 것, 그래서 주님이 건강 주시고 힘주셔서 일할 수 있게 하셨고, 주님이 물질 주셔서 세금을 내게 하셨기에 그것을 우리의 공으로 돌리지 않고 주님이 하셨습니다. 그러니 그 첫 열매는 주님 것입니다! 라고 구별해 드린 것이 그처럼 주님을 기쁘시게 해 드렸던 것이었다. 그러면서 마음에 소원하기는 내가 주님께 가기 전에 나의 마지막 열매도 드리겠다는 결단을 하게 되었다. 문제는 언제 갈지 모르니 적당한 시간에 미리 마지막 열매를 주님께 드린다면 얼마나 기뻐하실까 하는 생각에 마음이 설렌다.

그리고 감사한 일은 우리 집에서 함께 살던 아가씨가 나와 함께 사는 동안 예수 믿고 세례까지 받고 하나님의 은혜로 장로님의 아들인 믿음의 배필을 만나 지금은 자녀까지 낳고 잘 살고 있는 것이다. 그 아이가 우리 집에 살 때 나는 그 애가 가족을 방문하기 위해 한국에 갈 때는 집세를 받지 않았다. 그 대신 그 애 아빠에게 복음을 전하는 조건이니 선교비로 생각하겠다고 하니 너무 좋아했던 일도 있었다. 그 아이가 어려울 때도 방값을 내려 주고 마음을 다해 주었더니 어느 날은 나에게 이런 내용의 카드를 건네주었다.

아주머니께

감사해요~ 아주머니의 도움으로 힘들었던 시기를 잘 넘기고 이제는 예전으로 완벽히 돌아왔습니다. ^^ 아주머니의 놀라운 배려와 진심으로 저를 사랑해 주심에 많은 것을 깨닫게 해 주셨고 그것이 제게 앞으로 살아갈 큰 긍정의 힘을 알게 해 주셨습니다. 아주머니께 받은 사랑과 배려를 또 다른 저와 같은 상황에 있는 누군가가 있다면 분명 똑같이 베풀어 줄 수 있는 마음을 주셔서 감사해요. 이제 저는 직장도 안정되었고 운전도 할 수 있게 되었으니 택시비도 안 들테구요.^^ 이제는 예전과 같이 Rent비를 드리고 싶어서요…. 감사드리고 또 감사드립니다^^ * 요 며칠 아저씨 건강이 안 좋아 지셔서 많이 걱정도 되었어요. 이제는 괜찮아 지셨다니 다행입니다.

미경드림 2/2/2016

그리고 나는 신실하신 하나님께서 빌립보서 말씀을 성취하셨음을 알게 되었다.

> 나의 하나님이 그리스도 예수 안에서 영광가운데
> 그 풍성한 대로 너희 모든 쓸 것을 채우시리라. | 빌립보서4:19

하나님은 바로 이 말씀을 통하여 나의 공급자이신 하나님이 얼마나 크신 분이신지를 나타내셨다. 내가 생각지도 못한 방법으로 단 한 번에 나의 문제를 다 해결해 주셨던 것이다.

남편이 생전에 푼돈을 지불하는 생명보험을 들어 놓았기에 그것을 계속 가지고 있었더니 감사하게도 그것이 내가 살아가는데 많은 도움이 되었다.

돌아보면 하나님께서 남편의 죽음을 처음부터 드러내셨지만 나는 남편이 일어나는 것만이 하나님의 영광이라고 믿었었다. 사실 그 사건을 돌이켜보면 남편의 마지막 순간과 관련이 있고 오직 하나님만이 하실 수 있는 일이었다.

거의 3년 전 어느 날 한국에 계신 남편의 둘째 누님께서 전화를 하셨다. 놀랍게도 바로 남편이 있는 병원 파킹장에 계신다며 잠깐 들어오시겠다고 하셔서 밖으로 뛰어나갔다. 누님은 볼일이 있어 아들 가족과 함께 LA에 잠깐 다니러 오셨는데 우리에게 부담 주지 않고 그냥 잠시 보려고 오셨다고 하셨다.

누님 가족은 남편의 방으로 들어오셔서 정말 잠시 머무시고, 가실 때 내 손에 봉투를 주시며 필요할 때 쓰라고 하셨다. 너무 고맙고 감사했다. 누님 가족이 돌아가신 후에 봉투를 열어보니 그곳에는 6,000불이라는 큰 돈이 들어 있었다. 하여 그 다음 주일에 십일조로 600불을 하나님께 드리고 400불은 100살이 다되신 친정 엄마를 격려하고 하나님께 감사드리려고 섬기시는 교회에서 전교인 생일 잔치를 한다며 형제들이 재정을 모으기에 거기에 보태 드렸다.

그리고 5천불이 남았는데 바로 그 다음 날 주님께서 너무도 분명하게 말씀하셨다.

"그 돈은 복규 집에 오면 써야 되니 그대로 가지고 있어라!"

나는 그 말씀을 남편이 일어나 집에 오면 돈 쓸 일이 많이 있으니 그때 쓰도록 해라는 말씀으로 받았다. 하여 너무나 기뻐서 하나님께서 남편이 집에 돌아오는 것을 그런 방법으로 다시 한번 알게 하셨다고 좋아하며 그 돈을 잘 보관해 두었다. 그런데 약 3년 후에 내 남편은 일어나지 못하고 숨을 거두었다.

그 당시 나는 이런 저런 이유로 남편이 꼭 일어난다는 믿음이 있었기에 장례준비나 묘지를 준비하지 못했고 갑자기 그런 큰 재정을 만들기도 어려워 남편을 화장하여 한국의 가족묘지로 모시려고 했었다. 하여 장례식 전날 화장한 남편의 유골을 집으로 모셔다 놓았다. 그러면서 하나님이 거짓말을 하신 것은 아닐 테고 그렇다면 내가 잘못 들었나 보다 하며 조금은 혼란한 상태였었다.

그리고 한 달이 지난 후에 어느 날 아침, 주님께서 내가 매일 드리는 예배를 재촉하시는 것 같은 느낌이 들어 바로 앉아 예배를 시작하자 기다리셨다는 듯이 이렇게 말씀하셨다.

"그 돈 오천 불을 복음방송에 갖다 드려라!"

나는 처음에 무슨 소리인지 잘 알아듣지 못했다. 하여 잠깐 생각을 하는데 그 돈 오천 불이 생각났다. 세상에! 나는 남편 복규가 죽었으니 집에 오지 않았다고 생각했는데 실상은 내 남편 복규는 한참 전에 집에 와 있었던 것이다.

나는 소천한 남편의 유골을 남편으로 생각하지 못했는데 주님께는 죽은 자나 산 자나 동일하셨던 것이다. 숨을 쉴 때도 복규요, 그가 숨을 거두어도 하나님께는 복규인 것이다. 그제서야 주님께서 복규 집에 오면 써야 된다고 말씀하신 것이 생각났다.

그런데 주님은 왜 내 남편이 집에 와서 한달이라는 시간이 지날 때까지 기다리셨을까? 그것을 깨닫는 데는 그리 오래 걸리지 않았다. 하나님은 복음방송의 사정도 잘 아시고 코로나 바이러스 사태로 가급적이면 그 돈이 더 필요할 때까지 기다리셨던 것이다.

나는 예배가 끝나자 마자 바로 복음방송에 연락을 드리고 그날 오후에 전달해 드렸다. 신기한 것은 주머니에서 그 큰 돈이 나갔는데도 나는 아무런 느낌이 없었다. 꼭 누군가가 맡겨 놓았던 것을 찾아간 것만 같았다. 그런 마음도 주님이 주셨음을 나는 알고 있다. 하나님께서 내 주머니에 맡겨 놓으시고 그것을 찾아가시는데 내가 무슨 말을 하겠는가!

결국 누님께서 주신 그 돈을 단 1불도 나를 위해서 써보지 못했지만 내 마음은 주님 주시는 기쁨으로 풍성함을 느꼈다.

하나님은 남편의 장례식 때에도 내 의견에 흔쾌히 동의해 주신 일이 있었다. 나는 그렇게 형편이 좋은 편이 아니었기에 장례식 때 들어오는 조의금을 사양할 이유가 없었다. 그런데 내 마음에 그것을 받고 싶지 않았다. 오랜 동안 남편이 어려움을 겪은 것을 알기에 그 어떤 돈이나 무엇으로도 고통을 보상할 수 없다고 생각했기 때문이다.

하여 오시는 분들의 조의금은 정중히 사절하고 그 고마운 마음만을 받았다. 그러자 주님은 그 일을 우리 아이들과 우리를 제외한 양가의 6남매들이 넉넉히 감당해 주도록 하셨다.

언젠가 주님은 내게 이렇게 말씀하셨다.

"너는 돈을 쓰는 자가 아니고 돈을 집행하는 자가 되어라."

그러니까 하나님이 나에게 재정을 주시되 그것은 내 것이 아니고 주님의 것이니 청지기로 주님의 물질을 합당하게 집행하는 자로 살라는 것이었다. 하기에 나는 앞으로 적은 물질이라도 나를 위하여 쓸 때에는 주님의 눈치를 봐야 할 것 같다.

그렇다! 13년 전에 남편이 사고가 났을 때 주님과 재정에 대하여 대화를 한 것이 기억났다.

"딸아, 너 재가 돈 안 벌으니 먹고 사는데 지장 있니?"

"주님, 아닙니다!"

주님의 그 질문은 앞으로 주님이 친히 나의 공급자가 되어 주시겠다는 말씀이셨던 것이다.

그때부터 내가 주머니를 주님께 내어 드렸더니 주님은 나를 축복의 통로로 사용하셔서 믿는자로서 들어낼 필요 없는 수 많은 선한 일들을 하도록 하셨다. 나의 롤모델 여호야긴 왕이 37년 후에 감옥에서 풀려나 평생 왕의 앞에서 먹게 했다 했던 것처럼 나는 주님의 상에서 영적인 말씀 밥상과 땅의 진수성찬을 나누며 누린다.

PART 3

⋮

모든 **영광**을
주님께 돌리며

20. 목사님, 목사님, 우리 목사님!

1988년 5월8일, 우리 부부가 어린 두 딸들을 데리고 미국에 도착해서 바로 남가주 동신교회에 등록하고 다닐 수 있도록 하신 것은 하나님의 큰 은혜였다. 그곳에서 우리의 어린 자녀들의 믿음의 기초가 세워졌고 거의 새신자나 다를 바 없었던 우리 부부도 신앙 성장을 이루며 거칠고 힘든 이민 생활을 잘 견딜 수 있었다. 그곳에는 내 형제, 자매와 같은 귀한 믿음의 식구들이 있어서 미국 생활이 외롭지 않았었다.

특별히 귀한 목사님들을 통해서 신앙적으로 바르게 인도될 수 있었기에 지난날 함께 하셨던 모든 목사님들께 깊은 감사를 드리지 않을 수 없다. 김상구 원로 목사님께서는 늘 한결같은 구원관을 가지시고 성도들에게 분명한 길을 제시해 주셨고 지금은 한국의 포항 중앙교회에서 섬기시는 손병렬 목사님은 그리스도인들이 살아 내야 할 성숙한 믿음생활을 늘 강조하셨다.

그리고 패기 만만한 여호수아와 같은 젊은 백정우 목사님께서 교회에 부임하셨다. 백 목사님은 이미 말씀 위에 단단한 기초를 세우고 계셨기에 여호수아 1장 8~9절을 다음과 같이 살아내고 계신 분이셨다.

이 율법책을 네 입에서 떠나지 말게 하며 주야로 그것을 묵상하여 그 안에 기록된 대로 다 지켜 행하라. 그리하면 네 길이 평탄하게 될 것이며 네가 형통하리라. 내가 네게 명령한 것이 아니냐 강하고 담대하라 두려워하지 말며 놀라지 말라. 네가 어디로 가든지 네 하나님 여호와가 너와 함께 하느니라 하시니라. | 여호수아 1:8-9

그러기에 백 목사님은 조금은 침체되어 있던 교회를 짧은 시간 안에 부흥의 물결 위에 올려놓으셨다. 그분은 늘 말씀 중심의 목회를 하시면서 한결같이 다음 표어를 강조하셨다.

나는 없고 오직 예수: Not I, but Christ!

이 표어를 통하여 성도들이 어떤 마음 가짐으로 신앙생활을 해야 할지 분명한 길을 제시하셨다. 그러면서 다음 표어를 제시하셨다.

복음을 복음되게, 교회를 교회되게, 성도를 성도되게!

그분의 그런 목회 철학을 알게 된 성도들은 신앙생활의 목표를 높게 세우고 신앙을 삶으로 살아 내며 주님을 닮아가려는 노력을 게을리하지 않았다. 성도님들께서 우리 목사님을 존경하고 사랑하기에 그런 마음이 바탕이 되어 강한 신뢰로 나타나는 것 같다.

백정우 목사님은 당시 우리 교회에 부임하셨을 때 38세밖에 되지 않는 젊은 분이셨다. 그러나 그분 속에는 이미 예수님을 닮은 선한 목자의 상이 분명하게 세워져 있었고 영적 아비의 역할을 손색없이 해내고 신뢰할 수 있는 자질을 가지고 계셨다. 어떻게 보면 겉모습은 차라리 아름다워 유약한 모습이었지만 그분의 속에는 목회자로서 요구되는 모든 성품들을 고르게 잘 갖추고 계셨다. 그것은 그분이 하나님의 종으로 부르심을 받은 때를 생각해 보면 금방 고개가 끄덕여진다.

교회 정원에서
목사님께서 찍으신 사진

세상에! 그분은 대부분의 아이들이 엄마 치마자락 붙잡고 조르는 나이인 10살때 목사가 되겠다는 당찬 결심을 하신 것이다. 그것은 하나님의 부르심이라고 밖에는 설명을 할 수 가 없다.

그리고 그 길에서 한 번도 주저하지 않고 그 오랜 시간을 인내하며 잘 배우고 준비하셨기에 비교적 젊은 나이임에도 불구하고 손색없는 말씀의 종으로 우리 교회뿐 아니라 외부에도 영향력 있는 주의 종이 되신 것이다.

그리고 또 하나님께서 내게 우리 목사님이 성령의 사람이신 것을 알게 하셨는데, 언젠가 실제와 같은 환상 중에 목사님께서 성령에 충만하신 모습으로 대형 School Bus를 운전하시는 모습을 보여주셨다. 그리고 목사님께서 옆에 있던 내 손을 잡으시자 강력한 진동이 내 몸에 일어났는데 그 진동은 환상이 사라진 후에도 얼마 동안 계속되었다.

그런 목사님께서 오신 지 얼마 지나지 않아 부활주일을 맞이하게 되었다. 그날 아침에 교회에서 1부 예배를 드리고 남편의 병원에 와 있던 나에게 교회에서 연락이 왔다. 그날 3부예배 후에 목사님께서 우리 남편을 병문안 오신다는 말씀이었다. 나는 어떻게 이런 일이 있을까? 주일에 그것도 예배를 마치자 마자 환자들을 방문하시는 목사님은 극히 드물기에 나는 놀라웠다.

그리고 얼마 후에 목사님이 오시더니 귀는 열려 있었던 남편에게 뜻 깊은 부활주일에 함께 예배 드리려고 왔다고 말씀하셨다. 예배 후 나가실 때 내가 '이런 일은 전무후무한 일인데요' 라고 말씀드리자 '앞으로 이보다 더한 일도 보게 되실 것입니다' 라고 말씀하셨다. 그 마음에 영적 아비의 심정이 없었다면 가능한 일이 아니었다. 그러므로 그 기쁜 부활주일에 교회에 나와 예배할 수 없는 영적 자녀의 심정을 아비의 마음으로 헤아리시고 그런 일을 하셨던 것 같다.

그리고 역시 선한 목자이신 예수님의 심정으로 추수감사절에도 병상의 남편을 돌보며 남들이 누리는 즐거움을 빼앗긴 채 힘들어하는 우리를 기억하시고 휴일임에도 불구하고 자녀들을 데리고 사모님과 함께 성의껏 준비한 선물을 들고 병원을 찾아 주셨다.

사실 나는 그 날 한 번으로 끝인 줄 알았는데 그 다음 해에도 또 다시 가족과 함께 찾아 주셨고 그 다음 해에도 오시겠다고 연락을 하셨다. 내가 너무 죄송하여 극구 사양하므로 중단되었지만 그 마음이 얼마나 귀한지 모른다.

⁂

그리고 또 이런 일도 있었는데 나는 그 일을 통해서 하나님께서 고난 중에 있는 내 남편을 연단하셔서 깨끗하게 만들고 계신 과정 중에 있음을 깨닫게 되었다. 그때 남편은 세 번째 폐혈증으로 또 다시 중환자 실에서 사경을 헤매고 있었다.

그 당시 나는 매일 한두 번씩 전에 녹음해 두었던 우리 목사님의 기도를 남편의 귀에 들려주곤 했었다. 그것은 언젠가 목사님께서 심방 오셨을 때 허락을 받아 녹음해 두었던 것이었다. 비록 기계를 통한 소리였지만 귀가 열려 있었던 남편에게 들려주며 담임 목사님 기도 받으라고 말했었다. 그 중에 한 말씀은 이미 처음에 주님께서 확증해 주셔서 내게는 소망을 주던 기도문이었다. 그리고 그 동안 수도 없이 들었을 때 아무 말씀도 없으셨다가 그때 주님은 다시 목사님의 기도문 중에서 어떤 말씀에 반응하셨던 것이다.

그날 늦은 밤 남편은 심한 오한과 고통으로 벌벌 떨며 끙끙하는 신음소리까지 냈었다. 그때 내가 전화기에 녹음해 두었던 그 기도문을 틀어 남편의 귀에 가까이 대고 나도 눈을 감고 듣고 있었다. 그때 목사님은 거의 마지막 부분에서 이렇게 기도하고 계셨다.

"주님, 지금 최집사님이 주님과 독대하고 계시오니
주님이 만져 주셔서 깨끗하게 씻겨 주시옵소서."

그 기도 중에 주님께서 말씀하셨다.

"바로 이거다!"

하여 나는 그 고통이 주님이 남편을 불가마에 던져 넣으시고 연단하고 계신 것임을 알게 되었다. 그리고 깨끗한 그릇으로 다시 빚어 하나님의 영광을 위해서 쓰임 받기를 원했었다. 그러나 내 생각을 뛰어 넘으시는 하나님은 그를 단련하셔서 천국에서 영원한 생명을 누릴 자로 만들고 계셨다.

그리고 종래는 하나님께서 그분의 계획대로 남편의 생명을 취하셨고 이 땅에서는 남편으로 인해 내 가슴을 적시는 사연들만 남게 하셨다. 그리고 나는 그 중 하나를 목사님과 공유하게 되었다.

～⁂～

남편이 사고 나던 그날, 중환자실 간호사가 내게 건네 준 비닐백에는 남편의 피 묻은 옷과 낡은 운동화가 들어 있었다. 그날 밤 집에 돌아와서 남편의 옷을 꺼내 보니 남편의 바지 주머니에서 무엇인가가 느껴졌다. 그리고 그곳에는 얼마의 현금이 반으로 접혀 있었다. 나는 그것을 그대로 잘 싸서 깊은 곳에 넣어 두고 훗날 남편이 집에 오면 그것을 주어야 하겠다고 생각했었다.

그런데 끝내 남편은 그 돈을 만져 보지 못하고 하늘나라로 갔다. 어느 날 내가 남편의 유품을 정리하는데 그 돈이 나왔다. 떨리는 손으로 꺼내 보니 13년의 세월 동안 그 피 묻은 돈은 약간 곰팡이가 생겨 있었다. 두근거리는 마음으로 그 돈을 펴서 하나하나 세어보니 백 불짜리 2개, 20불짜리 4개, 10불짜리 1개, 5불짜리 3개, 1불짜리 8개로 모두 합해 313불이었다.

나는 눈물이 핑 돌았다. 그날 남편은 그 돈을 벌기 위해서 땀을 흘리며 힘들게 고생했을 것이다. 그런데 내가 이 피 묻은 돈을 어디에다 쓸 수 있겠는가! 나는 잠시 눈을 감고 주님! 하고 아픈 마음으로 불렀다. 그러자 어떤 생각이 내 머릿속에 떠올랐다. 하여 나는 바로 우리 교회 담임 목사님께 카톡 글을 썼다.

백목사님~
주안에서 평강을 전합니다!
오늘 아침에 제가 남편의 유품을 정리했습니다. 그리고 그 중에는
13년 전 사고 날에 남편이 입었던 바지에서 발견된 현금도 있었습니
다. 그때 저는 언젠가 남편이 집에 돌아오면 주려고 잘 보관해 두
었습니다. 그러나 이제 그 돈의 주인은 이 땅에 없습니다.

제가 아픈 마음으로 그것을 꺼내 떨리는 손으로 세어보니 모두
313불이었습니다. 그 돈은 남편이 그날 가족을 생각하며 열심히 일
하고 번 돈이 분명했습니다. 저는 그 남편의 마음이 느껴져 통곡
하고 말았습니다.
하여 저는 그 피 묻은 돈을 어찌할까 하는 생각을 하는 중에 성
령님께서 곧 다가올 부활주일에 헌금으로 드리라는 감동을 주셨
습니다. 생각해 보니 그렇게 하는 것이 그 돈의 가치를 가장 아름
답게 할 수 있는 길이고 그렇게 인도하신 것이 주님의 큰 은혜인
것 같습니다.

남편의 그 피 묻은 돈은 우리를 위해서 피를 흘리시고 죽으신, 그
리고 부활하신 우리의 사랑하는 예수님 만이 받으실 분임을 알았
기 때문입니다. 하여 제 마음을 나눕니다. 감사합니다.

그리고 2주 후 부활주일에 헌금 봉투를 작성했다. 나는 그 봉투
에 이렇게 몇 자를 적었다.

"주님!
이것은 남편의 사고 날 그의 주머니에 있었던 피 묻은 돈입니다.
우리를 위해 피를 흘리신 예수님께 올려드립니다!"

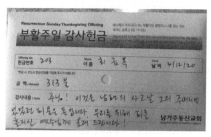
| 교회에 영구 보관된 부활주일 감사헌금 봉투

그리고 얼마의 시간이 지난 후에 교회에서 우연히 만난 목사님께서 내게 들려주신 말씀에 가슴이 뭉클하며 다시 한번 눈물이 핑 돌았다. 목사님은 그 뜻이 있는 헌금을 받으시고 교회 장로님들과 사연을 나누시면서 함께 은혜를 받으셨다고 하셨다. 그리고 당회에서는 그 헌금봉투를 교회에 영구 보존하기로 결의했다고 뜻밖의 말씀까지 전해 주셨다. 이것을 통해서 바로 하나님께서 내 남편과 함께 기쁘게 그 헌금을 받으신 것을 깨닫게 되었다.

남편의 마지막 가는 길까지 수고 해주시고 장례예배를 맡아 주신 목사님께 감사하는 마음으로 그날 장례식때 하셨던 설교 말씀을 영구 보존하기 위해서 목사님의 허락을 받아 이곳에 남기게 되었다.

고 최 복규 집사 장례예배 (3월 6일 2020년 오후 5시)
설교자 : 백 정우 목사 (남가주 동신교회)

요 15장 9절/ 나의 사랑 안에 거하라 (고 최복규 집사님 장례 예식)모든 인간들은 마음 속에 참 많은 신음하는 질문들을 가지고 살아갑니다. 그런데 그 많은 질문들은 다음의 세 가지 질문으로 딱 정리할 수 있습니다. 그리고 이 세 가지 질문을 일컬어서 우리는 인생의 궁극적인 질문들이라고 말할 수 있을 것입니다.

이에 첫째 질문은 "인간이란 뭐냐?" 라는 것입니다. 도대체 "나는 누구이며, 나는 어디서 왔으며, 나는 무엇을 하며, 살아야 하고 또 죽으면 어디로 갈 것인가?" 또 "나는 지금 왜 이 자리에 이 모습으로 살아가는 것인가?" 하는 것입니다.

생각해보면 내가 선택하여 이런 모습으로 살아가는 것도 아니지 않습니까? 그런데 왜 이런 가정에 태어났고 또 이런 나라에 태어났으면 이 시대를 살아가고 있는가? 하는 것입니다. "도대체 인간이란 뭐냐?" 라는 질문이 있습니다.

그런가 하면 두 번째 질문은 "무엇이 문제냐?" 라는 것입니다. 즉 "왜 행복하지 않는가?" 라는 것입니다. 수많은 행복의 조건들이 있지요. 그래서 그것을 붙잡기 위해 참 많이 수고합니다. 그러나 그 무엇을 붙잡아도 행복하지를 않더라는 것입니다. 실제로 돈이 많으면 행복할 것 같아서 악착같이 돈을 법니다. 그런데 행복하지 않아요. 집을 사면? 건강을 유지하면? 처녀 총각들은 결혼을 하면 행복할 줄 알았는데…그렇지 않더라는 것입니다. 또 높은 자리에 오르고 많이 유명해지면 행복해질 줄 알았는데 행복하지 않더라는 것입니다. 이에 두 번째 질문은 .. "도대체 무엇이 문제인가?" 라는 것입니다.

그리고 세 번째 질문은 "이 문제를 해결하기 위해 뭘 해야 하나?" 해결책이 뭐냐?는 것입니다. 이 세 가지 질문은 인생의 궁극적인 질문입니다. 하여 어느 인생도 이 세 가지 질문을 피해가지 못합니다. 어떤 방법으로도 인간들은 대답을 해야만 합니다. 더불어 이 세 가지 질문에 대한 그의 대답은 이제 그의 인생관이 될 것이고 그 인생관은 이제 그의 인생을 만들어 가게 될 것입니다. 이에 인간이란 무엇입니까? 여러 대답이 나올 수 있겠지만… 오늘 장례 예배 속에서 그 답을 찾아 본다면 인간이란 그저 이 땅에서 잠시 살아가는 존재라는 것입니다. 즉 영원하지 않고 유한한, 일시적이고, 단회적인 존재입니다. 자 그럼 무엇이 문제입니까? 짧고 일시적인 그리고 유한한 인생을 살아가는 인간들은 너무 연약하더라는 것입니다. 즉 할 수 있는 일이 별로 없는 존재라는데 문제가 있습니다. 자 그럼 우리는 도대체 뭘 할 수 있단 말입니까? 이에 해결책은 뭡니까? 짧은 인생을 살아가기에 열심히 운동하고 좋은 음식 좋은 약 먹으면 되는 것입니까? 유한한 능력을 가진 존재이기에, 힘있는 사람들을 많이 알거나 내가 많이 배워 높은 자리에 오를 수만 있다면 모든 문제는 해결될 수 있는 것입니까? 아니지요.

자 그럼 이러한 질문들에 대해 기독교는 뭐라고 대답을 합니까? 먼저 인간은 어떤 존재입니까? 하나님께서 창조하신 피조물이지요.

그럼 우리의 문제는 뭐지요? 왜 하나님께서 창조하신 피조물인데 행복하지 않고 힘들게 살아야 하지요? 무엇 때문인가요? 바로 죄 때문이지요. 하여 죄의 댓가는 사망인데, 이 사망의 증상으로 우리는 이 땅에서 힘들고 어려운 것이고 싸우는 것이고 고통스러운 것이라고요. 이에 이 죄가 바로 문제라고요.

자 그럼 해결책은 도대체 무엇입니까? 다시 말해서 이 죄의 문제를 해결할 수 있는 길은 무엇입니까? 딱 하나입니다. 바로 예수 그리스도를 믿어 구원을 얻는 것입니다. 이것 밖에 없습니다. 이것이 기독교의 분명한 대답입니다. 그리하여 성경 66권을 우리는 다음의 세 가지 단어로 딱 정리할 수 있습니다. 먼저는 "창조"이고, 그 다음은 "타락"이며, 그리고 세 번째가 "구원"입니다.

자 그럼 우리가 그리스도 예수로 구원을 받아야 하는데 내가 구원받고 싶다고 구원받을 수 있는 것인가? 그렇지는 않습니다. 즉 우리 마음대로 구원받을 수는 없습니다. 그런데 참 다행스러운 것은 우리 주님께서 우리를 주님에게로 먼저 초청을 해 주셨습니다. 그것이 오늘 본문에 기록된 말씀입니다. 요 15장 9절.. "아버지께서 나를 사랑하신 것같이 나도 너희를 사랑하였으니 이제 나의 사랑 안에 거하라"는 것입니다.

고 최복규 집사님은 오랜 세월 동안 병상에 누워만 있어야 했습니다. 하지만 분명히 말할 수 있는 것은 우리 집사님은 주님의 사랑 안에 거하셨습니다. 자 그럼 우리 최복규 집사님이 그리고 우리가 주님의 사랑 안에 거한다는 것은 무엇을 의미할까요? 어제 우리 최금옥 권사님께서 저에게 보내주신 글 중에 일부입니다.

백목사님~

저희 남편이 오늘 한 줌의 재가되어 집으로 돌아옵니다. 13년전 오후에 이른 저녁으로 제가 만든 잡채 한 그릇을 비우고 펄펄 날라서 나간 사람이 결국 이런 모습으로 돌아오니 제 마음이 무너집니다. 저는 그동안 남편을 돌보며 수도 없이 남편에게 당신은 하나님의 은혜로 반드시 일어나 집으로 간다고 격려했으니 그 자신은 얼마나 집에 오고 싶었을까 생각하면 제 마음이 많이 아프네요.

그 당시 저희 남편은 하늘의 꿈을 꾸고 있었습니다. 자신이 태어나서 아기 때 부모의 품에 안겨 떠난 황해도 해주에 언젠가는 평신도로 가서 선교하고 싶다는 꿈이었습니다. 그래서 부족한 자신을 알기에 바쁜 중에도 밤에 신학교를 다니며 언제 은퇴할지를 고려 중에 있었습니다. 저는 그렇게 믿었어요. 하나님은 선하시니 그런 하늘의 꿈을 꾸는 자에게 기회를 주실 것을. 그런데 결과는 늘 들어왔던 대로 하나님의 생각은 우리의 생각과 다르다는 말을 정확하게 입증하네요. 그래도 제가 해야 할 일은 지금까지처럼 하나님을 신뢰하며 저의 자리를 지키는 것이겠지요.

목사님 감사드려요~ 최금옥올림

이에 맨 마지막 구절이 저의 마음에 새겨집니다. 비록 하나님의 생각은 우리의 생각과 달라도 우리가 해야 할 일은 지금까지처럼 하나님을 신뢰하며 나의 자리를 지키는 것이지요. 이것이 어떻게 가능하지요? 우리 주님께서 우리를 초청해주시지 않으면 불가능한 일이지요. 하여 이것이 바로 주님 안에 거하는 우리 성도들의 모습이라는 것입니다.

이제 지난 세월 오직 주님의 사랑 안에 거하며 살아오셨던, 고 최복규 집사님은 이제 어떤 아픔과 고통도 없는 천국에서 완전한 생명을 가지고 주님과 함께 있음을 믿습니다. 그리고 주님의 그 사랑 안에 거하는 우리도 언젠가는 그곳에 갈 것을 소망합니다.

이 믿음과 소망을 가지고 살아갑시다. 기도하겠습니다.

21. 고 손인식 목사님께

　　손인식 목사님께서는 남가주 얼바인에 위치한 벧엘교회를 담임
하시면서 교회를 남가주에서 가장 영향력 있는 교회 중에 하나로 성장
시키셨다. 또 북한의 해방과 선교를 위하여 통곡기도회 물결을 일으키
신 목사님이시다. 그런 위대한 일을 하시면서도 고통 속에 있는 분들
을 위하여 병원 심방도 게을리 하지 않으셨던 것 같다. 수로보니게 여
인이 주인의 상에서 떨어지는 음식의 축복을 받은 것과 같이 우리도 목
사님의 병원 심방 중 초대하여 은혜를 받을 수 있었다.

　　목사님께서 위대한 사역을 마치시고 하나님의 부르심을 받았을
때 손 목사님의 추모 게시판에 올린 글을 토대로 존경의 글을 올린다.

존경하는 손인식목사님

처음 목사님을 뵈었을 때 저와 제 남편은 아주 힘든 시간을 지내
고 있었습니다.

그때 남편은 사고로 머리를 다쳐 코마상태로 가든 그로브에 있는 요양시설에 입원해 있었습니다. 어느 날 손 목사님 내외분께서 우리 방 앞을 지나 복도를 걸어가시는 옆 모습을 보고 어디서 뵌 분인데 하며 생각하니 TV에서 설교 하시던 얼바인 벧엘교회 목사님이셨습니다. 내가 순간적으로 달려나가니 벌써 저만큼 멀어지셨기에 손 목사님하고 부르니 가던 길을 멈추시고 돌아보셨습니다. 제가 급히 가서 인사를 드리고 '귀한 목사님 오셨는데 저희 남편을 위해서 기도 한번 부탁드립니다' 고 하자 목사님은 흔쾌히 허락하시며 남편이 입원해 있던 병실로 오셔서 나의 설명을 들으신 후 안타까워 하시며 남편의 머리에 손을 얹고 정말 뜨겁게 기도해 주셨습니다.

그리고 저를 위해서도 기도해주시고 소망의 말로 격려해 주셨습니다. 그때 얼마나 큰 위로를 받고 힘이 되었는지 모릅니다. 세상에 그때가 벌써 10년이 넘었습니다.

손 목사님은 그 누구보다 바쁜 목회를 하셨기에 옆 방에 입원해 계셨던 장로님과 집사님을 자주 병문안 오실 수 없으셨지만, 그 뒤에도 2번 더 오실 때마다 우리 방도 잊지 않으시고 들려 주셔서 기도해 주셨습니다.

어느 날엔 옆방의 가족으로부터 목사님께서 오신다는 소식을 듣고 그곳 간호사 중에 유방암으로 어려움을 겪고 있던 분이 생각나서 그분에게 오늘 이곳에 특별한 목사님이 오시는데 기도 받지 않겠냐고 하니 너무 좋아해서 목사님의 허락도 받지 않고 약속을 해버렸습니다. 나중에 목사님이 오셨을 때 말씀드리니 너무나 기쁘게 허락해 주시며 밖에서 기다리고 있던 그 필리핀계 간호사를 위해서 뜨겁게 기도해 주셨습니다. 그리고 그 간호사는 얼마 후 회복되어 열심히 일하며 싱글 맘으로서 당당하고 건강하게 잘 살아가고 있습니다. 손 목사님의 능력 있는 사랑의 기도가 한 사람을 살리신 것입니다.

존경하는 손 목사님! 목사님과 동시대에 살 수 있었던 것은 우리에게는 큰 기쁨이요 자랑이었습니다. 우리는 목사님 때문에 행복했기에 목사님을 잃은 슬픔이 또한 너무 큽니다. 그러나 우리는 영원한 나라를 함께 소유한 자들이니 언젠가 다시 만날 소망이 분명히 있음을 믿습니다.

손 목사님! 저희 남편도 목사님보다 한 달 앞서 그곳에 가 있습니다. 만나시면 반갑게 안아 주시고 친구하여 주시면 감사하겠습니다. 그리고 제 남편이 목사님께서 받으신 여러 면류관을 보고 가장 힘있게 박수를 쳐 드리며 축하할 모습이 눈에 선합니다. 이 땅에서 많은 귀한 일들을 하신 목사님께서 이루신 것을 남편도 잘 알기 때문입니다.

사랑하는 주님! 이 땅에 손 인식목사님을 보내 주셔서 우리는 행복했습니다. 할렐루야!

최 금옥 올림

22. 먼저 떠난 동생 복규에게

이 글은 한국 경기도 광주에 사시는 남편의 큰형께서 남편을 그리워하시며 보내주신 편지 내용이다.

너는 1950년 6.25 한국 전쟁이 한참이던 힘들고 어려웠던 시절인 1951. 2월에 황해도 벽성군 래성면 화전리 785번지 시골 면 전체에서 제일 부자 집인 1,000 석군 갑부 지주집에서 태어났다. 6.25 전쟁으로 풍족한 생활의 혜택도 받지 못하고 충남 공주로 피난 가서 피난민 임시 수용소 단칸방에서 여러 형 누나 밑에서 대우도 못 받고 외롭고 힘들게 성장하면서 고생을 많이 하였다.

… 그래도 너는 항상 웃고 발랄하고 씩씩하게 잘 성장해줘서 대견하고 기특했는데… 너는 머리 좋고 똑똑하여 공주 중학교를 졸업 후 서울 고등학교 아니면 경기고등학교로 진학하겠다는 뜻을 밝히고 허락해 주기를 원했었다. 너의 그 희망을 피난 살림살이에 쪼들리는 가정 형편상 들어주지 못하고 그나마 공주에서 제일 좋다는 공주 사대부고에 진학했지. 그때 너의 가슴속에 응어리가 얼

마나 컸을까? 너는 너 대로 아쉬운 마음에 부모와 형제들을 얼마나 원망했을까?

너는 서울고나 경기고에 가서도 충분히 감당하고 스스로 모든 어려움을 해결해 가면서 살아 갈 능력과 자질이 있었는데도 제대로 뒷바라지를 못 해준 돈 없고 가난한 집안을 얼마나 원망하고 낙담했을까? 그때 네 가슴이 완전히 무너져 내렸을 거야. 또한 부모의 마음도 너보다 몇 배나 더 많이 무너 졌을 거야. 그때 네가 서울로 진학을 하고 제대로 코스를 밟았더라면 너의 일생은 더 밝게 좋고 아름답게 바뀌었을 텐데. 그 당시 형들 누나들도 어려서 너를 도와주지 못해 미안하고 또 미안하다 그때를 생각하면 가슴이 미어지고 터진다.

고교에 진학하여 한동안 학업에 흥미를 잃었지만 그래도 너는 생활력이 강하고 지혜로워서 네가 너의 앞길을 잘 개척해 나갔지. 대학 진학도 포기하고 군대를 마치고 서울 시청 공무원 시험에 합격하여 서울 중구청에서 잘 근무하고 있었지. 그러다 갑자기 사직하고 인테리어 사업을 하고 있다가 또 갑자기 미국에 간다고 떠났다,

그때 나는 1986년 8월에 아시안 게임을 하는 잠실 선수촌에 나가서 철야 근무하느라 너 가는 것 공항 배웅도 못 하고 이것저것 내가 네게 도움이 된 것이 하나도 없네. 지금까지도 미안하게 생각하고 있다. 이역 만리 그 넓은 미국 땅에 말도 안 통하고 피부색도 다르고 식생활 문화도 다르고 아는 사람도 없고 오라는 데도, 갈 곳도 없이 혼자 얼마나 힘들고 어렵고 서글프고 외롭고 황당하고 막막했을까.

그래도 다행히 은영 엄마가 1년 만에 미국으로 이민을 가서 가족이 합류하게 되어 얼마나 다행인지. 네가 미국에 가고 10년만인 1997년에 내가 미국에 가서 네가 냉동기기 수리 일을 열심히 하면서 성실하고 꿋꿋하게 잘 살고 있는 모습을 보았다. 그리고 제수씨의 세

심하고 철저한 내조가 얼마나 네게 힘이 되고 활력소가 되는지를 알고 제수씨가 많이 고마웠다.

은영, 지영이도 건강하게 공부 잘 하고 네 식구가 잘 지내는 것을 보고 다시 한번 너의 근면 성실함과 제수씨의 내조에 경의를 표했다. 나는 너를 믿고 기대하고 언젠가 너는 그곳에서 어떤 보람 있는 일을 꼭 이루리라고 확신하고 기대했지.
특히나 예수를 믿고 열심히 신앙생활을 하면서 오로지 북한에 가서 복음을 전파하는 소망을 품고 참된 신앙생활을 하기 위해 온갖 정성을 다하며 열심히 살아가던 너에게 청천 벼락같은 소식을 들었다. 네가 머리를 다쳐 수술을 하고 입원했다고 전화 연락이 온 것이 2007.6.19 새벽, 하늘이 무너지고 땅이 꺼지는 소식… 시간이 지나면 언젠가는 다시 일어서겠지 믿고 기다리고 기다리기 13년, 말도 못 하고 표정도 없고 사람을 알아보지도 못하며 그냥 침대에 누워 있던 너,

내가 2018년 6월에 경래 결혼식 참석차 미국에 가서 네가 누워 있는 병원에 갔을 때 너는 나를 쳐다보며 마치 "형 왔어, 형 조금만 더 기다려줘 내가 곧 일어날 거야 자세한 이야기는 그때 해요"라는 눈빛으로 나에게 말하는 듯 했는데…. 어째 그렇게 허무하게 갔느냐? 그동안 한결같이 변함없이 오로지 언젠가는 일어서리라고 믿고 뒷바라지하느라 13년간을 매일 병원에 출근하며 수고하고 고생 많이 한 제수씨에 미안하다. 고맙다. 수고했다는 한 마디도 못 하고 그냥 갔네, 너도 병원에서 병마와 싸우느라 고생했지만, 제수씨는 너보다 더 고생했다.

이 세상에 제수씨만큼 간호하고 고생한 사람이 어데 또 있겠나. 강금옥 외에는 없다. 너 하늘에서 만나거든 정말 잘 해드려라. 그럴 수가 있나? 열심히 신앙생활을 한 너에게 어째 이런 일이 있을 수가 있나 도저히 이해가 안 된다. 내가 먼저 가고 네가 가야지, 나보다 먼저 가면 어쩌나.

네가 마지막 떠날 때 왜 하고 싶은 말이 없었겠나, 얼마나 속이 상하고 원통했을까, 사위도 보고 외손자, 손녀도 안아 주며 기쁨을 누리지도 못하고 말없이 그냥 가느냐! 그동안 고생도 할 만큼 했으니 여생동안 좀 더 보람 있고 가치 있는 생활을 해야 되는데…. 그렇게 떠나다니

미국의 유명한 관광지가 많아 이곳 저곳 가보고 싶은 곳도 머릿속에 그려 놓고 어떻게 하면 가족에게 잘 해줄 수 있을까 생각하며 때가 오기만 손꼽아 기다리고 있었을 텐데… 그만 그런 끔찍한 사고로 그 고생을 하다가 말 한마디 못하고 떠나니 가엾다. 가여워 뭐라고 표현을 해야 하나, 그냥 할 말이 없구나. 두 딸의 효도도 받아 보고 손자 손녀의 재롱도 보며 제수씨와 여생을 행복하게 보낼 수 있는 여건이 되었는데도 아무것도 하지 못하고 이 세상을 떠났구나!

젊어서 고생을 많이 했으니 늙어서 이 아름다운 세상에 모든 것을 누리고 즐기다가 가야 하는 것 아닌가? 네가 사랑하는 가족을 두고 그렇게 허무하게 떠나서 네 마음도 편하지 못 할 거야.
하나님이 너 다시 세상으로 가서 네 가족에게 하고 싶은 말이라도 하고 오라고 안 하실까? 하나님 한 번만 기회를 주세요. 이 세상에서 그렇게 착하고 성실하게 살아온 네가 어찌 그런 사고로 13년간을 그렇게 힘들고 고통 속에 지내다가 떠나다니 너무나 애처롭고 가련하다.

나도 직장을 정년퇴직하고 남는 시간 너와 같이 여유롭게 지내고 싶은 마음도 가지고 이것 저것 나름대로 구상도 하고 연구도 하며 때가 오기를 기다리고 있었는데… 이 세상에 영원히 남아 있는 사람이 없지만 그래도 갈 때쯤 해서 가야지, 100세 시대에 70도 못 채우고 가느냐. 무엇보다도 네가 깨어나서 그동안 완쾌를 기원하고 열심히 기도하며 기다리던 가족, 형제와 친척들을 알아보지도 못하고 그렇게 가느냐? 너무 안타깝고 애통하구나, 네가 이 세상에 있을 때 더 잘 해주고 지원해 주지 못한 것 용서하고 이해해 주기 바란다.

모든 형제와 친척들이 너의 완쾌와 회복을 그렇게 기도하고 애원했
는데…. 나도 머지않아 하늘나라에 갈 테니 거기서 만나서 실컷 이야
기하자. 너, 너 보고 싶고 그립다. 내가 하고 싶은 말도, 듣고 싶은
말도 많은데…. 복규야! 복규야! 네가 대답할 때까지 다시 한번 더
불러보고 싶구나.

2020. 3. 11 경기도 광주에서 큰 형

다음은 남편의 큰 형의 글을 읽고 내가 쓴 답글이다.

나는 큰 아버님이 사랑하는 거의 막내 동생을 추모하며 그 마음
에 아픔을 삭이면서 눈물로 쓰신 글을 읽으며 그 슬픔이 느껴져 가슴
이 메였다.

내게 늘 자랑스러운 시댁은 순서 상으로 여섯째인 남편을 포함해
4남 3녀인 칠 남매를 두셨다. 그들을 잘 키워 내신 반듯한 부모님을 둔
가정의 자손들 답게 모든 분들이 남부럽지 않게 잘 자라 각자의 몫을
넉넉히 감당하며 살고 계신다.

그리고 주변분들의 부러움 가운데 그들이 속한 사회에서 존경을
받으며 그 역할들을 훌륭하게 잘 마치고 지금은 모든 분들이 정년퇴직
하셨다. 내 주위에 알고 있는 그 어떤 가정보다 끈끈한 형제들의 우애
덕분에 막내 며느리로서 그분들에게 분에 넘치는 큰 사랑을 받고 누
리며 살았다.

특별히 남편이 치명적인 사고로 13년 동안 병상에 있으므로 남편
의 역할을 감당하지 못할 때 그분들이 나에게 남편의 역할을 손색없이
감당해 주셨다. 그분들의 사랑의 보살핌이 없었다면 나는 더 어렵고 힘
든 시간을 보냈을 것이다.

하여 나는 그분들의 한결같은 사랑에 보답하는 것은 오직 남편이 일어나 형님들과 누님들에게 그리고 고마운 막내 여동생에게 감사의 말을 친히 하는 것이라 믿고 최선을 다해서 남편을 돌봐 왔다. 그러나 하나님은 나의 생각과 다르셨기에 남편을 데려가셨고 나는 그분들에게 심정적으로 죄인이 된 것 같아 송구한 마음에 고개를 들 수가 없었다.

그러기에 내가 원하는 것은 그분들이 일찍 떠난 내 남편의 몫까지 이 땅에서 장수를 누리며 행복하고 풍성한 삶을 사시는 것이다. 그러면서 그 분들이 예수안에서 보장된 영원한 생명도 이 땅에서 잘 준비하기를 간절히 바라며 기도하고 있다.

23. 나의 어린 시절과 그 이후

내가 태어난 시기는 참혹한 6.25전쟁의 아픔이 온 나라를 덮고 있을 때였다. 그때는 그 어떤 것보다 대부분의 사람들에게 먹고사는 일이 가장 어려웠다. 그런 때에 나는 전라북도 옥구군에 있는 회현이라는 작은 마을에 살던 가난한 부부에게서 태어났다. 부모님께서는 자신들의 땅도 없으신 형편이라 미련 없이 그곳의 생활을 접으시고 이미 청소년기에 있는 오빠와 두 언니 그리고 나와 어린 동생 둘을 데리고 살기 위하여 무작정 서울로 올라가셨다.

그리고 신당동에 있는 매봉산 자락에 다닥다닥 세워진 어느 초라한 집으로 우리를 데려가셨다. 아버지의 누님이셨던 고모가 우리 이웃에 계신 것을 보니 아마도 그분이 주선하셨던 것 같다. 그곳의 주소가 산 37번지라고 되어 있는 것을 보면 산 위에 세워진 집임을 금방 알 수 있다.

우리 가족이 새로 이사 온 곳은 겨울에 눈이 오면 산 아래 찻길까지 내려오기 위해 여러 번 엉덩방아를 쩌야만 하는 곳이었지만 내 기억속에는 여전히 그리움으로 남아있다. 그곳에서 태어난 남동생을 포함해서 7남매를 두신 부모님은 매우 성실하셨음에도 아버지는 돈을 버는 재주는 없으셨다. 그러니 하시는 일마다 실망스러우셔서 집에서 자주 술을 드시며 시간을 보내셨다.

반면 어머니는 어린 자녀들을 굶기지 않으시려고 닥치는 대로 억척스럽게 일하셨다. 그러면서 다른 집에 가서 일도 도와 주시고 시장에서 소규모로 보잘것없는 것들을 사과 궤짝에 올려놓고 지나가는 사람들을 속수무책으로 바라보시기도 했다. 언젠가 아스팔트 길을 닦는 공사판에서 일 하실 때는 어린 내가 동생을 등에 업고 그 먼 길을 걸어가면 동생에게 젖을 물리시기도 하셨었다. 그렇게 열심히 일을 하셨지만 우리들의 배는 항상 고팠다.

하여 봄에는 우리 집 정원이나 마찬가지인 산에 올라가 동생들과 진달래꽃을 따서 먹으면 입술이 파랗게 변하기도 했다. 그리고 초여름에는 동네 이곳저곳에 흐드러지게 피어 있는 아카시아 꽃을 따서 먹기도 했다. 그러나 아무리 많이 먹어도 허기진 배는 부르지 않았었다. 때로는 술을 만들고 남은 술지게미라는 것을 엄마가 사다 끓여 주면 그것을 먹고는 술에 취해 학교에 가지 못하는 날도 있었다. 그럼에도 나는 그 가난한 생활에 별로 이의를 제기하지는 않았다. 그저 내 주위에 사람들이 대부분 그런 삶을 살았기에 모두들 그렇게 사는 줄로 알았다.

온몸을 다해 자신을 희생하시며 자녀들을 돌보시던 어머니께서는 젊어서는 토속신앙을 가지셨던 것 같다. 그런데 이웃의 전도로 40살이 지나면서 예수님을 믿게 되었는데 정말 반듯한 믿음 생활을 하시며 본이 되는 이타적인 삶을 사셨다. 무심한 자녀들은 관심을 두지 않았지만 읽는 법을 모르셨던 어머니께서는 성경을 읽으시면서 글 읽는 법을 독학으로 깨우치셨다. 그리고 가지고 계신 가죽 성경책의 표면이 다 헤어져 손질했어야 할 정도로 열심히 성경을 읽으시고 그 말씀대로 살아내고자 하는 의지가 있으셨다. 어느 날 어머니께서는 모든 자녀들과 손자, 손녀가 다 모인 자리에서 다음과 같이 당당하게 말씀을 하셔서 우리를 놀라게 하셨다.

"너희들은 내 믿음을 본받아야 한다."

그 자랑스러운 어머니는 늘 기도하는 일에 마음을 다했기에 주님과 친밀함을 누리며 현재 101세이시지만 건강하게 사시는 것 같다. 얼마전에는 우리집에서 나와 예배를 드리는 중에 찬송가 "내영혼이 은총입어"를 부르시면서 하염없이 눈물을 흘리시는 모습을 보면서 어머니가 얼마나 예수님과 천국을 사모하시는지를 알게 되었다. 어머니의 영성을 받은 작은 언니와 함께 우리 6 남매도 평범하지만 예수안에서 살게 하시니 감사하다.

♦♦♦

어머니께서는 아버지께서 일찍 돌아가신 후 자녀들이 보살펴 드리려 해도 거절하셨다. 그리고는 노인 아파트에서 100살까지 스스로 음식을 만들어 드시며 자녀들을 위하여 교회를 위하여 기도에 집중하셨다. 그러시다 100살 생일이 지나며 갑자기 혼자 사시는 것을 어려워하셔서 지금은 둘째 아들 댁에서 평강 중에 행복하게 사시며 자녀들에게 복의 모범이 되고 계신다.

| 2019년 어머니의 100수연

그런 어머니께서 남편의 사고 전에 내게 스가랴 8장 19절 말씀을 써서 주셨다. 그때는 몰랐는데 지금 다시 보니 성경적으로 내가 통과하고 있는 과정을 표현한 것 같았다. 여러 차례 금식 후에 하나님께서 기쁨과 즐거움과 희락을 주신다는 말씀이었다.

> 만군의 여호와가 말하노라. 사월의 금식과 오월의 금식과 칠월의 금식과
> 시월의 금식이 변하여 유다 족속에게 기쁨과 즐거움과 희락의 절기가 되리니
> 오직 너희는 진실과 화평을 사랑할지니라. | 스가랴 8:19

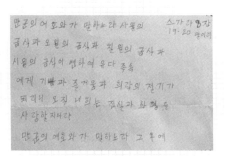

| 사고 전 어머니께서 써주신 스가랴 8장 말씀

그런 어머니의 보살핌 가운데도 어려운 것은 생명을 위협하는 연

탄가스였다. 우리 가족은 자주 그 가스에 노출되곤 했는데 어느 겨울에는 유독 내가 더 많은 가스를 마시고 의식을 잃었다. 가족들은 죽었다고 생각하고 눈으로 덮인 앞마당에 나를 두고 가마니로 덮어 놓았다. 그때 내 나이가 12-13 살 정도 되었는데 몇 시간 후에 깨어난 것을 보면 하나님께서 불 가운데서 나를 건져 주신 것 같다.

그즈음 또 한 번의 죽음을 통과했는데 수영을 하지 못하는 내가 깊은 물웅덩이에 빠져 허우적거리고 있었다. 그때 근처를 지나가던 이름을 알 수 없는 어떤 청년이 뛰어들어 건져 냈다. 이번에는 하나님께서 물 가운데서 나를 다시 한번 건져 주셨었다. 나중에 성경을 보고 내가 이사야 43장을 통과했기에 하나님께서 나를 택하시고 지명하여 불러 주신 것을 깨닫게 되었다.

그런 돌발적인 어려운 기억 몇 개 외에 나는 너무나 평범한 아이라 누구의 주목도 받지 못했고 학교에서도 중간 정도의 성적을 유지하며 자랐다. 우리 부모님은 그저 아이들이 배만 곯지 않으면 그것으로 만족하시는 분들이셨기에 공부 쪽으로는 별로 관심을 두지 않으셨다.

그리고 내가 고등학교를 졸업했을 때 당연히 가족의 생계를 돕기 위해서 일터로 나가야만 했다. 감사하게도 그때만 해도 말단 공무원 시험이 지금처럼 어렵지 않아 9급 공무원으로 서울 시청에서 공무원 생활을 했다. 그리고 가족 부양의 큰 부분을 담당했다. 그 당시 이미 성인이 되신 내 위의 형제들도 자신들의 삶도 녹록지 않으니 모든 것이 쉽지는 않아 보였지만 그래도 각자의 역할을 잘 감당해 주셨다.

내가 27살이 되었을 때 같은 직장에서 일하던 남편을 만나 그 산

꼭대기에 있는 집을 떠날 때까지 20여년을 살아왔기에 지금도 그곳이 나의 마음의 고향으로 남아 있다. 그러나 언젠가 소식을 들었는데 그곳의 모든 집들이 다 철거되고 지금은 본래의 산의 모습으로 복원되었다고 한다.

우리는 너무나 평범한 사람들이 만나 부부가 되었기에 그냥 평범하게 직장 생활을 하며 살았다면 지금쯤 서울에서 평범한 노후를 보내고 있었을지도 모르겠다. 그러나 남편이 돌연 사업을 해보겠다고 직장을 그만두고 이것저것 하다 여의치 않아 접게 되었고, 설상가상으로 나도 집에서 먼 곳으로 발령이 나서 어린 아이들을 돌보기 위해서 직장을 그만두게 되었다.

그러자 남편은 미국행을 결심했고 이미 이곳에 와 있던 친척들의 도움으로 미국으로 오게 되었다. 남들은 아이들의 교육을 위해서 미국에 온다지만 우리는 먹고 살기 위해서 미국에 왔다. 그리고 손재주가 남다른 남편은 먼저 온 친척이 하고 있던 냉동기술을 배워 면허증도 따고 열심히 그 일을 즐겁게 했다. 그렇게 20년을 지날 무렵 작업 중에 사고가 나서 근 13년의 길고 긴 힘든 시간을 보냈고 종래는 조금 이른 나이인 69살에 하나님의 품에 안기게 되었다.

미국에서의 우리 가족은 대 다수의 이민자들과 같이 문화가 다르고 언어 소통이 쉽지 않았다. 하여 살아내야 하는 환경이 그리 만만치는 않았지만 늘 배우려는 자세로 주어진 삶에 최선을 다했었다.

우리 부부는 이곳에서 살기 위해서는 영어가 필수인 것을 인식하고 일을 하면서도 바쁜 중에도 아침과 저녁으로 근처에 있는 무료 성인 영어 학교에 가서 1-2시간씩 영어를 배우려는 노력을 게을리하지 않았었다.

지금 돌아보면 후회되는 일도 적지 않지만 그때는 그렇게 사는 것이 당연하게 생각되어 정말 열심히 살았다. 그러기에 아이들을 데리고 집을 떠나 며칠씩 여행을 하며 추억을 만드는 것도 쉽지 않았다. 우리 부부는 평범한 환경 속에서 살아왔기에 우리 가족의 발전을 위해 높은 이상을 세우고 그 꿈을 실현하기 위해서 대가를 지불하며 사는 것을 알지 못했다. 그러나 한가지 잘한 것은 교회의 울타리 안에서 우리의 존재를 확인하며 하나님의 은혜 입은 자들로 살았다는 것이다.

하기에 남편이 사고가 났을 때 나는 바로 주님의 손을 붙잡을 수 있었다. 그리고 그 전능하심과 우리에게 신실하신 주님만을 의지하니 눈에 보이는 절망적인 현실 속에서도 내 입에서는 끝까지 소망의 노래가 떠나지 않았었다.

그리고 이제 나는 성경에서 "고난이 내게 유익이 되었노라"는 역설적인 말씀에 "아멘" 하고 대답할 수 있게 되었다. 이 땅을 사는 사람들은 내가 겪어낸 어려운 시간을 불행이라고 하겠지만 하나님께서는 고난 중에 우리와 함께하시며 자신의 존재를 유감없이 드러내 주셨고 그것이 하늘과 땅을 아우르는 "복"이 되었다고 말씀하셨다.

하여 내 기대와 다르게 남편이 숨을 거두어 내가 주님께 '그동안 고통 했던 시간이 다 물거품이 되고 말았네요!' 라고 했을 때 주님은 다음과 같이 말씀하신 것이다.

"그것은 찬란한 고난이었다!"

24. 저 보고 Legendary Mom 이래요!

　우리 부부가 어린 두 딸을 데리고 미지의 땅인 미국으로 이민오기로 결정한 것은 그리 쉬운 일이 아니었다. 한국에서 직장 생활과 사업이 생각처럼 만만치 않았고, 그래서 우리 부부는 한국보다 나은 삶을 꿈꾸고 친정 식구들이 살고 있던 이곳 LA로 이민을 왔다.

　그때 당시 큰아이는 초등학교 3학년, 그리고 작은 아이는 유치원에 다니고 있었다. 하여 미국 시스템에 맞춰 큰아이는 4학년에 작은 아이는 1학년에 월반하여 들어가게 되었다. 처음에 잘 따라갈수 있을까 염려가 되었지만 하나님의 은혜로 둘 다 열심히 해 주었다.

　그때 나는 집에서 남편의 일을 돕고 있었기에 비교적 자유롭게 아이들의 도우미 역할을 잘 감당할 수 있었다. 그리고 언제든지 우리집을 오픈하고 아이들이 모임을 하도록 도와주고 필요할 때는 음식도 만들어 꼬마 손님들을 대접하기도 하였다.

밖에서 바삐 일하는 아빠의 몫까지 열심으로 아이들의 필요를 채워 주었다. 때로는 학교수업의 연장으로 해야 하는 과외 활동을 위해서 먼 곳을 운전해야 할 때도 기쁘게 감당했다. 남편은 자신을 위해서는 늘 근검절약 하는 사람이었지만, 아이들의 필요한 부분은 즐겁게 감당하며 두 아이의 교육을 지원했다. 신앙적으로도 미국 오면서부터 등록하고 섬겼던 남가주 동신교회에서 안정적으로 잘 자라 주었다.

⚜

큰 딸 은영 Ellen이가 중학교에 들어갔을 때 집에서 가까운 영재학교인 위트니 고등학교 Whitney high school에 시험을 통해 편입하게 되었다. 그 학교는 12학년까지 있는데 공부를 많이 시키기로 유명한 학교라 그때도 잘 따라갈까 하는 염려가 있었다. 그러나 늘 베풀어 주시는 하나님의 은혜를 힘입어 12학년 졸업 때는 수석 졸업자 중의 하나로 졸업식에서 연설까지 하였다.

그리고 북가주에 있는 스탠포드 대학과 대학원을 졸업하고 구글에서 몇 년을 일했다. 그리고 자신이 꿈꾸던 일을 하고싶어 그 직장을 그만두고 하버드 대학원에 들어가 비즈니스를 더 공부하였다.

은영이가 스탠포드에 입학한 때는 1997년으로 그 당시 클린턴 현직 대통령의 외동딸 첼시도 입학했었다. 대통령 부부도 학부모 자격으로 부인과 함께 그곳에 참석했었다. 나도 은영이를 차에 태우고 먼 길을 운전하고 가서 하룻밤 묵었는데 그렇게 대통령 내외분이 참석한 점심 식사에서 같은 메뉴로 점심도 하고 악수까지 한 기억이 있다.

나는 집에 오기 전에 큰 아이에게 기도해 주며 주님께 이제 큰 아이를 내 손에서 주님 손에 올려 놓으니 주님이 지켜 주시도록 간구 드렸다. 신실하신 하나님은 그 약속을 지켜 주시고 학교를 잘 마칠 수 있도록 도와 주셨다.

내가 집에 돌아와서 남편에게 당신은 미국 대통령의 수준으로 자녀를 교육시킨 자랑스러운 아버지입니다 라고 말하자 좋아하는 표정을 지었었다. 그리고 4년 후 졸업식 때는 온 가족이 어머니와 동생네 가족과 함께 참석하였는데 그때에는 클린턴 대통령은 현역에서 물러난 때였지만 그래도 남편은 전직 대통령과 한 자리에 있는 것만으로도 즐거워했다. 그리고 그날 큰아이 덕분에 좋은 시간을 보낸 것은 우리에게는 잊을 수 없는 좋은 추억으로 남아 있다. 우리 큰 아이는 그곳에서 신앙생활을 잘하며 우리에게 염려되는 일은 하지 않았다. 그리고 감사하게도 전액 장학생으로 대학원까지 졸업하게 되었다.

　　그리고 그곳 샌프란시스코가 살기가 좋은지 그곳에 자리를 잡고 살고 있다. 내가 이따금 이쪽으로 오면 좋겠다고 말해도 쉽지 않다고 하니 섭섭해도 할 수 없는 것 같다. 지금은 자신이 벤처기업을 차려 운영하면서 바삐 살고 있으나 부모의 마음에는 아직 짝을 만나지 못했으니 편하지가 않다. 하여 믿음의 배필을 만나기를 열심히 기도만 하고 있다.

　　그러면서도 딸 아이가 신앙적으로 자신의 자리를 잘 지켜주니 그것 또한 감사한 일이 아닐 수 없다. 언젠가 내가 성경을 통독할 때 그 아이도 성경을 통독하는 것을 보며 그 아이가 더욱 말씀과 기도로 자신을 잘 세워가며 믿음 생활을 잘 할 수 있도록 하나님의 은혜를 구하였다.

　　은영이가 하버드 대학원을 졸업할 때는 아빠가 이미 병상에 있었기에 그 기쁜 자리에 참석할 수가 없었다. 이틀이었지만 나도 남편을 두고가는 것이 쉽지 않아 참석을 망설였는데 딸들이 강력하게 요구해 친정 엄마를 모시고 보스턴에 있는 그 대학원 졸업식에 참석하게

되었다. 졸업하는 은영이의 모습이 너무 대견스러웠지만 그렇게 키워
준 아빠가 그 자리에 함께할 수 없는 것이 마음이 아팠다. 그리고 딸
아이가 자기의 졸업모자를 벗어 내 머리에 씌어 주었을 때는 눈에 눈
물이 핑 돌았다.

2012년 은영의
하버드 졸업식장에서

　그것은 내가 아니고 그 딸들을 위해 모든 것을 다 주기를 원했던
아빠의 몫이었기 때문이었다. 미국에 와서 처음에는 신앙도 별로 없
었던 남편의 즐거움은 아이들이 잘 자라 주는 것이었기에 자신이 열심
히 가꾼 자녀들의 아름다운 열매를 보지 못하는 남편이 내 마음에 아
프게 느껴졌다.

　그리고 우리 작은 아이 지영 Jane은 자신의 언니와는 조금 다른
달란트를 하나님께서 주신 것 같았다. 학구적인 면에서도 언니와 같
이 늘 좋은 성적을 유지하면서도, 중학교 때는 밴드부 지휘자로 활동
하기도 했다. 그리고 언니가 다녔던 영재학교에 입학허가를 받았지
만 가지 않고 자기가 원하는 프로그램이 있는 집 근처에 고등학교에
진학하였다. 그곳에서 리더십에 특별한 인정을 받으며 많은 활동을 하
게 되었다.

그때 우리 둘째 지영이가 마음을 두었던 프로그램은 모의 유엔 활동MUN (Model of United Nation)이었다. 학생들이 유엔본부에서 각 나라를 대표한 대사가 되어 여러 가지 현안을 놓고 때로는 격렬한 논쟁을 하면서 어떤 결과를 낳아가는 활동이었는데 나는 하나님께서 우리 아이에게 그 분야에 특별한 재능을 주신 것을 알게 되었다. 하여 나도 우리 아이를 돕기 위해서 내가 할 수 있는 일을 열심히 했다.

그 프로그램은 재학 중에 뉴욕에 있는 유엔본부도 방문할 기회를 주기도 했다. 그리고 다른 학교들과 자주 모여 대회를 했기에 먼 곳까지 가는 비용이 만만치 않았다. 그렇지만 미국의 여러 곳을 다니며 긍정적인 많은 경험을 쌓고 또 많은 것을 배우며 자신의 지경을 넓혀가는데 큰 유익이 되기에 나도 최선을 다해서 도왔다.

그 도움 중에 하나가 학교에서 그 프로그램을 위해 스크립트 Script라 불리는 특별 현금카드를 파는 것이었다. 그것은 근처에 있는 마켓에서 발행하는 것으로 현금과 같이 사용할 수 있었는데, 내가 100불을 사용하면 마켓에서는 학교에 6%를 지원하는 카드이다. 학교에서는 그 돈의 일부를 학생들의 여행 경비로 사용했다.

그렇기에 그 프로그램에 아이를 둔 부모들은 열심히 그 일을 했다. 나도 마켓에 갈 때마다 꼭 그것을 사용했다. 그리고 아는 분들에게 그 취지를 설명하고 현금이나 마찬가지인 그것을 열심히 팔았다. 그 결과 우리 아이가 활동했던 4년 동안에 나 혼자만 거의 10만 불이 넘게 팔아 학교에 6천 불 이상의 유익을 주었다.

지영이가 12학년이 되었을 때 실력을 인정받아 모의 유엔본부의 최고 자리인 사무총장 Secretary General에 임명되었다. 그러니 딸

아이는 더 많이 바쁘게 활동했다. 그때는 워싱턴 DC에 있는 조지타운 대학교에서 전국 대회가 있어 지영이의 학교가 10위권 학교로서 초청을 받게 되었다.

그 7일 동안은 국회 의사당이나 백악관 등을 방문하며 많은 경험을 쌓을 기회였다. 그때 나는 학교측으로부터 놀라운 제안을 받았다. 학교에서 내 비용을 다 지불하는 조건으로 학생들을 돌보는 학생 보호자인 샤프롱 chaperon 역할을 맡아 같이 가 달라는 내용이었다. 그런 일은 그때까지 그 누구도 받아보지 못한 조건이었는데 아마도 학교 측이 내가 자기들의 일에 열심히 협조한 것에 대한 고마움을 표시하는 것 같았다.

나는 일주일이나 집을 비우면 남편이 많이 불편할 것이고, 한편으로는 샤프롱으로 따라가기에는 내 영어가 미숙했기 때문에 마음을 정하지 못하고 있었다. 그런데 남편과 딸아이가 적극적으로 격려하며 가기를 원해서 정말이지 내 생애에 잊을 수 없는 귀한 일들을 경험하게 되었다.

그때가 2월이었는데 동부는 이곳과 달리 많이 추웠다. 나는 그 대회에 참석할 39명의 학생들과 담당 교사, 그리고 자신의 비용을 지불하고 따라간 또 한 분의 대만계 학부모와 함께 그곳에 도착했다. 나는 이미 우리와 함께 간 학생들 대부분을 알고 있었기에 큰 어려움 없이 내가 해야 할 일을 잘 하며 그들을 따라다녔다.

그곳에서 앨링톤Allington 국립묘지를 참배하고 또 국회의사당을 방문하기도 했는데 그곳에서 국회의원들이 회의하는 모습도 잠시 볼 수 있었다. 우리가 살고 있는 지역의 연방하원의원께서 학생들을 맞아 주며 환영과 격려를 아끼지 않았다. 그리고 담당 교사께서 특별히 나를 그분에게 소개해 주셔서 악수하며 인사를 드렸었다.

국회의사당 앞에서 연방하원의원
에디 로이스와 함께 (앞줄)

그곳에 있는 동안 백악관도 방문하게 되었다. 한 사람 한 사람 철저한 보안 검사를 통과한 후에 그곳 1층에 방문객들을 위해 준비된 여러 방들을 둘러보며 백악관의 역사에 관해서 많은 것들을 알게 되었다.

다음 날 스미소니언 박물관Smithsonian Museum에 가보니 너무나 신기한 것들이 많아 다 보려면 며칠이 걸릴 것 같았다. 우리 일행은 우리가 사용하는 돈을 찍어내는 조폐공사도 방문하였는데 돈이 그곳에서는 너무 쉽게 다량으로 찍어내는 싸구려 그림과 같았다.

그리고 우리 일행은 3일간에 걸쳐 대회가 있을 조지타운 대학교 Georgetown University 가까운 곳으로 자리를 옮겼고 마침내 대회가 시작되었다. 그 대회는 미 전역에서 온 고등학교 12학년들과 관련된 사람들로 거의 2천명이 넘는 것 같았다. 그들이 각자의 속한 자리에서 주어진 이슈들을 가지고 열띤 경쟁을 하며 때로는 심각하게 무언가를 숙고하는 모습들을 열린 유리문으로도 볼 수 있었다.

그런 긴장된 시간이 빠르게 지나 대회 마지막 날이 왔다. 시상식장에는 학생들과 많은 학부모들, 교사들로 그 열기가 대단했고 그 넓은 홀이 터질 것 같이 꽉 찼다. 잠시 후 그 대회 책임자가 강단에 서서 그동안 진행되었던 대회 과정을 짧게 설명을 한 후에 그곳에 있던 모든 사람의 관심사인 시상식이 진행되었다. 그 시상식에서는 각 위원회별로 최고로 잘한 한 사람을 선정해서 Gavel, 즉 의사봉을 상으로 주었다. 감사하게도 우리 학생들 중에 2명이 그 상을 받았기에 모두 환호성을 질렀다.

그리고 시상식의 마지막 부분에서 마침내 지영이가 속한 위원회에 대한 수상자를 발표했다. 그때 놀랍게도 사회자가 세리토스 고등학교 제인 최 Jane Choi from Cerritos High School를 호명했고 나는 너무 좋아 두 손을 위로 올리며 환호성을 질렀다. 그리고 우리 아이가 그 수많은 사람들의 박수를 받으며 상을 받기 위해 강단으로 뛰어올라갈 때 나는 속으로 이렇게 중얼거렸다.

"딸아, 나는 네게서 받을 효도를 다 받았다. 고맙다!"

| 지영이가 최우수상으로 받은 모의유엔총회 의사봉

우리 아이가 속했던 안전보장 위원회에서는 미 전역에서 참여한 12명의 쟁쟁한 학생들이 경합을 벌였는데 그 상이 우리 아이에게 돌아온 것이었다. 그리고 그곳에서 우리 아이가 속한 학교의 랭킹이 전국 4위로 올라갔다는 말도 들었다. 특별히 그 해에는 우리 아이가 그 프로그램에 책임을 맡고 있었기에 내게는 그 일이 너무나 감격스러웠다.

지영이는 졸업을 하고 동부에 아이비리그 중에 하나인 U-Penn에 입학하였다. 너무 멀어서 데려다 주지도 못하고 홀로 떠나는 모습이 안타까웠지만 그저 주님 손에 맡겨 드렸다. 정말 하나님의 은혜로 어려운 공부도 잘 감당하고 근처에 있는 한인교회에서 봉사도 하며 열심히 신앙생활도 하였다.

그 아이가 떠나고 몇 달 후에 길에서 우연히 어떤 분을 만났는데 그분의 자녀는 우리 아이보다 저학년에 있었기에 그때 그 모의 유엔 활동 프로그램에 열심히 참여하고 있었다. 그 엄마는 그 학교에서 내가 전설적 엄마 "Legendary Mom"으로 소문이 났다고 말해 주었다. 나는 믿는자로서 어떤 일이든지 선한 일이라면 최선을 다하려는 마음으로 살다 보니 그런 칭찬의 말도 듣게 되는 것 같았다.

지영이는 학교에서 도시계획 City Planning을 공부하고 잘 마쳤다. 그후 UCLA 대학원에서 전액 장학금을 받고 계속해서 같은 공부를 했다. 그리고 남편은 지영이가 졸업식을 하는 날 바쁜 중에도 시간을 만들어 참석하고 아이의 졸업식에 참석했던 친구들에게 점심도 대접하며 함께 기쁨을 나누었다. 남편이 돌아가신 지금 생각하면 얼마나 감사한 일인지 모른다.

남편의 사고는 그렇게 식사를 한 3일 후였다. 하여 그 아이는 그때 당시 산호세에 있는 구글회사에서 일하고 있었던 언니를 대신해서 내 옆에서 아빠를 돌보는데 최선을 다했었다. 그때 지영이는 터키에 가서 일 년 동안 공부도 하고 선교도 하려는 계획을 가지고 있었다. 그렇지만 그쪽에서 제공한 재정지원도 포기하고 아빠를 돌보는데 마음을 다했었다.

아마도 그 아이의 도움이 없었다면 사고 초기의 그 어려운 시간을 나 혼자 감당하기는 어려웠을 것이다. 그리고 생각해 보면 그 사고는 아이들의 교육을 다 마친 후에 당한 일이라 그런 와중에도 내게는 감사할 일이었다.

지영이는 졸업 6개월 후부터 로스앤젤레스 시청에 출근하며 지금은 자기 분야에서 인정을 받고 선임 도시 설계사 "Senior City Planner"로 일하고 있다. 그리고 하나님의 은혜로 믿음 좋은 귀한 사위를 만나게 되었다. 버클리에서 컴퓨터를 전공한 반듯하고 매우 똑똑한 청년이다.

나는 하나님께서 우리 가정에 최고의 아들 같은 사위를 보내 주셨기에 감사하며 그 누구의 사위도 부럽지 않다. 지금은 디즈니 회사에서 컴퓨터 관계 일을 하면서 집에서는 어린 자녀들을 잘 돌보는 가정적인 사람이라 사위뿐 아니라 하나님께 늘 감사하고 있다.

돌아보면 결혼식 때는 딸아이의 손을 잡고 들어 갈 아빠의 부재로 인하여 마음이 아팠다. 나는 당연히 딸아이의 결혼식에 참석하시기 위해서 한국에서 오신 두 분의 큰아버님 중에 한 분이 동생을 대신해서 딸아이의 손을 잡고 입장할 것을 생각했다.

그런데 우리 아이는 아빠가 할 수 없다면 나를 키워준 엄마의 손을 잡고 입장하겠다고 고집해서 나를 당황하게 했다. 결국 그 아이의 의견을 따라 내가 아빠 대신 그 아이의 손을 잡고 신부입장을 하는 영예를 누리게 되었다.

그곳 식장에 모였던 모든 사람들이 일어난 가운데 아이의 손을 잡고 입장하는 내 마음은 착잡하였다. 그 복된 자리에서 기쁨을 누려야 할 아빠는 아무것도 모른 채 병상에서 깊은 잠에 빠져 있었기 때문이었다. 그렇게 결혼한 지영이는 지금은 6살, 4살 아들과 딸 아이를 둔 엄마로서 일을 하며 열심히 살고 있다.

생각해보면 남편은 그런 어려움 중에 병상에 누워 있었지만 딸 아이들로 인해 계속해서 기뻐했을 것 같다. 특별히 첫째 손주가 태어났을 때 내가 남편의 귀에 대고 당신 손자가 생겼다고 흥분해서 말하자 그 표정이 좋아하는 것이 역력해 보였다.

그즈음 남편에겐 조금씩 변화가 있었다. 그때부터 나만이 알 수 있는 표정으로 자신의 의사를 표현했다. 나는 미세하지만 반응하는 그를 민감하게 알아차릴 수 있었다. 그래서 가끔 손주가 와서 자기 앞에서 손짓 발짓하며 움직이는 모습을 볼 때는 얼마나 흐뭇해 하는 지 느낄 수 있었다.

그로부터 2년 후에 하나님께서 예쁜 손녀를 선물로 주셔서 얼마나 감사한지 알 수가 없었다. 바빠서 자주는 못 와도 올 때 마다 두 어린 손주들로 하여금 "할아버지"를 부를 수 있도록 했다. 그 소리를 듣는 남편이 얼마나 좋아했을지를 생각하니 어려운 중에도 그런 선물을 우리에게 주신 하나님께 감사할 것밖에는 없는 것 같다.

| 지영의 가족 (지영, 소망, 성민, 데이빗)

그렇게 잘 자라 준 아이들이 자신들을 사랑으로 잘 돌봐 주신 아빠의 어려움을 같이 통과했기에 그 아빠의 장례식에서 조사를 하며 자기들을 위해 모든 것을 다 내어준 사랑하는 아빠에게 고마움을 표하고 아빠의 믿음을 거울삼아 잘 살아가겠노라고 결단하는 것을 보게 되었다. 돌아보면 모든 것이 하나님의 은혜였음을 깨닫기에 아이들로 인해서도 모든 영광을 하나님 아버지께 올려드린다.

다음은 우리의 두 딸들이 사랑하는 아빠의 장례식에서 올려 드린 조사다. 먼저 큰 딸 은영이가 아빠를 추모하며 조사한 내용이다.

안녕하세요

저는 고 최복규 집사의 큰 딸입니다. 오늘 와 주셔서 너무 감사합니다. 저희 아빠는 늘 바쁘게 힘든 일을 하셔도 가족을 위한 일이라고 즐겁게 하셨습니다. 그리고 아빠의 두 딸이 이 세상에서 가장 최고의 딸이라고 늘 자랑스러워 하셨어요.

그리고 사랑으로 돌보시며 저희들이 부족함이 없도록 키워 주셨어요. 아빠 너무 고마워요! 13년 전 아빠가 사고를 당하셨을 때 엄마는 아빠의 트럭에서 아빠가 써서 붙여 놓은 3개의 성경말씀을 발견하였어요.

그 첫 번째 말씀은 시편 103편에 "내 영혼아 여호와를 송축하라"였습니다. 우리는 아빠가 하나님을 많이 사랑하신 줄을 알게 되었어요. 두 번째 말씀은 고린도 전서 13장에 "그런즉 믿음 소망 사랑 이세가지는 항상 있을 것인데 그중에 제일은 사랑이라"였습니다. 엄마는 그 말씀은 하나님이 아빠를 통해서 엄마에게 주신 것 같다고 말씀하셨어요.

지난 13년 동안 엄마는 매일 13시간씩 아빠를 돌보며 수고하고 희생하며 감당하셨어요. 하나님이 엄마에게 부어 주셨던 힘이었던 것 같아요. 언젠가 아빠의 병원에서 일하시는 청소원 한 분이 엄마에게 카드와 선물을 주셨답니다. 그 카드에는 우리를 알게 된 것을 하나님께 감사한다며 이렇게 써 있었답니다. I thank God for giving me the Opportunity for knowing you guys. Because you teach me a lot of things about real love.

아빠 덕분에 엄마가 사랑 장을 완성하신 것 같아요. 그리고 또 마지막 말씀은 욥기 23장 10절로 "그가 나를 단련하신 후에는 내가 정금과 같이 되어 나오리라"였습니다. 아빠는 큰 고통을 여러 차례 겪으시면서 깊은 물과 뜨거운 불의 연단을 받으셨습니다.

하지만 이제는 하나님께서 입혀 주신 흰옷을 입고 새털처럼 가벼운 몸으로 사랑하는 예수님의 품에 안기셨습니다. 그러므로 아빠의 마지막 말씀들이 다 성취되셨습니다. 아빠는 진정한 하나님의 사람이셨습니다. 자랑스러운 우리 아빠 한 알의 밀알이 되셨습니다. 앞으로 우리 가족을 통해서 하나님께서 기뻐하시는 선한 열매 많이 맺힐 것입니다.

아빠 보고 싶어요. 사랑합니다.

아빠의 사랑하는 딸 은영 Ellen올림

그리고 다음은 우리의 둘째 딸 지영이 아빠를 추모하며 올린 조사이다. 유치원 때 미국에 온 아이라 영어가 더 편하다고 했다.

Dad's Eulogy

On behalf of my family, I want to thank you for coming tonight to remember our father. I am going to share a few memories of him.

My father was a man of few words, but his actions spoke loudly. I remember my father for his incredible work ethic. He was extremely diligent. He woke up every day at 5 AM to go on his daily run to the park. My father loved to run. One of my favorite memories of my dad was driving to Huntington Beach with him and running along the coastline. I loved running behind him and stepping in his footsteps. He would challenge me to keep up with him when I felt tired or fell behind. He helped me develop a lifelong love of running.

I am very proud of my dad for doing his best working as an appliance mechanic. As an immigrant, his profession was not something he readily wanted to do, but something that he picked up learning from others in our family. Even though the life of an appliance mechanic was not glamorous, my dad always showed us the value of working hard and being diligent. Some of my fondest memories of childhood include playing on his truck and marveling at the many different drawers of tools he had. Through their hard work and God's grace, my parents were able to achieve the American Dream and send my sister and me into a comfortable future. Growing up, we did not go on fancy vacations or trips, but we were always happy and I knew nothing else.

My father loved the Lord. My dad's accident happened the day after Father's Day. The week prior, when we were discussing Father's Day plans, he asked not to celebrate on Father's Day, but the day before, so that he would not have to miss the revival at church. I was personally a bit offended then, but

now appreciate that he taught me a valuable lesson of putting the Lord first. I hope I can demonstrate a love for Christ to my children as well as my dad did for me. I am so thankful that my father is resting in peace and that I will be able to see my father again in Heaven.

The past nearly 13 years has been the most difficult time for my family. Suffering through my dad's accident and the aftermath have been devastating. But, I trust that all things happen for God's glory and that He will make something beautiful out of all of the suffering of the past decade.

Appa, I know you are in Heaven listening. I hope you are enjoying running along the beaches of heaven. Thank you, appa. We all love you miss you and look forward to being united with you in Heaven.

사랑하는 아빠를 기억하며

우리 가족을 대신하여 오늘 밤 우리 아버지를 기억하기 위해 와 주신 분들께 감사를 드립니다. 나는 아빠에 대한 몇 가지 기억을 나누려 합니다.

아빠는 말이 거의 없는 분 이셨지만 행동은 늘 큰 소리로 말했습니다. 나는 아빠의 놀라운 직업 윤리를 기억합니다. 아빠는 매우 부지런했습니다. 매일 오전 5시에 일어나 하루도 빠짐없이 공원을 뛰셨습니다. 아버지는 달리는 운동을 좋아하셨습니다. 내가 가장 좋아하는 기억 중 하나는 아빠와 함께 헌팅턴 비치로 운전하여 해안선을 따라 달리는 것이었습니다. 나는 아빠를 따라 달리며 아빠의 발자국을 밟으며 따라 가는 것을 즐겼습니다. 내가 피곤하거나 뒤쳐졌을 때 아빠를 잡아보라고 도전하시곤 했습니다. 그렇게 아빠는 내가 평생 달리기에 대한 사랑을 키우도록 도와주었습니다.

저는 가전 제품 정비사로서 최선을 다했던 아버지가 매우 자랑스럽습니다. 이민자로서 그의 직업은 그가 쉽게 하고 싶었던 것이 아니라 우리 가족의 다른 사람들로부터 배우는 것이었습니다. 가전제품 정비사의 삶은 화려하지는 않았지만 아버지는 항상 열심히 일하고 부지런히 일하는 것의 가치를 보여주셨습니다. 어린 시절에 대한 나의 가장 좋은 기억 중 일부는 그의 트럭에서 놀고 그가 가지고 있던 다양한 도구 서랍에 놀랐던 것입니다. 그들의 노력과 하나님의 은혜를 통해 부모님은 아메리칸 드림을 이루고 언니와 저를 편안한 미래로 보낼 수 있었습니다. 어렸을 때 우리는 멋진 휴가 나 여행을 가지 않았지만 항상 행복했고 나는 다른 것을 알지 못했습니다.

아버지는 주님을 사랑하셨습니다. 아버지의 날 다음 날 아버지의 사고가 발생했습니다. 그 전 주에 우리가 아버지의 날 계획을 논의할 때 아빠는 교회 부흥회를 놓치지 않기 위해 아버지의 날이 아니라 전날을 축하해달라고 요청했습니다. 나는 개인적으로 약간 기분이 상했지만 이제 그가 주님을 우선시하는 귀중한 교훈을 가르쳐 주신 것에 감사드립니다. 아버지가 저를 위해하신 것처럼 저도 자녀들에게 그리스도에 대한 사랑을 보여줄 수 있기를 바랍니다. 아버지께서 편히 쉬시고 하늘에서 아버지를 다시 볼 수 있게 되어 너무 감사할 뿐입니다.

지난 13년은 우리 가족에게 가장 힘든 시기였습니다. 아버지의 사고와 그 여파로 고통을 겪고 있습니다. 그러나 저는 모든 일이 하나님의 영광을 위해 일어나고, 지난 10 년 동안의 모든 고난에서 하나님께서 아름다운 것을 만들어 주실 것이라고 믿습니다.

아빠, 나는 아빠께서 천국에서 듣고 있다는 것을 압니다. 천국의 해변을 따라 달리기를 즐기시기 바랍니다. 고마워요, 아빠. 우리 모두는 아빠를 그리워하고 있고, 천국에서 아빠와 함께 할 날을 고대합니다.

사랑하는 딸 지영 Jane 올림

장례식을 마치고
지영 (좌)과 은영 (우)

25. 하나님의 만나는 현재 진행형이다!

하나님의 은혜로 주어진 소중한 인생을 살면서도 그것을 깨닫지도 못하고 흔히 세상 사람들이 말하듯이 한 번뿐인 인생을 소풍 온 것처럼 꽃도 보고 새들의 노래에 춤도 추고 그렇게 적당히 즐기면서 사는 것이 행복이라 여기며 아무 의식도 없이 살았다.

그리고 어느 날 그 소풍 길에 예기치 않았던 폭풍우를 만났다. 그 것은 광풍과도 같았다. 전혀 상상치 못했던 남편의 치명적인 사고는 나를 거친 광야로 몰아냈다. 그 순간부터 인생의 소풍 길에서 즐거워 했던 새들의 아름다운 노랫소리도, 길에 핀 화려한 꽃들도 모두 회색 빛으로 변해 버렸다.

의학적으로 전혀 소망이 없는 남편을 포기하는 것이 가족을 위하는 길이라는 병원 사람들의 조언에는 귀를 닫았다. 오직 전능하신 하나님 한 분을 의지하고 한 손은 주님의 손을, 다른 한 손은 남편의 손을 잡고 거친 광야에서 긴 여행이 시작되었다.

내가 곁에 있는 만큼 남편에게 도움이 되기에 아침부터 밤 늦게까지 남편 곁에 머물며 내가 할 수 있는 최선을 다해 남편을 간호했다. 마치 쑥과 담즙과도 같이 쓰디쓴 시간을 지나는 동안 나는 주님께서 세심하게 나를 돌보고 계신 것을 어렵지 않게 알 수 있었다.

나를 위해 장을 보고 음식을 만드는 것은 스스로 허락하지 않았지만 처음에는 주변분들과 가까운 가족들이 음식을 가져와 많은 도움이 되었다. 그러나 시간이 지나면서 자연히 그들의 수고도 줄게 되니 나는 대충 때우는 식사로 지내거나 여러 이유로 자주 식사를 거르게 되었다. 그러자 서서히 허약해 지며 체중도 줄고 조금만 서 있어도 다리가 후들거렸다.

그렇게 1 년 정도가 지날 무렵이었다. 그 날은 아침부터 기운이 없어 병원 의자에 앉아 옆에 있던 성경을 펼쳤다. 에스겔 4장이 눈에 들어왔다. 아무 생각 없이 읽는데 어떤 말씀이 성령님의 강한 음성으로 내 마음에 다가왔다.

너는 식물을 달아서 하루... 때를 따라 먹고 물도 ... 때를 따라 마시라.
| 에스겔 4:10–11

이 말씀 중에 먹어라, 마시라는 단어가 내 눈에 서 떠나지 않고 내 입에서는 그 단어가 계속 나왔다. 바로 주님께서 내가 그런 상태로는 앞으로 감당하며 가야 할 길이 너무 멀다는 것을 아시고 강권적으로 내게 명령하셨던 것이다. 그럼에도 나를 위한 음식을 준비하기 위해 시간과 돈을 쓰는 것이 쉽지 않았다.

그 무렵 내 바로 아래 여동생이 자신의 하던 사업을 사정상 접게 되어 다른 일을 찾을 수밖에 없었다. 특별한 기술도 없이 나이까지 많은 동생은 쉽게 일을 찾을 수 없었다. 어느 날 동생이 한국 마켓 앞을 지나가다가 그 곳에 있던 쓰레기통에 한국신문의 구인 광고란이 버려져 있는 것을 보았다.

그 곳에 어느 식당에서 사람을 구하는 것을 보고 무작정 찾아가 주인을 기다리는 동안에 그 곳 일들을 좋은 솜씨로 해 놓자 놀랍게 여긴 주인이 일자리를 허락했던 것 같다. 그곳은 음식을 만들어 점심으로 여러 회사에 배달해 주는 곳인데 첫날 일을 나간 동생에게 전화가 왔다.

동생은 그곳에 음식이 많이 남았는데 내가 원하면 갖다 주겠다고 했다. 내가 무슨 음식이냐고 물으니 음식이 뷔페로 나가는데 사람들이 먹고 남은 것이라고 했다. 나는 망설이지 않고 무조건 갖다 달라고 했다. 생각 같아서는 남들이 먹다 남긴 것을 먹는다는 것이 자존심이 상할 수도 있었지만 어쩌면 주님이 내게 만나와 같은 그 음식을 주시는 숨은 뜻이 있을 거라 생각하며 신명기 8장 말씀을 상고해 보았다.

그리고 내게 만나와 같은 그 음식을 허락하신 것은 어려운 시간을 보내며 제대로 먹지 못하는 나를 돌보시려는 뜻 외에도 나를 낮추시고 시험하사 주님의 명령을 지키기를 원하시며 또 교만한 내 마음을 겸손케 하시려는 주님의 깊은 뜻이 있음을 깨닫게 되었다.

그 날밤 집에 도착해서 냉장고를 열어보니 각종 음식으로 가득 했다. 그 음식들은 생각보다 훌륭했다. 고기 요리부터 생선, 다양한 나물들, 각종 김치, 거기다 국과 찌게와 잡곡밥까지 완벽했다.

그때 나는 남편이 하나님의 능력으로 곧 일어날 줄 믿었기에 당분간만 먹으려고 생각했었다. 그러나 내 생각과는 다르게 하나님은 정확하게 7년간을 이 음식으로 살게 하셨다. 거의 매번 다양한 음식으로 일주일이면 3~4일을 가져오니 나는 음식 걱정 없이 아침이면 냉장고에 가득한 다양한 음식들을 입맛대로 그냥 담아와 병원에서 점심과 저녁을 해결했다. 평소에 외식을 한번 하면 이상하게 뒷맛이 안 좋아 즐기지 않았는데 동생이 가져오는 그 음식은 아무리 먹어도 뒤탈이 없었다.

무엇보다 그저 주인의 상에서 떨어진 부스러기를 먹는 낮은 마음으로 그 음식을 감사할 때 주님은 그 음식을 사용하셔서 여러 사람에게 힘이 되게 하시는 것을 보게 되었다. 그 중의 한 분이 우리집 근처에 홀로 사시면서 하나님만을 의지하시는 신실하신 집사님 이셨다. 그분은 하나님께서 내게 베푸시는 은혜를 듣고 자신에게도 그 음식을 나누어 줄 것을 원해 거의 5년 넘게 음식이 오는 날은 아침에 병원 가는 길에 배달해 주었다. 그 별것도 아닌 일에 그분은 늘 고마워하며 잊지 않으시고 명절이면 과일박스를 들고 오셔서 나를 민망하게 하곤 하신다.

이 모든 일은 우리 배후에서 모든 것을 주관하시는 하나님께서 동생의 마음을 감동하시므로 이루어진 일이었다. 아무리 피를 나눈 사이라도 그 7년 동안을 한결같은 마음으로 사랑의 수고를 해준 동생에게 나로 하여금 갚을 길 없는 큰 빚을 짊어지게 했다. 지금 돌아보면 그때 동생의 그런 특별한 도움이 없었다면 나는 정말 쉽지 않았던 그 시간을 견뎌 내기가 어려웠을 것이다.

또한 사는 동안 나를 위해 별로 옷을 사지 않았는데 매일 병원에 가면서 평상복이 마땅치 않을 때 교회 권사님과 동생을 통해 새 옷 같은 헌 옷을 보따리로 받게 하셨다. 그리고 솜씨 좋은 95세의 친정 엄마의 손을 통해 내 옷이 되어 편하게 잘 입게 되니 참으로 감사했다.

그 옛날 광야에서 어려운 시간을 보냈던 이스라엘 백성들에게 하늘의 음식인 만나를 공급하시고 그 40년 동안 그들의 의복이 헤지지 않고 발이 부르트지 않게 하신 그 하나님께서 오늘 광야를 통과하는 내게도 동일한 은혜를 베푸셨으니 그저 감격할 뿐이다.

26. 제게는 이미 십자가가 있습니다!!

이 땅에 그리스도인으로 살면서 어떤 상황이든지 일상에서 예수님을 증거 하는 것이 쉬운 일은 아니지만 믿는 자들에게는 반드시 주어진 의무이기에 소홀히 할 수가 없는 것 같다. 하기에 나도 그 어떤 것보다 '예수님의 씨' 를 뿌리는 일에 마음을 다해왔다.

남편이 13년 동안 있었던 요양병원이 내 선교지가 될 수밖에 없었던 것은 그것이 가장 가치 있는 일이라고 생각해 왔기 때문이다. 2인실 방에는 언제나 환자가 있었고 자주 바뀌었다. 그러기에 나는 어떤 환자라도 만날 준비를 하고 있었다.

<hr />

어느 날은 50대 후 반의 백인 환자가 들어왔는데 상태는 좋지 않았지만 의식이 분명하기에 복음을 전했다. 그때마다 그는 고개를 저었다. 얼굴이 무서울 정도로 독하게 생긴 그는 가족도 없이 외롭게 누워서 이미 마비되어 버린 팔과 다리를 움직여 보려고 애쓰며 힘들어 보였다.

그가 어떠한 삶을 살았는지를 추정하는 것은 그리 어려운 일이 아니었다. 날마다 TV를 틀어 놓고 보는 것이 잔인한 폭력물이었다. 아니면 괴기영화와 같은 종류였다. 그러니 그와 같이 좁은 한방을 쓰는 것이 내게는 쉬운 일이 아니었다. 하지만 내색하지 않고 한 달 남 짓 있는 동안 열심히 도와주었고 틈틈이 복음을 전하며 예수님이 너를 많이 사랑하신다고 말했다. 그러면 그는 관심 없다는 표정이었다.

그런데 어느 날부터는 몸 상태가 좋지 않아서인지 코에서 더러운 피 가래 같은 것이 계속 나와 자주 그의 입을 덮었다. 그는 이미 마비되어 버려 사용할 수 없는 손을 본능적으로 조금씩 움직여 보였지만 본인 스스로 해결할 수는 없었다. 그때마다 누군가의 도움이 필요한데 어떤 때는 모두 바쁜 것 같아 내가 장갑을 끼고 깨끗이 닦아주면 나를 물끄러미 바라보았다.

그런 일이 몇 번 있은 다음 그는 상태가 좋지 않아 큰 병원으로 옮겨갔다. 나는 그가 복음도 받아들이지 않았기에 그것으로 끝난 줄 알았는데 그 다음날 아침에 성령님께서 그를 방문하라고 강권적으로 나를 밀어내셨다. 그럴 때는 지체하지 않고 순종해야 함을 알기에 하던 일을 멈추고 그곳에서 멀지 않은 UCI 병원 중환자실로 갔다.

내가 눈을 감고 있는 그의 이름을 부르니 내 목소리를 기억하고 눈을 떠서 나를 보다가 다시 눈을 감았다. 나는 마침 '예수가 우리를 부르는 소리' 찬송을 영어로 알고 있었기에 주변을 신경 쓰지 않고 목청을 높여 4절까지 부른 후에 다시 그에게 복음을 전하고 아멘 하겠느냐고 물었다. 놀랍게도 그는 고개를 끄덕이며 '아멘' 하고 예수님을 영접했다. 그를 위해서 기도해 주고 그에게 생각 나는 대로 과거의 죄를 회개 하라고 말했다. 그리고 나오면서 빨리 회복해서 다시 만나자고 말한 후 돌아왔다.

나는 그를 포기했지만 주님은 결코 그를 포기하지 않으셨던 것이다. 그런데 그 다음날 아침, 병원에 들어서니 복도를 지나가던 매니저가 나를 보고 그가 어젯밤에 죽었다고 말했다. 그때 나는 깨달았다. 왜 주님께서 나를 급히 그에게 보내셨는지를... 병원 사람들은 놀라워했다. 내가 전 날 다녀와서 그가 예수님을 영접했다고 말했기 때문이었다.

그즈음 남편의 옆에는 70대 후반의 베트남계 환자가 들어와 있었다. 나이가 있음에도 영어를 구사하는데 어려움이 없는 퇴직한 영어 교사였던 분이었다. 잠시 폐렴 후유증을 치료하느라 한 달 정도 남편과 한 방을 사용했는데 그분은 골수 불교 신자였다.

그동안 몇 분의 불교신자와 같이 방을 함께 사용 했었지만 그 분만이 방에다 부처의 사진을 걸어 놓고 거기다 작은 기계를 틀어 놓았는데 그곳에서는 똑같은 소리로 목탁을 치며 불경을 외우는 소리가 계속 나왔다. 이미 그 방에는 나의 십자가가 걸려있었고 내가 소리 내어 읽는 성경말씀이 자주자주 들리는 곳인데 기가 막힌 진 풍경이 벌어졌다. 나는 마음이 매우 불편했지만 믿는 사람으로서 선을 넘지 않으려고 부단히 참고 있었다.

어느 날 자기가 과일 간 것을 먹고 싶은데 우리 집에 스므디 만드는 기계가 있느냐고 물었다. 나는 갖고 있지는 않았기에 바로 근처에 주방기구 파는 곳으로 가서 작은 믹서기를 사 왔다. 그리고 그분이 보는 앞에서 준비된 과일로 스므디를 만들어 드리니 감격하며 잘 마셨다.

그리고 며칠 후부터는 더이상 그 목탁 소리가 나는 기계를 틀어 놓지 않았다. 나는 계속해서 성경을 읽었고 그분에게 가끔 스므디도 만들어 드리며 복음을 전했지만, 자기는 조상 때부터 불교 믿는 가정에서 자랐고 평생을 부처를 믿은 사람이라며 그것을 바꿀 수 없다고 했다. 나는 계속 모른 체하고 더 열심히 복음도 전하고 성경도 소리 내서 그분이 들도록 읽었었다.

그러던 어느 날 스님 한 분이 그분의 손님으로 우리 방에 들어오셨다. 나는 평소에 승려복을 입은 사람이 내 가까이 오거나 그런 사람을 보기만 해도 싫은 감정이 들었다. 그날도 내 가까이에서 시간을 보내는 스님을 보니 그 감정이 다시 올라왔다. 그런데 놀랍게도 나는 내 감정하고는 전혀 다른 행동을 하고 있었다. 그분이 옆 환자 곁에서 자기들 말로 계속 대화를 나누고 있기에 나는 생수 한 병을 가지고 가서 그에게 주며 너 말을 많이 하니 목마르겠다며 주었다.

그랬더니 그 스님은 고마워서 어쩔 줄 몰라 하며 너는 사랑이 많은 사람이라고 하였다. 그래서 나는 속으로 '이때다' 하고 그 스님에게도 복음을 전하기 시작했다. 내가 그에게 이렇게 물었다. 네가 보기에 내가 사랑이 많은 사람으로 보이는데 그 이유를 알기를 원하느냐고 하자 그는 웃으면서 그렇다고 고개를 끄덕였다. 하여 내가 얼른 요한 일서 4장 7절로 시작되는 "하나님은 사랑이시라"를 그에게 보여주며 내가 읽을 테니 들어보라고 하자 그 스님은 옆 환자의 눈치를 잠시 살피더니 내게 그러라고 한 후, 좁은 의자인데도 가부좌를 틀고 앉아 눈을 감고 들을 준비를 하였다. 내가 천천히 21절까지 다 읽고 그에게 말했다. 내가 믿는 하나님은 사랑이시기 때문에 그분은 나를 사랑하시는 것처럼 너도 사랑하신다고 말하고, 너는 지금 하나님의 잃어버린 아들이니 그분께 돌아와야 한다고, 그러려면 예수 믿으라고 말하자 나에게 이렇게 말했다.

"내가 얼마나 깊은 경지에 도달한 사람인지 너는 알지 못한다."

그래서 내가 답했다.

"그 깊이가 깊을수록 지옥에 가까운 것을 너는 모르고 있다.
그러니 지금이라도 늦지 않았으니 너의 영적 아버지인
하나님께 돌아와야 한다."

하여 나는 그 다음 날부터 반은 강제로 그를 앉혀 놓고 복음을 전했다. 전도책자를 사용하며 주님이 주시는 감동대로 담대하게 말했다. 내가 영접기도를 하고 '아멘' 하겠느냐고 물었으나 아무 말 하지 않고 눈을 감고 있었다. 그리고 그 다음 날은 이사야 53장 전장을, 그 다음 날은 요한복음 1장 전장을 읽어 주자 그는 매우 심각한 표정으로 듣고 있었다.

얼마 후 그 환자는 다른 방으로 옮겨 갔다. 그리고 나는 더이상 그 스님을 보지 못했다. 그가 예수를 영접하지는 않았지만 훗날 심판의 주이신 여호와 하나님 앞에서 복음을 듣지 못했다고 변명은 할 수 없게 되었다. 내가 확실하게 '예수'의 씨앗을 뿌렸기 때문이다.

⟡

그즈음 70대 중반의 멕시코 환자도 우리 방으로 오셨다. 폐렴 후 유증으로 두 달 정도 계셨는데 드물게도 이곳에서 태어나신 분이셨다. 부친이 오렌지 카운티에서 목회를 하셨는데 자신은 성인이 되면서 교회를 떠나 수십년 동안 신앙생활을 하지 않았다고 했다.

가끔 오는 아들을 대신해서 도움이 필요할 때마다 정성껏 도와드렸더니 나를 좋아했다. 특별히 옆에서 지극 정성으로 남편을 돌보는 내 모습에 감동받고 그의 아들이 올 때마다 내 이야기를 하는 눈치였다. 그 아들은 보기에 아버지와 달리 믿음이 좋아 보였다. 나는 그분이 우리 방으로 오신 이유가 있음을 깨닫고 기회가 있을 때마다 예수님 이야기를 해드리며 내가 만난 살아 계신 주님을 간증 해드렸다. 때로 성경책을 펴 놓고 중요한 부분을 읽어 주기도 하며 그분이 다시 결단할 수 있도록 권면 했다.

처음에는 시큰둥하던 그분은 시간이 지날수록 성령님의 감동하심으로 자신이 예수를 잃어버린 것이 큰 잘못인 것을 깨닫고 다시 예수님을 자신의 구주와 생명의 주님으로 영접하셨다. 그리고 집에 돌아가면 꼭 교회에 나가겠노라고 내게 거듭 약속하셨다.

그분이 퇴원하시는 날 아버지를 모시러 온 아들이 뜻밖에도 내게 카드와 함께 조그만 선물 상자를 내밀었다. 내가 놀라며 괜찮다고 거절하자 우리 테이블에 올려놓기에 그 상자를 열어보니 그곳에는 눈부시게 아름다운 보라색 보석이 촘촘히 박힌 은 십자가 목걸이가 있었다.

순간 나는 내 안에 있는 십자가가 떠올랐다. 사랑하는 예수님 때문에 내가 세상을 못 박아버린 십자가, 또한 내게 소망이 없음을 알고 세상이 나를 못박아 버린 볼품없는 십자가, 아침마다 주님과 못 박혀서 확실히 내가 죽었는지 확인하고 하루를 시작하는 그 십자가, 그러나 내게는 능력이요, 소망인 자랑스러운 그 십자가가 번개같이 내 머리를 스치고 지나갔다.

그때 옆에서 남편을 운동시키던 여자 두 분도 그것을 보고 감탄하며 나에게 받으라고 눈짓을 했다. 나는 그 아들에게 그 상자를 돌려주며 말했다.

"고맙지만 내게는 이미 십자가가 있습니다.
그러니 카드만 감사히 받겠습니다."

그는 금방 내 말뜻을 알아듣고 그것을 도로 받아 넣었다. 옆에서 아쉬워하는 그 여자 직원들에게 나는 액세서리를 하지 않는다고 웃으며 말했다. 그것보다 나는 이 다음에 천국에서 그 분을 확실히 만날 수 있는 것이 더 기쁘고 감사했다. 그 아들이 내게 준 카드에는 이렇게 쓰여 있었다.

우리 아버지를 위해 사역해주신 것에 감사드리며
이 선물을 드리니 꼭 받아 주십시오. 감사합니다.

Please accept this gift at appreciation
for ministering to my father. Thank you.

이 밖에도 많은 간증들이 있다. 그런데 중요한 것은 이 모든 사역들은 내가 한 것이 아니라 하나님이 하셨다는 것이다. 그러니 나는 사용 받은 것만으로도 감사를 드리지 않을 수 없다.

27. 홈리스 로버트를 축복하며

    남편이 입원해 있는 병원 옆에는 아름다운 공원이 있다. 2년 전 새롭게 단장했는데, 그 전에 모습은 마치 수줍은 시골 처녀처럼 사랑스러웠다. 그러나 어디나 그렇듯이 2년 전 까지는 공원 주변에 적지 않은 홈리스들이 있었다. 매일 공원에 가다 보니 그들과도 친구가 되었는데 깊은 대화는 나누지 못해도 일상의 안부를 묻기도 하고 필요한 사람들에게는 기도도 해주고 예수님을 전하기도 했다. 때로는 그들의 거절할 수 없는 애교 섞인 요구에 조촐한 생일상을 차리기 위해 주머니가 털리기도 했지만 그들이 싫지는 않았었다.

    그런 그들에게는 그 어떤 날보다 명절이 외롭고 힘들기에 어떤 크리스마스 때는 이곳 병원에 뜻이 있는 사람들의 마음을 모아 12명 남짓한 그들에게 작지만 정성어린 선물과 함께 푸짐한 점심 식사를 대접해 주고 그들을 위로하고 격려해 주기도 했었다. 어느 추수 감사절날에는 그들을 위해 조촐한 식단을 베풀고 식 기도를 한 후, 나는 그들에게 하나님께서 너희들을 사랑하시기에 너희의 영혼과 현재 미국 대통령의 영혼을 동일한 것으로 여기신다는 것을 잊지 말라고 했다 그러자 그들은 숙연한 얼굴로 서로를 바라보며 감격하여 고개를 끄덕였다.

꒰ꦿ꒱

그즈음 어느 날 공원에 나가보니 미셸이라는 40대 여자 거지가 쓰러져 신음하고 있었다. 내가 그의 이마를 만져 보니 불덩이처럼 뜨거웠다. 하여 왜 그러는지 물었더니 자기가 많이 아프다는 것이었다. 하여 나는 기도하자고 말하고 그의 몸에 손을 얹고 간절히 기도해 주었다. 그리고 무엇이라도 먹었느냐고 물으니 어제부터 아무것도 먹지 못했다고 말했다.

하여 나는 근처에 있는 편의점으로 달려가 치킨 soup과 함께 먹을 것과 해열제를 사 가지고 그에게 갖다 주고 병원으로 돌아왔다.

그리고 며칠 후 공원에서 만난 그녀가 나를 보고 활짝 웃으며 옆에 있던 친구에게 말하기를 자신이 며칠 전에 폐렴으로 고생하고 있을 때 저 사람이 나를 도와줘서 살아났다고 말하는 것이었다. 내가 하늘을 가리키며 예수님께서 너를 살려주신 것이라고 말하자 그는 하늘을 향하여 "Thank you Jesus!" 라고 말했다.

꒰ꦿ꒱

그러던 어느 날은 홈리스로 보기에는 말끔하게 잘 생긴 사 십대 후반의 백인 남자 하나가 공원 안쪽에 어설픈 움막을 세우고 그곳에 둥지를 틀고 있는 것을 보았다. 대부분 다른 사람들은 공원 입구에 모여 있는데 그는 그들과 어울리지 않았다.

하루는 그에게 찾아가서 잡지를 보고 있는 그에게 예수님을 전하자 나를 힐끗 쳐다보더니 자기는 부처를 더 좋아한다고 말하는 것이었다. 백인남자의 입에서 뜻밖에 그런 말을 들으니 어이가 없었다. 내가 부처에게는 생명이 없고, 예수 믿는 것은 너의 생명에 관한 일이라고 말하자 관심 없어 했다. 나는 그에게 또 보자고 말하고 돌아왔다.

그리고 다음 날 나는 근처에 있는 코스코에 가서 구운 닭 한 마리를 사 들고 다시 그에게 갔다. 내가 먹으라고 내밀자 놀라며 배가 너무 고팠는데 잘 되었다며 좋아했다. 나는 다른 말은 하지 않고, 며칠 후 나와 점심 같이 하자고 그를 초대했다 그리고 그가 믿지 못하겠다는 표정이기에 아예 그 자리에서 점심 주문을 받았다.

그가 터키 샌드위치를 원해서 며칠 후 터키 샌드위치 2개와 소다 2병을 들고 그와 공원 벤치에 마주 앉았다. 그는 배가 고팠던지 얼른 테이블 위에 있는 샌드위치를 잡았다. 내가 그의 손을 밀어내며 감사 기도를 하겠다고 하니 그는 화를 내며 지금 배고픈 자기를 고문한다고 불평했다. 하지만 못들은 체하고 내 손으로 빵을 붙잡고 기도를 마쳤다. 그는 며칠 전에 갖다 준 구운 닭 덕분인지 마음이 많이 오픈 되어 묻지도 않았는데 자기 이름이 "로버트" 라고 말했다. 그리고 식사 중에도 자신의 이야기를 계속해서 들려주었다.

미 동부에서 어린시절을 지낸 그는 남부러울 것 없는 중상류의 삶을 살았는데 젊어서 시작한 알코올이 중독으로 이어져 직장에서도 쫓겨나고 가족에게도 버림받아 수 년을 그렇게 살고 있다고 했다. 내가 그에게 복음을 전하자 자신도 어렸을 때는 정장하고 부모님과 교회 다녔지만 십 대가 되면서 그만 두었다고 했다. 그래서 성경적인 지식도 전혀 없다고 했다.

내가 어떻게 생활하느냐고 묻자 깡통 줍는 일을 해서 하루에 5불

정도의 수입으로 끼니를 해결한다고 했다. 나는 그의 삶이 쉽지 않겠다는 생각에 어떻게 그를 도울 수는 없을까 잠시 생각했다. 그리고 한 생각이 떠올라서 그에게 말했다. 내가 하루에 5불씩 줄 테니 성경을 읽되 요한복음을 하루에 한 장씩 읽고 내게 읽은 것을 들려 달라 했다. 그는 잠시 머뭇거리더니 해보겠다고 했다.

다음 날 나의 영어 성경책 앞 부분에 "Robert, Jesus loves you!"라고 써서 주니 좋아했다. 그리고 그 다음 날부터 그는 요한복음을 매일 한 장씩 읽고 내게 읽은 것을 말해주었는데 나는 그의 총명함에 놀라워하며 즐거운 시간을 갖게 되었다.

그러면서 그가 말씀 속에서 주님을 만나고 일어서기를 간절히 기도했다. 시간이 지나 11장에 이르렀을 때 그는 내게 마음이 불편해서 더이상 이 일로는 돈을 받지 않겠다고 하며 그래도 성경은 끝까지 읽겠다고 말했다. 나는 그가 돈이 필요하기에 다른 명목으로 그의 필요를 채워주었다. 그가 요한복음을 다 읽은 후, 내게 요한 복음에 나오는 베드로는 후에 어떻게 되었느냐고 묻기에 내가 사도행전을 읽도록 권했지만 더 이상 읽지 않았다.

그즈음 우리 교회에서 새 생명 축제가 있었는데 나는 그의 이름을 올리고 그가 예수 앞으로 돌아오길 기도했다. 그리고 그에게 그날 함께 교회 가서 예배 드리자고 권하며 그날 오는 사람들에게 멋진 점심을 대접한다는 것도 알렸다.

나는 오랫동안 거친 음식을 먹어온 그에게 한번이라도 좋은 음식을 대접하고 싶기도 했다. 처음에는 주저하더니 알았다며 자기를 픽업하러 오라고 했다. 그 주일 날 아침 나름대로 단장하고 멋쩍은 모습으로 공원 입구에 서있는 그를 태우고 아침으로 준비해 간 간단한 과일 접시를 내밀자 긴장했던 얼굴이 환해졌다.

교회에 도착해서 영어가 능통하신 H 장로님 옆에 자리를 마련해 주고 통역을 부탁드렸다. 예배 후 밖으로 나온 그는 그곳에 있는 분들의 말쑥한 모습에 자신이 부끄러운지 식사도 하지 않고 화를 내며 차로 갔다. 나는 급히 종이 접시에 음식을 담고 선물로 준비된 큰 타올 하나를 들고 그의 뒤를 따라갔다. 차에 타서 화를 내는 그에게 나는 아무 말 하지 않고 음식접시와 타월을 내밀었다. 그는 약간 놀라며 받더니 그 타월을 자기 여자 친구에게 주고 싶다고 했다.

〰️

그리고 얼마 후 공원에서 만난 그가 흥분해서 말하기를 자기 엄마가 적지 않은 돈을 유산으로 남겼는데 그의 형제들이 보내줬다며 나를 만나니 자기에게 좋은 일이 생겼다고 기뻐했다. 나도 함께 기뻐해줬지만 그것이 그의 삶을 파국으로 밀어 넣을 줄을 그때는 나도 알지 못했었다. 그 뒤 얼마 후 그는 그의 껄렁한 여자친구와 함께 공원에서 사라졌다. 그리고 그는 나의 기억 속에서 멀어졌다.

그런데 10개월 정도가 지난 어느 날, 그가 공원으로 돌아왔는데 거의 폐인이 되어 있었다. 모든 것을 자포자기한 그는 나를 보는 것조차 불편해 했다. 어느 날 나와 마주친 그가 민망한 얼굴로 힘들어 하기에 내가 다시 성경말씀으로 격려해 주자 그가 내게 말했다.

"내게 있어 너는 자이언트다."

나는 180이 훌쩍 넘는 거구인 그를 올려다보며 손가락으로 하늘을 가리켰다. 그가 우리의 영원한 "자이언트"가 되신 예수 그리스도를 만나기를 간절히 바라는 나의 마음을 알기를 원했기 때문이었다.

그리고 얼마 지나지 않아 며칠 동안 쉬지 않고 퍼붓는 겨울비가 왔다. 그는 멀지 않은 곳에 있는 쉘터도 거부하고 그냥 그 나무 아래에 웅크리고 있었다. 나는 그가 걱정되어 퍼붓는 빗속을 오락가락하며 그에게 쉘터로 가라고 권했다. 하지만 그때마다 그는 내게 상관하지 말라며 불같이 화를 냈다.

결국 그 다음 날 새벽에 폐렴으로 의식을 잃고 쓰러져 있던 그는 동료의 도움으로 가까운 병원 중환자실로 옮겨졌다. 소식을 듣고 중환자실에 가보니 그의 몸에는 여러 개의 의료기구가 생명줄이 되어 연결되어 있고 입에는 호흡을 위한 호스를 물고 가파른 숨을 쉬고 있었다. 마침 그를 돌보시던 의사 선생님이 아는 분이라 상태를 물어보니 심각하다며 지켜보자고 하셨다. 그분은 명성이 자자한 실력 있는 의사라 쉽게 볼 수 없는 분인데 하나님은 마지막 가는 그를 그분의 손에 맡기셨던 것이다. 내가 눈을 감고 있는 그의 이름을 몇 번 부르자 눈을 뜨고 나를 바라 보길래 우리의 영원한 생명줄이 되신 예수 그리스도를 다시 전하고 아멘 하라고 했다. 그러자 호수를 물고 있어 불편한 입을 움직여 "아멘" 하고 대답했다. 나는 그를 위해 간절히 기도해 주고 병실을 나왔다.

그리고 그 다음 날 그의 소식이 궁금해서 병원 오는 길에 먼저 공원에 들렀다. 그들 중에 한 사람이 내게 달려와 어젯밤 그가 하늘 나라로 갔다고 했다. 그 소리를 듣는 순간 그가 마지막으로 말했던 아멘을 기억하고 주님께 감사드렸다. 그리고 그 아멘 대로 주님께서 그의 영혼은 더이상 술 중독이 없는 천국에서 쉬게 하실 것을 간구하며, 감사를 드렸다. 그와의 짧은 만남이었지만 나의 작은 헌신과 순종으로 그를 축복할 수 있었음에 주님께 감사를 드린다. 그도 지금쯤 천국에서 찬양하고 있을 것이다.

모든 영광을 주님께 돌리며…

2020년 가을 코비드 19로 인한 비대면 예배 기준이 풀린 주일에 나는 내게는 매우 특별한 옷을 입고, 손에는 특별한 핸드백을 들고 교회 예배에 참석했다.

그 옷은 42년 전에 결혼식 후 웨딩드레스를 벗고 입었던 신부복이었으며, 그날 들었던 핸드백이었다. 나는 그 옷과 가방을 소중하게 간직해 왔으며 가끔 교회 갈 때 입고 가곤 했었다. 그러나 남편이 병상에 있었던 13년 동안은 한 번도 입을 수 없었다.

이 옷을 입으니 내 인생이 새롭게 시작되었던 신혼의 단꿈에 젖었던 42년 전이 생각났다. 나는 믿음직한 남편의 손을 잡고 껑충거리며 좋아했었다. 그러나 남편은 더 이상 내 손을 잡아줄 수 없다.

그렇게 달콤해 보였던 인생 속에 이렇게 쓴 맛이
숨겨져 있다는 것을 알지 못했던 나는 철없이 좋았다.

그 42년이 지났다. 그리고 그 13년이 지났다. 이제 그간 주님께서 지난 13년이 완성된 이후에 나에게 말씀해 주셨던 것들이 새롭게 실현될 때이다. 놀라운 일은 육신의 남편의 손보다 강한 팔로 나를 감싸시는 영적인 신랑인 사랑하는 예수님께서 옆에 계시다는 것이다.

사실 지난 42년간, 그리고 그 중 특별히 13년 간 우리는 예수님을 중심에 모시고 함께 살았다. 맞벌이를 해도 어려운 이민의 삶일 수 있지만 남편도 나도 일하지 않았다. 그러나 주님께서는 우리를 두 손으로 꼭 잡으시고 광야에서 만나를 주시듯이 풍족하게 하셨다. 그 13년 동안 주님께서는 세상의 모든 일에서 자유롭게 하시고 오직 주님의 품 안에서 남편과 있으면서 말씀과 예배와 기도와 찬양, 그리고 조용한 전도자의 삶을 살게 하셨다. 그래서 세상은 13년 비참한 고난이라고 말할지 모르겠지만 내게는 13년 찬란한 기쁨의 시간이었다.

이제 내가 할 일은 그날, 천국 혼인 잔치에 입고 갈 의로운 신부 예복을 입고 나의 영원한 신랑이신 예수님의 손을 잡고 다시 한번 깡총거리며 기쁨을 누리고 나누는 것이다.

세상은 쓴 맛만 가득하다고 생각하는 사람들에게
주 안에 달콤한 사랑과 축복이 얼마나 가득한지
진실을 말해 줄 것이다. I am ready!!

42년 전 입었던 신부복을
입고 드린 예배를 마치고

코마병동 13년, 하나님과의 대화: 그것은 찬란한 고난이었다.
Thirteen Years in the Coma Ward, Conversation with God: It was a Glorious Suffering.

초판1쇄 발행 | 2020.12. 24

지 은 이 | 최금옥
펴 낸 이 | 샬롬 김
디자이너 | 주은미
펴 낸 곳 | 비전 멘토링 코리아
주   소 | 대전광역시 유성구 계룡로 60번길 86, 101호
전   화 | 010-7926-3425 (한국) | 213-926-3425 (미국)
이 메 일 | e.visionmentor@gmail.com
웹사이트 | www.visionmentoring.org
출판등록 | 2019-000018 (2019. 6.24)

공 급 처 | 솔라피데 출판유통
전   화 | 031-992-8691
팩   스 | 031-955-4433

정   가 | 12,000 원
ISBN | 979-11-967443-3-5
Printed in Korea

저자의 간증과 자서전 쓰기 운동에 함께 하시기 원하시는 분들은
위 전화나 이메일로 연락 주십시오.